A.

F 4911.
90.

25306

TRAITÉ

DE

LA SÉDUCTION.

ηƄ

TRAITÉ

DE

LA SÉDUCTION,

CONSIDÉRÉE

DANS L'ORDRE JUDICIAIRE.

Par M. FOURNEL *, Avocat au Parlement.*

Utere, non abutere.

A PARIS,

Chez DEMONVILLE, Imprimeur-Libraire
de l'Académie-Françoise, rue Christine.

M. DCC. LXXXI.

Avec Approbation, & Privilege du Roi.

AVERTISSEMENT.

J'AI raſſemblé dans ce Traité les principes, les déciſions & les autorités relatives à la *ſéduction* des femmes, & j'ai tâché d'en former un corps de doctrine, auquel on pût recourir dans l'occaſion.

Si quelquefois je me ſuis permis de combattre les déciſions d'Auteurs accrédités, ce n'a point été par le goût de la nouveauté, & encore moins dans la prétention de faire prévaloir mon opinion particuliere ſur celle d'autrui. Je me ſuis contenté d'expoſer mes raiſons, & c'eſt aux Juriſconſultes

a iij

à juger de leur mérite ; mais j'ai pensé qu'en traitant une queſtion, il étoit indiſpenſable de la conſidérer ſous tous ſes rapports, & de n'admettre aucune ſolution ſans l'avoir ſoumiſe au raiſonnement.

J'aurois bien voulu donner un autre titre à mon Livre ; celui de *Traité de la Séduction* n'annonce peut-être point aſſez l'objet de l'Ouvrage, & ne donne point une idée aſſez claire des queſtions qui y ſont traitées.

Mais j'obſerverai qu'en parcourant les titres qui pouvoient lui être ſubſtitués, je n'en ai trouvé aucun qui fût plus convenable, & la diſette de notre Langue m'a forcé de m'en tenir à celui-là.

La même raison m'a déterminé à introduire le terme d'*action en déclaration de paternité*, pour exprimer l'action qui appartient à une fille contre l'auteur de sa grossesse, ou qui appartient à un enfant contre celui qu'il prétend être son pere naturel.

Il est assez singulier que notre Droit manquât de terme pour exprimer une action aussi fréquente, & qu'il fallût recourir à une circonlocution.

Il est vrai que, dans quelques Provinces, on a imaginé d'appeller *action en ingravidation* la demande que forme une fille enceinte contre l'auteur de sa grossesse ; mais cette expression est assurément défectueuse par plusieurs raisons.

a iv

1°. L'action en *ingravidation* femble ne pouvoir s'appliquer qu'à la demande formée par une fille enceinte ; & il refteroit toujours à donner un nom à l'action formée par la fille, après fon accouchement.

2°. A tout événement, cette expreffion ne pourroit jamais convenir à la demande formée par l'enfant contre fon pere naturel.

Mais la demande en *déclaration de paternité*, fe concilie avec toutes les hypothefes. Elle peut s'adapter à la demande formée pendant la groffeffe, & à celle formée après l'accouchement ; elle conferve fon nom, foit qu'on la fuppofe dirigée par la mere ou par fes héritiers contre l'auteur de la grosseſſe ou contre ſes héritiers, ſoit enfin par l'enfant naturel contre celui qu'il prétend être ſon pere ou contre ſes héritiers.

De plus, j'ajouterai que cette expreſſion eſt par elle-même plus honnête & plus décente.

A cette occaſion, je deſire que l'on obſerve l'attention extrême que j'ai eue, dans le cours de cet Ouvrage, à ne rien laiſſer échapper qui s'écartât de la plus ſcrupuleuſe décence.

Je m'en fais d'autant plus de gré, que, d'un côté, la nature de l'Ouvrage ſembloit autoriſer bien des libertés à cet égard ; & que, de l'autre côté, j'avois ſous les yeux l'exemple de pluſieurs graves Auteurs, qui n'ont pas uſé de la même

retenue. Ceux qui font familiers
avec les Docteurs, favent avec
quel cynifme ils ont traité cette
matiere ; & il y a tels paffages
dans les Ouvrages de *Boërius*, de
Nevifan, de *Menochius*, qui ne
peuvent être honnêtement ni traduits ni cités.

TABLE
DES CHAPITRES.

CHAPITRE PRÉLIMINAIRE.
Plan & division de l'Ouvrage, pag. **1**

PREMIERE PARTIE.

CHAP. Ier. *De la nature de l'action qui résulte du commerce illicite,*   5

CHAP. II. *Quelles personnes sont recevables à former la demande en déclaration de paternité,*   13

Article Ier. *Le Ministere public est-il recevable à traduire en Justice l'auteur de la grossesse,*   14

Article II. *Une fille mineure a-t-elle qualité pour intenter l'action en déclaration de paternité,*   15

§. I. *Une veuve mineure peut-elle intenter l'action en déclaration de paternité,*   18

§. II. *Une fille majeure de vingt-cinq ans*

peut-elle intenter l'action en déclaration de paternité,   25

§. III. *Des filles prostituées*,   30

§. IV. *Des femmes entretenues*,   31

§. V. *Des filles de Théâtre*,   36

§. VI. *La fille, condamnée à des peines emportant mort civile, a-t-elle une action en déclaration de paternité*,   41

§. VII. *Des Servantes d'Hôtelleries, Cabarets, &c.*,   48

§. VIII. *Des Servantes de Particuliers*, 51

§. IX. *La fille qui a déjà eu un ou plusieurs enfans, est-elle recevable à intenter l'action en déclaration de paternité*, 52

Art. III. *Des enfans*,   54

Art. IV. *Des peres & meres, tuteurs & curateurs*,   55

Art. V. *Les héritiers de la fille peuvent-ils intenter l'action en déclaration de paternité*,   57

CHAP. III. *Contre quelles personnes l'action en déclaration de paternité peut être formée*,   60

Art. I. *De l'action intentée contre l'auteur de la grossesse*,   61

§. I. *Du mineur*, 61

§. II. *De l'action intentée contre un homme marié*, 66

§. III. *De l'action intentée contre les Gens d'Eglise*, 70

§. IV. *L'action en déclaration de paternité peut-elle être intentée contre un interdit, ou celui qui est en démence*, 73

Art. II. *L'action en déclaration de paternité peut-elle être intentée contre les pere & mere du séducteur*, 75.

Art. III. *Des Maîtres & Supérieurs de l'auteur de la grossesse*, 78

Art. IV. *L'action en déclaration de paternité a-t-elle lieu contre les héritiers de l'auteur de la grossesse*, 81.

Art. V. *A-t-elle lieu contre le Fisc*, 85.

Chap. IV. *De la déclaration de grossesse, considérée sous son rapport avec la Partie civile*, ibid.

Chap. V. *Devant quels Juges doit se porter l'action en déclaration de paternité*, 92

Chap. VI. *Par quelle procédure doit se poursuivre l'action en déclaration de paternité*, 95.

CHAP. VII. *De la condamnation aux frais de géfine & provifions alimentaires,* 98

CHAP. VIII. *Des exceptions que le Défendeur peut oppofer contre la demande en déclaration de paternité,* 107

§. I. *De la compétence,* ibid.

§. II. *De la qualité active,* 108

§. III. *Exceptions tirées de la qualité de l'accufé,* ibid.

§. IV. *De la prefcription,* ibid.

§. V. *Tranfaction,* 116

§. VI. *Exception tirée de l'inconduite de la fille enceinte,* 117

§. VII. *Exceptions tirées des offres d'époufer,* 122

§. VIII. *Exceptions tirées du mariage contracté avec un autre,* 125

CHAP. IX. *Des preuves de la paternité,* 129

§. I. *Preuve littérale,* 130

§. II. *Preuve conjecturale,* 131

§. III. *Preuve naturelle,* 138

CHAP. X. *De l'abfolution de l'accufé,* 147

CHAP. XI. *De la condamnation de l'accufé,* 149

§. I. *Des dommages & intérêts adjugés à la mere,* 172

§. II. *De l'éducation de l'enfant,* 183

§. III. *De la condamnation pécuniaire applicable au profit d'un tiers,* 214

CHAP. XII. *De l'état respectif des concubins,* 218

CHAP. XIII. *Des bâtards,* 244

§. I. *Des bâtards considérés sous leur rapport avec leur famille naturelle,* ibid.

§. II. *Des bâtards considérés sous leur rapport avec la Société,* 296

SECONDE PARTIE.

Où il est traité des séductions qui donnent lieu à des peines afflictives, 303

CHAP. I. *Du rapt de séduction,* 304

CHAP. II. *Du rapt* in parentes, 327

CHAP. III. *De l'inceste,* 343

Art. I. *De l'inceste naturel,* ibid.

§. I. *De l'inceste en ligne directe,* ibid.

§. II. *De l'inceste en ligne collatérale,* 346

Art. II. *De l'inceste spirituel,* 350

CHAP. IV. *De l'adultere,* 355

CHAP. V. *De la séduction des pupilles par leurs tuteurs ou curateurs,* 356

CHAP. VI. *De la séduction exercée par les Maîtres envers leurs Ecolieres,* 358

CHAP. VII. *De la séduction exercée par les Serviteurs, Domestiques & Gardiens,* 359

CHAP. VIII. *De la séduction, accompagnée de manœuvres criminelles,* 361

TROISIEME PARTIE.

CHAP. I. *De la déclaration de grossesse; son objet, ses formalités, ses conséquences,* 363

§. I. *Disposition de l'Edit du mois de Février 1556,* 365

§. II. *De quelle maniere doit s'exécuter cet Edit,* 370

§. III. *Des suites de l'omission de déclaration de grossesse ou de publicité d'enfantement,* 374

CHAP. II. *Des avortemens,* 389

CHAP. III. *De l'exposition des enfans,* 397

CHAP. IV. *Des filles publiques,* 403

CHAP. V. *De ceux ou celles qui séduisent les filles ou les femmes pour les livrer à la prostitution,* 428

TRAITÉ

TRAITÉ

DE

LA SÉDUCTION.

CHAPITRE

PRÉLIMINAIRE.

Plan & division de l'Ouvrage.

CET Ouvrage eſt conſacré à traiter
de la ſéduction employée contre les filles
ou veuves, pour parvenir à triompher de
leur ſageſſe. L'objet de l'Auteur n'eſt pas
de conſidérer cet attentat ſous ſes rapports
avec la Religion ni la Morale, mais ſeulement ſous ceux qu'il peut avoir avec

A

l'ordre judiciaire, & de réunir en corps
de droit les différens principes analogues
à cette matiere.

Cet objet n'eſt pas d'une médiocre importance ; faute d'en avoir connu les
vrais principes, nos Aïeux avoient introduit une Juriſprudence auſſi abſurde que
cruelle.

La ſource des mépriſes multipliées qui
ſe ſont faites en cette matiere, dérive
de la diſette de notre Langue, qui, ne
fourniſſant aux Juriſconſultes aucune expreſſion convenable, les a forcés de recourir à une expreſſion voiſine : je veux
parler du mot *Rapt :* mais comme cette
expreſſion d'emprunt ſignifioit par elle-
même un crime des plus graves, il eſt
arrivé qu'elle a apporté avec elle la rigueur qui lui étoit propre ; & la confuſion
dans les termes, a opéré celle des délits &
des peines.

L'immortel d'Agueſſeau, qui, vers le
milieu de ce ſiecle, s'occupa de cette
partie de notre Juriſprudence, lui fournit,
par la Déclaration de 1730, l'expreſſion
de *commerce illicite*, pour déſigner ce
qui eſt connu dans le Droit Romain ſous
le nom de *Stupre*, réſervant le titre de
Rapt de ſéduction pour un délit d'une autre
eſpece, & qui differe eſſentiellement du

commerce illicite par fon objet & par fes effets.

Lorfque le ftupre eft l'effet de la feule fympathie des inclinations, & qu'il n'eft intervenu dans la féduction exercée envers la femme d'autre agent que cette impulfion naturelle qui rapproche fans ceffe un fexe vers l'autre, c'eft ce qui s'appelle *commerce illicite*, *liaifon criminelle*, *concubinage*, *habitudes charnelles*, &c.; délit fans doute fort grave aux yeux de la Religion, puifqu'il offre l'infraction de l'un de fes préceptes les plus rigoureux, mais toléré par notre Conftitution civile, qui ne s'en occupe qu'autant qu'il feroit accompagné de fcandale.

Si le triomphe remporté fur la fageffe d'une femme n'eft dû qu'à des manœuvres criminelles & à des moyens odieux, le commerce illicite prend le caractere d'une vraie *féduction*, qui expofe le coupable à des peines plus ou moins rigoureufes, fuivant les circonftances & la qualité des perfonnes.

Enfin, fi la féduction ne s'eft pas bornée à la feule infraction des loix de la pudeur; fi elle s'eft étendue jufqu'à bleffer la puiffance des parens fur leurs enfans; fi des vues d'intérêt & d'ambition fe font mêlées au défordre des fens, alors paroît le *rapt de féduction*.

Ces différens objets feront traités dans les trois Parties de cet Ouvrage.

La *premiere Partie* traitera du fimple *commerce illicite*, dégagé de toute circonf- tance aggravante, & qui ne donne lieu qu'à une procédure civile.

La *feconde Partie* eft réfervée pour les féductions qualifiées, comme le *rapt de féduction*, la féduction d'une Pupille par fon Tuteur, d'une Pénitente par fon Con- feffeur, & autres efpeces de féduction qui donnent lieu à une procédure criminelle & à des peines afflictives.

Enfin, j'ai rejetté dans la *troifieme Partie* plufieurs objets analogues à cette matiere, mais qui n'auroient pas pu fe fondre dans les deux premieres Parties fans nuire à la clarté & à la méthode de l'Ou- vrage.

PREMIERE PARTIE.

CHAPITRE PREMIER.

*De la nature de l'action qui réfulte
du commerce illicite.*

Si la Jurifprudence de cette matiere
eft remplie de contradictions & d'incer-
titudes, c'eft pour n'avoir pas déterminé
d'une maniere précife la nature de l'action
qui appartient à une fille abufée contre
l'auteur de fon déshonneur.

La commune opinion regarde la féduction comme un délit qui donne à la
fille abufée le droit d'en pourfuivre la
réparation contre le coupable : mais c'eft
vifiblement une erreur ; la féduction n'eft
un délit ni public ni privé.

Il eft fenfible que ce n'eft point un délit
public. Qu'y auroit-il en effet de plus
abfurde que de donner cette qualité au
commerce illicite de deux perfonnes libres, lorfqu'on refufe même la qualité de

délit public à la féduction qui s'opere vis-à-vis d'une femme mariée ?

En second lieu, si la féduction (1) étoit confidérée comme un délit public, il y auroit deux coupables, puifqu'il eft néceffairement l'ouvrage de deux perfonnes ; & cette hypothefe, loin d'affuret à l'un des complices une action lucrative contre l'autre, les envelopperoit tous deux dans la même condamnation.

Si la féduction n'eft pas un délit *public*, elle n'eft pas davantage un délit *privé*, capable d'ouvrir l'action *en injures*.

L'action en injures a pour objet la réparation d'un dommage fouffert contre le gré ou à l'infu de celui qui s'en plaint. Mais on n'eft pas recevable à fe plaindre d'un événement auquel on a confenti : *Qui damnum fuâ culpâ fentit, damnum fentire non videtur. Volenti non fit injuria.*

_____

(1) Le terme de *féduction* n'eft employé, dans cette premiere Partie, qu'à défaut d'en trouver un autre dans la Langue, qui exprime convenablement ce que je veux dire.

Le *ftupre* feroit le mot propre : mais, d'un côté, l'expreffion n'eft pas Françoife ; & de l'autre, elle ne fournit point de participe paffif. On ne dit point une fille *ftuprée*, adjectif dont j'aurai grand befoin dans le cours de cet Ouvrage.

Pour que la féduction fût réputée un délit privé propre à ouvrir une action en réparation, il faudroit qu'elle eût été accompagnée de fraude, de dol, de fupercherie, &c.; mais lorfque le fuccès du féducteur n'eft dû qu'à l'abandon volontaire de la fille, qu'il eft l'effet de fon plein confentement, elle ne doit fe plaindre que d'elle-même & de l'infuffifance de fa vertu.

Quelques Jurifconfultes, convaincus que l'action ouverte en faveur de la fille abufée ne pouvoit être celle en injures, ont donné pour principe de cette action la préfomption d'un certain *pacte*, d'après lequel le féducteur s'étoit engagé à dédommager la fille abufée du préjudice qu'elle pourroit fouffrir dans fon honneur par les fuites du commerce illicite.

Mais un peu d'attention nous démontre que cette fiction ne peut point être le principe de l'action accordée à la fille féduite.

En effet, on fait que les pactes *ob turpem caufam*, n'engendrent point d'action. Or, ce feroit un pacte honteux que celui par lequel une fille s'abandonneroit aux defirs d'un féducteur en contemplation d'une récompenfe pécuniaire, qui la dédommageroit des fuites de ce facrifice.

Mais ſi ces dommages & intérêts ne dérivent ni d'un *délit* ni d'un *pacte*, à quel titre feront - ils donc accordés à la fille abuſée ? quel eſt le principe & la nature de ſon action? car, d'après ce qui vient d'être dit, il ſemble qu'elle ne devroit en avoir aucune.

C'eſt ce que je vais expliquer en peu de mots.

Le titre d'une fille abuſée eſt bien dans une convention préſumée faite avec ſon ſéducteur : mais cette convention doit porter ſur un objet licite & conforme aux bonnes mœurs.

Or, quand une fille a le malheur de ſentir ſa vertu chanceler, il n'eſt point contraire aux bonnes mœurs d'exiger de ſon ſéducteur qu'il ſe hâtera de lui donner le titre d'épouſe légitime, & de réparer, par le Sacrement, les ſuites affligeantes attachées à ſa foibleſſe.

C'eſt ſous cette condition qu'une fille eſt toujours préſumée avoir ſuccombé ; la ſtipulation eſt ſi naturelle, ſi vraiſemblable, que de tout temps elle a été ſuppoſée de droit, ſans que la fille eût beſoin d'en repréſenter de titre par écrit : *Virgo non eſt exiſtimanda adeò fatua, ut virginitatem ſuam, ſine promiſſione matrimonii, Amaſio velit tribuere, cùm puellarum omnium vo-*

tum fit fe in matrimonio collocare, difent les Docteurs Menoch., Jul. Clar., Raynald., Farinac., Damhoud., Mafcard., Fontanel., &c.

Les familiarités des deux parties ne font confidérées que comme des *arrhes* qu'elles fe donnent réciproquement de leur convention ; ce qui les affimile en quelque forte à des fiancées, qui n'attendent plus que la ratification de l'Eglife pour confacrer leur union.

Or, c'eft de cette promeffe que réfulte l'action civile accordée à la fille : *Actio civilis oritur ratione obligationis quam ftuprator contrahit, dum puellam devirginat*, dit Raynald.

Lorfque la fille, devenue enceinte, ne trouve point fon féducteur difpofé à remplir la condition fous laquelle elle a eu la foibleffe de fe livrer à lui, elle n'a point d'action pour le contraindre au mariage, parce que l'effence de ce Sacrement eft ennemie de toute contrainte : mais au moins elle a une action en dommages & intérêts pour l'exécution de fa promeffe.

Obfervéz ici que la fille, en demandant des dommages & intérêts, ne follicite point le prix de fon déshonneur Ce qu'elle demande, c'eft le dédomma

gement réfultant de l'inexécution d'un
pacte légitime ; de maniere que fi le féducteur offroit de remplir la condition, elle
fe trouveroit fans action.

Au moyen de la préfomption d'une
pareille promeffe, il n'y a plus d'abfurdité dans l'action formée par la fille abu-
féc. On ne peut pas dire qu'elle demande
la réparation d'un préjudice furvenu par
fon fait & fon confentement; on ne peut
plus dire également qu'elle demande la
récompenfe de fon inconduite. Sa réclamation n'a pas pour objet l'attentat commis fur fa perfonne. Elle ne fe plaint
pas d'un outrage qu'elle a permis ; elle
fe plaint feulement d'une infidélité, d'un
manque de parole, enfin de l'inexécution
d'un contrat. Son titre ne dérive point
de fa groffeffe ; la groffeffe n'eft que le
témoignage de la convention antérieure
faite entre les parties.

Ce pacte n'eft autre chofe qu'un contrat appellé en droit *facio ut facias*, par
lequel l'une des parties confent de faire
une chofe, à condition que l'autre partie
en fera une autre.

L'action qui dérive de ce contrat eft
nommée *actio civilis in factum præfcriptis
verbis*. C'eft celle dont il eft traité au Code,
liv. 4, tit. 64; au digefte, liv. 19, tit. 5;

qui a pour objet, non de contraindre la partie réfractaire à faire ce qu'elle s'est obligée de faire, mais à payer les dommages & intérêts, qui contre-balancent le préjudice réfultant de l'inexécution.

Cette action *præfcriptis verbis* s'applique aux conventions de mariage, comme à toute autre efpece de convention. Elle étoit en ufage dès les premiers fiecles de la République Romaine, fous le nom *actio de fponfu*, ainfi que nous le trouvons attefté par Aulu-Gelle, *Nuits Att.* liv. 4.

« Lorfque celui qui avoit promis la foi » de mariage refufoit de l'accomplir, il » étoit traduit en Juftice pour déduire les » caufes de fon refus ; & fi elles n'étoient » pas eftimées raifonnables, le Juge le » condamnoit en des dommages & intérêts : » *Judex litem æftimabat, quantique interfue-* » *rat, eam uxorem accepi, condemnabat* ».

S'il eft vrai que l'action accordée à la fille abufée ne dérive que de la préfomption d'une promeffe de mariage, il réfulte qu'elle ceffe d'avoir lieu, fi cette préfomption eft détruite par quelque circonftance ; par exemple, fi le féducteur étoit Prêtre, ou marié : c'eft ce qui fera amplement établi aux Chapitres fuivans.

Mais un préalable indifpenfable pour toute fille qui fe prépare à dénoncer à la

Justice l'échec arrivé à son honneur, c'est
de constater bien authentiquement sa grossesse ou son enfantement.

La seule allégation d'une liaison intime,
entretenue avec un particulier, ne donne
point à la fille le droit de l'actionner en
dommages & intérêts, si d'ailleurs il n'y
a point de promesse de mariage par écrit.
Inutilement offriroit-elle de rapporter
une preuve par témoins ou par écrit de
la cohabitation, personne n'étant recevable
à manifester sa honte, ni à se faire un titre
de sa turpitude.

Lorsque la grossesse de la fille est bien
vérifiée, il lui reste à déterminer l'auteur
de la paternité. Ce dernier point est encore essentiel, puisque les dommages &
intérêts au profit de la mere, & la condamnation d'alimens pour l'enfant, ne
font qu'un accessoire de la paternité.

L'action qui appartient à la fille en
pareille matiere, peut donc avec raison
s'appeller une action en *déclaration de pa-*
ternité.

Cette action présente un double intérêt,
l'un qui est relatif à la mere, l'autre qui est
relatif à l'enfant.

Mais ces deux objets ne font pas tellement liés, qu'ils ne puissent subsister indépendamment l'un de l'autre. Il est pos-

fible que la mere ne ftipule que pour
l'enfant, fans aucune prétention à fon
intérêt perfonnel; d'autres fois c'eft l'intérêt
feul de la mere qui fait l'objet de la pourfuite, celui de l'enfant étant mis à l'écart.
Ce font les circonftances qui déterminent
les cas où ces deux parties doivent être
réunies ou féparées.

Pour le préfent, il eft à propos de
voir quelles perfonnes ont qualité pour
former l'action en déclaration de paternité.

CHAPITRE II.

Quelles perfonnes font recevables à former la demande en déclaration de paternité.

En cherchant à reconnoître quelles font
les perfonnes qui peuvent prétendre au
droit de former cette demande, on rencontre le Miniftere public, la fille abufée,
fes pere & mere, tuteur & curateur,
fes parens collatéraux & fes héritiers. Mais
il s'en faut bien que chacune de ces dif-

férentes perſonnes ait un égal droit pour former l'action dont il s'agit.

A R T I C L E P R E M I E R.

Le Miniſtere public eſt - il recevable à traduire en Juſtice l'auteur de la groſſeſſe ?

Il faut répondre affirmativement que non.

Cette faculté n'appartient au Miniſtere public que pour le *rapt de ſéduction ;* les Ordonnances lui en impoſent même, en ce cas, l'obligation (1).

Mais les Ordonnances, qui ont pour objet la pourſuite d'un délit public, comme eſt le rapt de ſéduction, n'ont aucun rapport à la ſéduction ſimple, qui, loin d'être un délit public, n'eſt pas même une injure privée, ainſi qu'il a été établi au Chapitre précédent.

La ſéduction ſimple ne donnant lieu qu'à une action purement civile à fin de dommages & intérêts, le droit de la former réſide excluſivement ſur les parties civiles, qui peuvent, à leur gré, pourſuivre l'action ou la remettre.

_____

(1) Edit de 1616 ; Déclarations de 1629 & de 1731.

ARTICLE II.

Une fille mineure a-t-elle qualité pour intenter cette action ?

Une fille mineure ne peut point intenter l'action en déclaration de paternité fans l'affiftance de fes pere & mere, tuteur ou curateur. Indépendamment des principes généraux, qui n'accordent point aux mineurs le droit d'efter en Juftice, *legitimam perfonam ftandi in judicio*, il y a dans l'efpece une autre raifon effentielle qui exige cette affiftance.

Il ne faut pas perdre de vue que l'action de la fille enceinte procede du défaut d'exécution de mariage, dont le féducteur eft préfumé lui avoir fait la promeffe.

Or, la fille mineure n'a point par elle-même de qualité pour provoquer l'exécution de cette promeffe, puifque nos Ordonnances exigent le confentement des peres & meres, tuteurs ou curateurs, pour la validité des mariages des mineurs. Il y auroit donc de l'inconféquence de folliciter l'exécution d'un contrat qui feroit déclaré nul.

La fille enceinte, comme je l'ai dit ci-deffus, n'a vis-à-vis de l'auteur de fa grofsesse d'autres droits que ceux qu'elle auroit, si elle tenoit de lui *une promesse de mariage* ; &, comme elle ne pourroit point agir en exécution de cette promesse sans l'assistance de ses pere & mere, tuteur ou curateur, par une conséquence nécessaire la fille mineure ne peut point, sans l'assistance de ses pere & mere, tuteur ou curateur, former la demande en déclaration de paternité.

Si donc les pere & mere, tuteur ou curateur de la fille abusée refusent d'autoriser par leur assistance son action judiciaire, il est certain que cette action ne peut être valablement intentée à sa requête.

Quelques Praticiens enseignent qu'au refus des pere & mere, tuteur ou curateur, la fille mineure peut se pourvoir en Justice pour se faire nommer un tuteur *ad hoc*, qui l'assiste dans sa poursuite.

Mais cette procédure seroit vicieuse ; la nomination d'un tuteur *ad hoc*, qui peut avoir lieu dans plusieurs cas, sur le refus des pere & mere, tuteur ou curateur, n'est point admissible dans l'espece dont il s'agit ici.

L'autorité d'un tuteur *ad hoc* ne peut point suppléer au défaut de celle des pere & mere, tuteur & curateur, lorsqu'il s'agit de mariage des enfans de famille. Or, la demande en dommages & intérêts, formée par une fille abusée, emprunte toute sa force de la promesse de mariage qui lui a été faite, & de l'inexécution de cette même promesse. Cela suppose donc nécessairement, du côté de la fille mineure, la volonté d'accomplir le mariage : sa réclamation n'est autre chose qu'une interpellation faite à son séducteur de remplir sa promesse ; &, cette interpellation est absurde de la part d'une fille de famille, qui ne peut point disposer d'elle-même. Il faut donc, pour lui donner quelqu'effet, l'assistance de ceux de qui elle dépend, & dont l'autorité est capable de valider le mariage. Or, quelle inconséquence ne seroit-ce pas de prétendre qu'un tuteur *ad hoc* ait qualité pour remplacer les pere & mere, tuteur ou curateur, en fait de mariage, & suppléer au défaut de leur consentement ?

Néanmoins si la poursuite de la fille mineure avoit pour objet une séduction caractérisée, accompagnée de manœuvres & de supercheries, en ce cas, comme l'action perd sa qualité d'action civile pour revêtir la qualité d'action en injures, la fille mineure pourroit, au refus de ses pere & mere, tuteur & curateur, se pourvoir pour obtenir l'affiftance d'un tuteur *ad hoc.*

§. Iᵉʳ.

Une Veuve mineure peut-elle intenter l'action en déclaration de paternité ?

Dans les Pays de Droit-écrit, qui ne font pas du reffort du Parlement de Paris, le mariage ne délivre point les mineurs de la puiffance paternelle. Ainfi, dans ces Pays, il eft hors de doute qu'une veuve mineure, qui d'ailleurs n'auroit pas été émancipée, ne feroit point recevable à former fa demande en déclaration de paternité fans l'affiftance de fon pere. Mais je fuppofe une veuve mineure, domiciliée dans la partie du Droit-écrit dans le reffort du Parlement de Paris ; ou bien en Pays coutumier, où il eft reçu pour principe que le mariage émancipe : je demande fi cette veuve mineure pourra, fans l'affiftance de fes pere & mere, tuteur ou curateur, pourfuivre l'auteur de fa groffeffe ?

On pourroit dire, pour l'affirmative, que le mariage l'a dégagée de la puiffance paternelle pour la livrer à la puiffance maritale ; & que cette derniere puiffance ayant été anéantie par la mort du mari, la veuve, dégagée tour-à-tour de l'une & de l'autre, rentre dans la libre dispofition de fa perfonne, ainfi que le décident l'art. 2 du chap. 14 de la Coutume d'Auvergne, l'art. 3 de la Coutume du Berri, l'art. 166 de la Coutume du Bourbonnois, & l'art. 296 de la Coutume de la Marche.

La difpofition de ces Coutumes eft conforme au principe général, d'après lequel la puiffance paternelle une fois perdue ne peut plus fe recouvrer, fuivant les Loix 6 & 9 au Cod. *de fent. paff. & reftit.*

Enfin, on peut ajouter que ce principe eft confacré par la Jurifprudence du Parlement de Paris, puifque l'on trouve au Journal des Audiences un Arrêt du premier Septembre 1632, qui a rejetté la plainte en rapt de féduction intentée contre un particulier, qui avoit époufé une veuve mineure fans le confentement de fes pere & mere.

Ces différentes autorités femblent établir le principe qu'une mineure en viduité peut contracter un fecond mariage à fon gré, fans avoir befoin du confentement de fes pere & mere, tuteur ou curateur, &, par une conféquence néceffaire, recevoir une promeffe de mariage, & poursuivre les dommages & intérêts qui résultent de son inexécution.

Mais il faut tenir au contraire pour principe certain, qu'une veuve en minorité ne peut point passer à de secondes noces sans le consentement formel de ses pere & mere, tuteur ou curateur ; & qu'en un mot, elle ne differe en rien, quant à cet objet, de la mineure non mariée.

Il est inutile d'alléguer l'extinction de la puissance paternelle opérée par le mariage. La nécessité du consentement des peres & meres ne dérive point de la puissance paternelle, mais de la révérence naturelle due par les enfans à leurs parens, & de la nécessité de surveiller leur foiblesse & leur inexpérience.

La puissance paternelle, dans les Pays où elle est admise, cesse, il est vrai, définitivement par l'émancipation : mais l'enfant ne cesse pas pour cela de demeurer sous l'autorité de ses pere & mere, jusqu'à ce que l'âge déterminé par nos Ordonnances lui ait accordé la disposition absolue de sa personne & de ses biens ; ce qui est bien distingué au commencement du titre *de his qui sui vel alieni juris sunt*, & du titre *de rapt.* aux Instit.

Quelques Auteurs même ont prétendu

que l'émancipation par mariage n'étoit que conditionnelle & paſſagere, & que ſi la mineure venoit à perdre ſon mari, l'émancipation ceſſoit d'avoir lieu. C'eſt le ſentiment de Chaſſanée ſur la Coutume de Bourgogne ; & d'Argentré, dans ſa Préface ſur la Coutume de Bretagne, eſt du même avis, en ces termes : *Quæ mulier ſive ætate major, ſive minor, in viri poteſtatem tranſit, eadem, mortuo viro, ſi minor eſt, in poteſtatem patris recidit ; ſi major, ſui juris fit.*

Mais en admettant que l'émancipation par mariage ſoit perpétuelle, au moins faut il avouer que cette émancipation n'eſt pas plus privilégiée que les autres eſpeces d'émancipations. Une veuve mineure ne peut point aliéner le moindre immeuble, ni recevoir le rachat d'une rente ; elle ne pourroit pas faire un partage ſans l'autorité d'un tuteur. Il ſeroit donc bien étrange qu'elle pût conſommer, ſans le conſentement de perſonne, le contrat le pius important de la vie.

On ne peut point reprocher cette inconſéquence au Droit Romain, qui porte expreſſément que l'état de viduité ne donne point à la veuve mineure, même émancipée, la capacité de contracter un ſecond mariage ſans le conſentement de

fon pere : *Viduæ intra quintum & vigefi-*
mum ánnum degentes, etiamfi emancipa-
tionis libertate gaudeant, in fecundas nuptias
fine patris fententiâ non conveniant. L. 18,
Cod. de nupt.

Enfin, ce principe eft formellement
confacré par l'Ordonnance de 1639, qui
défend aux veuves mineures de vingt-cinq
ans, de contracter mariage fans le confentement de leurs peres & meres, tuteurs ou
curateurs.

Cette Ordonnance n'a pas introduit en
France une Jurifprudence nouvelle ; elle
n'a fait que confirmer une doctrine auffi
ancienne que le Royaume de France, &
dont l'Hiftoire nous offre un exemple célebre (1).

L'Arrêt du premier Septembre 1632,
dont il a été parlé, ne contredit point notre
principe.

Il s'agiffoit, dans l'efpece, d'un contrat
de mariage fait par une veuve mineure à
l'infu de fon pere. Celui-ci avoit rendu

---

(1) Celui de Judith, fille de Charles-le-Chauve,
& veuve du Roi d'Angleterre.

Son mariage avec Baudouin, Comte de Flan-
dres, fut déclaré nul par les Pairs & les Prélats,
fur le feul motif qu'il n'étoit pas revêtu du confentement du Roi fon pere.

plainte en rapt de féduction contre l'époux de fa fille, lequel avoit été décrété. Par l'Arrêt en queſtion, les parties furent miſes hors de Cour ſur la procédure extraordinaire, & ſur l'appel comme d'abus, attendu certaines circonſtances qui tendoient à la juſtification de l'accuſé. Mais il s'en faut bien que cet Arrêt ſoit un préjugé en faveur des mariages contractés par les veuves mineures, puiſque le même Arrêt ordonna que les deux époux comparoîtroient le Lundi ſuivant en la Chambre du Conſeil, juſqu'auquel temps ils demeureroient à la garde d'un Huiſſier de la Cour.

Au jour indiqué, les parties s'étant préſentées en la Chambre du Conſeil pour y apprendre ce que la Cour deſiroit d'elles, M. l'Avocat - Général Talon repréſenta que ces deux époux ne devant la confirmation de leur mariage qu'à l'indulgence de la Cour, il étoit à propos de les punir de l'irrévérence & de la déſobéiſſance dont ils s'étoient rendus coupables en contractant mariage ſans le concours de l'autorité paternelle. Sur ces concluſions, il intervint dans l'inſtant Arrêt, qui ordonna « que ledit Sevin & » ladite Girard ſeroient préſentement *ad-* » *moneſtés* de l'irrévérence par eux com-

» mife en la célébration de leur mariage
» & défobéiffance envers le pere de ladite
» Girard ; & attendu l'abfence dudit Me.
» Alexandre Girard pere , que ledit Sevin
» fe retireroit, dans un mois, pardevers
» lui, pour, en état de refpect & d'hu-
» milité , lui demander pardon de la faute
» par lui faite d'avoir époufé fa fille fans
» requérir fon confentement; comme pa-
» reillement ladite Girard fe préfentera
» dans ledit temps à fon pere ; & , étant
» à genoux, lui demandera pardon de fa
» défobéiffance , dont fera donné acte par
» le Juge Royal des lieux; & en outre ,
» le même Arrêt les condamne en 800 l.
» d'aumône au profit des Prifonniers de la
» Conciergerie».

Ceux qui auront à traiter cette matiere trouveront une quantité d'Arrêts auffi dé-cififs au Code matrimonial, v°. *des enfans de famille.*

D'après cet Arrêt, on ne s'avifera pas fans doute de regarder la viduité d'une mineure comme un affranchiffement de l'autorité paternelle.

Le principe étant bien établi qu'une veuve mineure ne peut point fe marier fans le confentement de fes pere & mere , tuteur & curateur , on voit aifément la conféquence que j'en vais tirer. C'eft que

la

veuve mineure qui s'eſt laiſſée abuſer, eſt non-recevable à former la demande en dommages & intérêts, ſans l'aſſiſtance de ſes pere & mere, tuteur ou curateur; étant certain, d'après les raiſons déduites au §. précédent, que celle qui ne peut point propoſer l'accompliſſement de ſon mariage, ne peut point ſe plaindre de ſon inexécution. Tout ce qui a été dit au ſujet de la fille mineure, doit donc s'appliquer à la mineure en viduité, la capacité de l'une ou de l'autre étant abſolument égale quant à la diſpoſition de leurs perſonnes.

§. I I.

Une Fille majeure de vingt-cinq ans peut-elle former l'action en déclaration de paternité?

Lorſqu'une fille ou une veuve a atteint l'âge de vingt-cinq années révolues, elle devient ce qu'on appelle en Droit *ſui Juris*, c'eſt-à-dire maîtreſſe abſolue de ſa perſonne & de ſes biens.

Il lui eſt libre de ſe marier ſans le conſentement de ſes pere & mere. Non-ſeulement le défaut de ce conſentement n'annulle point le mariage, mais même

B

il ne devient pas pour les parens une raison d'exhéréder leur fille, à moins que celle-ci n'ait outragé leur autorité en dédaignant de solliciter ce consentement, auquel cas l'exhérédation est accordée aux parens, comme une juste vengeance de l'affront qui leur est fait.

Cela posé, il est clair que la fille majeure qui s'est laissée abuser sous promesse de mariage (& cette promesse est toujours présumée), a le droit de former l'action en déclaration de paternité, soit pour charger l'auteur de sa grossesse de l'éducation de l'enfant, soit pour obtenir des dommages & intérêts.

L'âge de majorité qui la rendoit habile à contracter mariage, l'a rendue également capable de recevoir une promesse de mariage, & de poursuivre le dédommagement de son inexécution.

Il reste à savoir si la circonstance de sa majorité, qui lui donne qualité pour intenter l'action en déclaration de paternité, ne rend pas cette même action illusoire, par le peu de faveur que mérite une fille majeure qui s'est laissée séduire.

Mais cette fin de non recevoir ne peut être invoquée que contre la fille majeure qui auroit été abusée par un *mineur*, parce que, dans ce cas, elle ne peut point

alléguer une promeſſe de mariage, vu l'incapacité du mineur pour faire une pareille
promeſſe. Tout ce que la fille majeure
peut obtenir de plus favorable, c'eſt que
le mineur ſoit chargé de l'éducation de
l'enfant.

Inutilement diroit-elle avoir été induite en erreur ſur l'âge du jeune homme
qui ſe feroit donné pour majeur. On lui
répondra que, puiſqu'elle enviſageoit l'accompliſſement prochain d'un mariage,
elle a dû prendre toutes ſes précautions
pour s'aſſurer de la capacité de celui qu'elle
ſe deſtinoit pour époux; & ſi elle a été
trompée ſur ce point, c'eſt à ſon inconduite qu'elle en doit imputer les ſuites
dangereuſes. C'eſt dans ce ſens qu'il faut
entendre ce que dit Sauvageau, qu'au
Parlement de Bretagne on n'accorde
point de dommages-intérêts aux filles
majeures.

Boniface cite auſſi un Arrêt de réglement du Parlement d'Aix, du 22 Novembre 1625, qui déclare que toute
audience ſera déniée aux filles majeures
qui ſe prétendront abuſées: mais par les
Arrêts que rapporte ce même Auteur, il
eſt évident que ce réglement n'a d'application qu'aux filles majeures abuſées
par des mineurs.

Mais si la fille majeure est devenue enceinte des œuvres d'un majeur, il ne faut pas douter qu'elle n'ait une action complette contre lui en dommages & intérêts; la promesse de mariage est, dans ce cas, d'autant plus vraisemblable, que les deux Parties se connoissoient respectivement la capacité de faire & de recevoir cette promesse, sans avoir besoin d'aucun consentement étranger.

La demoiselle Chaubert, de Beaugency, âgée de quarante-deux ans, ayant formé son action en déclaration de paternité contre le sieur Gourdineau, Médecin, âgé de cinquante-deux; par Arrêt du 29 Mars 1776, le sieur Gourdineau a été condamné à se charger de l'enfant, & en 2000 livres de dommages & intérêts envers la demoiselle Chaubert, y compris 1400 livres de provision qu'il avoit déjà payées.

L'espece de cette affaire est rapportée au 21ᵉ. vol. des Causes célebres de M. des Essarts, Causᵉ. 48.

Je viens de dire qu'une fille majeure de vingt-cinq ans peut intenter sans l'assistance de ses pere & mere une demande en dommages-intérêts contre l'auteur de sa grossesse. Au premier coup-d'œil, la proposition paroît incontestable ; néanmoins ne pourroit-on pas dire que cette

demande expofe la fille majeure à l'exhérédation de la partde fes pere & mere ;

En effet, la groffeffe fuppofe une promeffe de mariage reçue de la part de la
fille; & l'action qu'elle intente entraîne
une interpellation d'exécuter ce mariage,
puifque c'eft fur l'inexécution que repofe
tout le droit de la fille majeure.

Il eft bien vrai que la fille majeure a
capacité pour offrir l'accompliffement du
mariage, fans être obligée de repréfenter
l'aveu de fes pere & mere : mais, d'un
autre côté, la Loi oblige une fille majeure à fe munir de ce confentement pour
fon propre intérêt, ou au moins à faire
des démarches pour fe le procurer; ce
qui fe juftifie par des fommations ref-
pectueufes.

Or, la fille qui, fans aucun aveu
de fes pere & mere, intente l'action en
dommages & intérêts contre l'auteur de
fa groffeffe, ne peut-elle pas être accufée
de dédaigner l'autorité de fes parens en
fe choififfant un époux, fans s'être mu-
nie de leur aveu, mépris que la Loi permet de punir de l'exhérédation ?

Je réponds que cette exhérédation n'eft
pas encourue contre la fille majeure, par le
feul fait d'avoir formé fa demande en
dommages & intérêts. Cette procédure ne

peut équivaloir qu'à un simple projet de
se marier; mais n'est pas l'intention ni
même les préparatifs du mariage qui font
encourir la peine d'exhérédation. Il faut
qu'il y ait célébration de mariage; jusqu'à
ce moment elle est toujours à temps de
se munir du consentement de ses pere &
mere, ou de recourir aux formalités qui
y suppléent. D'ailleurs, il est incertain si
l'auteur de sa grosseffe lui offrira de contracter mariage; sa conduite semble même
annoncer une résolution toute opposée :
ce seroit donc une absurdité de la part
des parens, d'imputer à mépris & à irrévérence le défaut d'une formalité inutile ou au moins prématurée.

§. III.

Des Filles prostituées.

Pour qu'une fille, devenue mere, puisse
intenter une action en déclaration de paternité, il ne suffit pas qu'elle ait l'âge
requis, ou qu'elle paroisse en Justice as-
sistée de ses pere & mere, tuteur ou curateur; il faut encore qu'elle ne porte point
avec soi un empêchement personnel qui
détruiroit l'effet de son accusation. Or,
cet empêchement se rencontre dans une

fille publique. Elle ne peut pas demander raisonnablement des dommages & intérêts, puisqu'elle ne peut pas alléguer une promesse de mariage.

La supposition d'une promesse de mariage est admise en faveur d'une fille honnête ; mais elle répugneroit au bon sens, vis-à-vis d'une fille qui fait métier de se prostituer.

La grossesse d'une fille prostituée ne préjudicie point à sa réputation dont elle a fait le sacrifice ; elle est seulement un des inconvéniens attachés à sa profession, & dont ceux qui la fréquentent ne sont point obligés de la dédommager. Ce qu'on pourroit décider de plus avantageux en faveur de la fille prostituée, ce seroit de charger l'auteur de sa grossesse de l'éducation de l'enfant. Au premier abord, la chose paroît impraticable, par la difficulté de désigner le pere d'un enfant, lorsque la profession de la mere en indique un si grand nombre ; mais V. *infrà*, Ch. VIII, §. VIII.

§. IV.

Des Femmes entretenues.

Nous connoissons, sous la dénomination de *Femmes entretenues*, celles qui, sans être publiques, vivent dans l'intimité du mariage avec un seul homme qui pourvoit à tous leurs besoins.

Chez les Romains, avant l'établissement du Christianisme, le *Concubinage* étoit publiquement autorisé.

Une concubine ne différoit gueres de l'épouse légitime, que quant au nom & aux honneurs; &, de même qu'il n'étoit pas permis d'avoir plusieurs femmes, de même il n'étoit pas permis d'avoir plus d'une concubine.

La permission de tenir une concubine étoit sur-tout accordée à ceux qui vivoient dans le célibat, ou qui, ayant été mariés, ne vouloient pas exposer les enfans du premier lit aux inconvéniens d'un second mariage.

Dans les premiers siecles du Christianisme, l'Eglise toléra cette pratique, dans la vue de prévenir de plus grands maux.

Ce qu'elle exigeoit seulement de chaque Chrétien, c'est qu'il n'eût qu'une concubine.

Le premier Concile de Tolede, tenu l'an 400, sous les Empereurs Arcade & Honorius, contient cette permission en faveur des célibataires.

» Au reste, celui qui, n'ayant point » de femme légitime, tient une con-

» cubine, ne fera point exclus de la
» Communion; mais un fidele doit fe
» contenter d'une feule concubine, ou
» d'une femme légitime, *comme il lui*
» *plaira* «.

Cæterùm, qui non habet uxorem & pro
uxore concubinam habet, à Communione
non repellatur ; tamen unius mulieris aut
concubinæ (ut ei placuerit) fit conjunctione
contentus.

Environ 200 ans après ce Concile,
Ifidore s'exprimoit ainfi :

» Je foutiens qu'il n'eft pas permis à
» un Chrétien d'avoir, je ne dis pas plu-
» fieurs femmes, mais même deux. Il
» ne doit en avoir abfolument qu'une
» feule, ou bien une concubine, s'il n'a
» point de femme: *Chriftiano, non dicam*
» *plurimas, fed nec duas fimùl habere*
» *licitum eft ; nifi unam tantùm, aut*
» *uxorem, aut certè loco uxoris (fi con-*
» *jux deeft) concubinam* «.

Mais par la fuite des temps, les progrès du Chriftianifme permirent à l'E-
glife de fe départir de cette doctrine indulgente, & de rappeller les Chrétiens à celle
de S. Auguftin: *Audite, Cariffimi, for-*
nicari vobis non licet ; & fi non habetis
uxores, non tamen licet vobis habere con-
cubinam.

C'eſt d'après ces principes que le Concile de Trente, Seſſ. 8, prononce l'excommunication contre ceux qui ne quitteront pas inceſſamment leur concubinage.

Cette rigueur, conforme à la pureté de notre Religion, eſt adoucie par notre inſtitution civile.

Tant que le concubinage ne cauſe aucun ſcandale ni aucun déſordre dans la Société, il n'eſt point l'objet de l'attention des Magiſtrats, qui abandonnent les coupables au tribunal de leur conſcience.

Une femme connue pour être *entretenue*, n'eſt point réputée fille publique. Il n'eſt pas permis de lui donner la qualité injurieuſe que l'uſage applique aux femmes proſtituées; & ceux qui auroient cette imprudence, s'expoſeroient à une pourſuite en réparation d'injures.

Mulieri quæ non palàm & paſſim, ſed paucis ſui facit copiam, injuriarum actio competit adverſus eum qui meretricem vocavit. Bœrius, Deciſ. 125.

La femme *entretenue* a une action en déclaration de paternité contre l'auteur de ſa groſſeſſe; mais cette action ſe réduit à le charger de l'enfant.

A l'égard des dommages & intérêts,

elle n'en a point à prétendre, parce qu'elle ne peut point alléguer qu'elle n'a fait le sacrifice de sa vertu que sous la promesse de mariage.

Cette allégation n'est pas recevable de la part de celle qui a mis un prix pécuniaire à sa possession. Le pacte intervenu entre les parties n'est autre chose qu'une espece de location, qui, ayant pour objet une chose illicite, ne donne aucune action à l'une ni à l'autre des parties, pour en réclamer l'exécution. Que si le pere de l'enfant est condamné à se charger de son éducation, ce n'est pas en exécution de la convention faite entre les parties : c'est uniquement parce que la nourriture & l'éducation des enfans est une obligation naturelle imposée aux peres; & quoique la mere partage cette obligation naturelle, cependant la Jurisprudence en charge ordinairement le pere, par sentiment de commisération & pour opérer une compensation entre les deux parties.

Une femme qui, étant *entretenue* par un homme, deviendroit enceinte des œuvres d'un autre, auroit elle une action en déclaration de paternité contre ce dernier pour le charger de l'enfant ?

Voyez ci-dessous au Ch. VIII, §. VI.

B 6

§. V.

Des Filles de Théâtre.

Un particulier, pourſuivi par une Co-médienne en déclaration de paternité, peut-il lui oppoſer une *fin de non-recevoir* réſultante de ſa profeſſion ? Il faut répondre que non.

Il eſt vrai que, par les Loix Romaines, les femmes de Théâtre ne ſont pas traitées avec plus de ménagement que les filles proſtituées, & que différens textes établiſ-ſent une entiere parité entre les unes & les autres.

La Loi deuxieme, au Digeſte *de his qui notant. infam.*, déclare *infame* toute perſonne qui monte ſur le *Théâtre : Qui in Scenam prodierit, infamis eſt.*

La Loi *ſi fratres*, au Code *ex quib. cauſ. infam. irrog.*, excepte de l'infamie les mineurs, ſur le motif que leur inex-périence ne les met pas à portée de con-noître l'ignominie de cet état : *Si fratres ſui minores duntaxât ætate, in ludicræ Artis oſtentatione, ſpectaculum ſui præbuerunt, inviolatam exiſtimationem obtinent.* On voit aſſez que cette exception, introduite en fa-veur des mineurs, confirme l'infamie pro-noncée contre les majeurs.

Il fut un temps à Rome où les femmes les plus diftinguées embraffoient la profeffion du Théâtre, pour fe livrer avec impunité à leurs défordres & fe mettre à l'abri des pourfuites de leurs maris.

Cet abus, devenu trop commun, engagea le Sénat à rendre un Décret, par lequel il fut déclaré que les meres de famille, qui déformais fe feroient *Comédiennes* ou *filles proftituées*, n'en feroient pas moins expofées à l'accufation d'adultere : *Mulier quæ evitandæ pœnæ adulterii gratiâ lenocinium exercet, aut operas fuas in Scenam locaverit, damnari ex Senatûs-Confulto poteft.* Leg. 10, Dig. ad Leg. Jul. de adult.

Cette Loi nous offre une preuve non équivoque que les Comédiennes étoient mifes de pair avec les femmes proftituées.

Mais cette difpofition du Droit Romain n'eft d'aucune application parmi nous. Chez les Romains, les femmes de Spectacles étoient prifes parmi les Efclaves ou les Affranchies, & elles apportoient fur le Théâtre l'infamie & le libertinage attachés à leur premiere condition ; les farces obfcenes dont elles donnoient au Peuple le fpectacle dégoûtant, acheyoient

de les dévouer au mépris & à l'opprobre.
Chez les Grecs au contraire la profeſſion
de Comédien, mépriſée dans ſon origine,
s'étoit convertie en une profeſſion honorable, compatible avec les emplois les plus
diſtingués.

Parmi nous, les Comédiens ne ſont
ni ce qu'ils étoient chez les Romains, ni
ce qu'ils étoient chez les Grecs. Nous
tenons un juſte milieu entre ces deux ex-
trémités ; &, ſans prétendre ici faire
l'apologie des gens de Théâtre, il faut
avouer qu'une Compagnie de Citoyens,
qui, ſous l'autorité du Gouvernement &
la protection des Magiſtrats, ſe réuniſſent pour offrir à leurs Concitoyens aſ-
ſemblés des exemples & des leçons de
vertu, ne peut point, ſans une extrême
inconſéquence, être dévouée à l'opprobre
& à l'infamie (1).

Une fille qui, par le ſort de ſa naiſſance, la modicité de ſa fortune, ou bien
une inclination particuliere, eſt appellée

_____

(1) Ce ſyſtême ſeroit d'ailleurs en contradiction avec la Déclaration de Louis XIII, du
4 Avril 1641, qui porte que, dans le cas où
les Comédiens n'abuſeroient point de leur état,
il ne pourra leur être imputé à blâme ni préjudicier
à leur réputation dans le commerce public.

à cette profeſſion, ne peut donc point être réputée au nombre des filles proſtituées.

Une fille de Spectacle, devenue enceinte, a une action ouverte contre l'auteur de ſa groſſeſſe, lorſqu'elle eſt en état de faire preuve d'une intime familiarité. Mais cette action ſe réduit à demander que le pere ſoit chargé de l'éducation de l'enfant. A l'égard des dommages & intérêts, je penſe qu'il faut faire une diſtinction. Si le pere eſt lui-même un homme de Théâtre, la Comédienne, enceinte de ſes œuvres, peut demander des dommages & intérêts, d'après la ſuppoſition de droit qu'elle ne s'eſt abandonnée que ſous la promeſſe de mariage.

Mais ſi l'auteur de la groſſeſſe n'eſt point un homme de Théâtre, ni d'un état équivalent, l'action en dommages & intérêts ſeroit mal fondée, parce que la préſomption de promeſſe de mariage ceſſe d'avoir lieu, la diſtance des conditions & la défaveur légale attachée à cette profeſſion ne permettant point de ſuppoſer qu'un homme ait acheté un moment de ſatisfaction par le ſacrifice de la conſidération publique. Dans les cas ordinaires, la préſomption eſt en faveur de la fille enceinte ; elle n'a rien à prouver, parce

que son état lui tient lieu de preuves,
& que le vœu du Gouvernement & de
la Religion se réunissent pour favoriser
les mariages. Mais il n'en est pas de même
à l'égard des mariages contractés avec les
filles de Théâtre : ils ne sont point avoués
de l'Eglise, ni protégés par le Gouvernement ; au contraire la Société les regarde
avec défaveur, & nos Loix en font même
un motif d'exhérédation & d'indignité.
Dès-là, il n'est plus possible d'admettre
la présomption de promesse de mariage ;
la grossesse de la fille de Théâtre ne lui
en fournit point une : elle ne prouve que
sa défaite & sa foiblesse.

Mais si l'auteur de la grossesse avoit
déguisé son état pour séduire une fille,
qu'il se fût donné lui - même pour un
homme de Théâtre , alors le dol dont
il se seroit rendu coupable ouvriroit contre lui une action dont le résultat seroit
d'adjuger à la fille des dommages & intérêts , parce que, dans ce cas , elle pourroit, avec raison, exciper de la présomption de promesse de mariage.

§. V I.

La Fille, condamnée à une peine qui emporte mort civile, a-t-elle une action en déclaration de paternité?

Je suppose une fille condamnée au bannissement perpétuel hors du reffort du Parlement de Paris(1), & je demande si cette fille conferve le droit de former une action en déclaration de paternité?

Il faut diftinguer : ou la groffeffe de la fille morte civilement eft antérieure à fa condamnation, ou elle eft poftérieure à cette condamnation. Si la groffeffe a précédé la condamnation, la fille a perdu fon action par le jugement de condamnation, qui, la frappant de mort civile, l'a dépouillée de tous fes biens, droits & actions : mais fi la groffeffe eft poftérieure à la condamnation, l'action qu'elle engendre eft un droit nouveau qui ne fait plus partie de la confifcation, laquelle ne frappe que fur les biens poffédés par le condamné au moment de fa condamna-

_____

(1) On ne bannit point les femmes hors du Royaume, par égard pour leur fexe.

tion, & non fur ceux qu'il pouvoit acquérir depuis.

Et comme il eft de principe que celui
qui eft propre à poffëder un bien doit en
même temps être mis à portée d'en faire
le recouvrement & d'en provoquer la
confervation, il fembleroit que la fille
morte civilement auroit une action ouverte contre l'auteur de fa groffeffe.

Néanmoins il faut tenir pour certain
qu'elle y fera non-recevable, par les raifons qui vont être déduites.

Premierement, la préfomption d'une
promeffe de mariage ne peut pas être
alléguée par une fille de cette efpece;
la flétriffure ne permet pas d'admettre
un pacte auffi honteux pour celui qui
l'auroit confenti. On préfume au contraire
que la groffeffe de cette fille eft le feul
effet du libertinage, & que celle qui a
mérité d'être retranchée du fein de la
Société, n'a pas eu befoin de l'efpoir du
Sacrement pour oublier les devoirs de
fon fexe.

Une autre raifon pour rejetter la demande en dommages & intérêts, c'eft
que la promeffe de mariage n'a pas pu
légalement être faite à une fille frappée
de mort civile; de forte que quand elle
feroit repréfentée par écrit, elle n'engen-

dreroit aucune action à raifon de fon inexécution.

En effet, on n'eft point fondé à fe plaindre de l'inexécution d'un pacte, qui eft contraire aux loix & à la bien-féance : or, il eft contraire aux loix & à la bienféance qu'un homme contracte mariage avec une fille flétrie par la condamnation capitale. La mort civile eft une fiction de la mort naturelle ; fon effet eft de priver le citoyen qui l'a encourue de tous les droits attachés à l'état civil, au nombre defquels eft la faculté de con-tracter mariage.

Il eft vrai qu'un pareil mariage ne feroit pas nul quant au Sacrement, parce que la condamnation prononcée par les hom-mes ne va pas jufqu'à empêcher l'impref-fion d'un Sacrement, & qu'auprès de Dieu il n'y a point acception de perfonnes : mais le mariage entraîne auffi un contrat civil qui regle l'état refpectif des époux. A l'égard de ce dernier objet, comme il eft à la difpofition du pouvoir humain, il eft libre au Prince & aux Magiftrats d'en priver telles ou telles perfonnes.

Or, cette privation fait effectivement partie de la condamnation qui emporte mort civile.

Le mariage contracté entre perfonnes

dont l'une eſt frappée de mort civile, eſt valable, conſidéré comme Sacrement ; mais conſidéré comme contrat civil, il ne produit aucun effet, ſoit par rapport aux deux conjoints, ſoit par rapport à leurs enfants ou à leurs héritiers. Toutes les clauſes qui pourroient intervenir dans le contrat ſont regardées comme non-avenues ; & s'ils n'ont pas fait de contrat de mariage, ils ne profitent point du contrat public que les Loix municipales ont introduit en faveur des mariages. En un mot les deux époux, quoique liés par un nœud indiſſoluble quant à la perſonne, continuent d'être reſpectivement étrangers quant aux biens. Leurs enfans ne ſont pas à la vérité réputés bâtards, parce qu'ils doivent leur naiſſance à une union conſacrée par l'égliſe, & que la légitimité eſt de droit divin : mais comme cette union a été faite contre le vœu de la Société, & par une eſpece de rebellion, elle n'engendre aucun droit en faveur des enfans qui ne ſuccedent point aux biens de leurs pere & mere. Ils ne pourroient venir à cette ſucceſſion que par l'effet de la Loi civile, qui accorde aux enfans la ſucceſſion de leurs pere & mere : mais puiſque la Société a retranché de ſon ſein les parties contractantes ou l'une d'elles, comment pourroit-elle reconnoître le mariage qu'elles ont contracté, & lui donner les effets civils?

Par une suite de cette Jurisprudence, on voit qu'une fille condamnée à une mort civile ne peut point exciper d'une promesse de mariage, & que les Tribunaux ne pourroient pas, sans une étrange contradiction, lui adjuger des dommages & intérêts pour l'inexécution d'un pacte proscrit par la Société.

Mais au moins, si une pareille fille n'a point d'action en dommages & intérêts, n'en a-t'elle point une pour contraindre l'auteur de sa grossesse à se charger de l'enfant?

Il faut encore user ici de la distinction que nous avons faite plus haut.

Ou l'accouchement de la fille est antérieur à sa condamnation, ou bien il est postérieur à cette condamnation.

Au premier cas, son action est comprise dans la confiscation de ses biens & actions.

Au second cas (ou bien si la confiscation n'a pas lieu par la Loi de la Province), je pense bien que l'action en déclaration de paternité, au chef seulement qui regarde la charge de l'enfant, doit être accordée à la fille, nonobftant la mort civile dont elle eft frappée.

En effet, fa demande n'a pas pour objet l'exécution d'un pacte illégal, ni la récompenfe de fa foibleffe ; fon action fe réduit à folliciter la décharge d'une éducation trop pénible ou trop difpendieufe. Elle ne combat pas *de lucro captando*, mais *de damno vitando :* or, la la mort civile ne prive point le condamné des actions de cette nature. Quoique l'obligation de nourrir les enfans foit un devoir naturel impofé à la mere comme au pere, c'eft néanmoins une préfomption de droit, que l'auteur de la groffeffe s'eft engagé de fe charger feul des frais de cette éducation, pour indemnifer la mere des fouffrances & de la honte attachées à fa groffeffe : cette compenfation eft d'une fuprême juftice. Lors donc que la fille demande que le pere foit tenu de la décharger de l'éducation de l'enfant, elle ne fait autre chofe que requérir l'exécution d'un contrat licite intervenu entre les parties.

On ne peut pas dire, comme nous avons dit à l'égard de la promeffe de mariage, qu'une fille frappée de mort civile eft incapable de faire un pareil contrat.

, La différence est grande ; celui qui est mort civilement ne peut point provoquer l'exécution d'une promesse de mariage, parce que la Loi civile réprouve le mariage d'une personne morte civilement. Mais cette incapacité ne s'étend pas à toute espece de contrats indistinctement ; si celui qui est mort civilement est exclus des contrats qui dérivent du Droit civil, il conserve sa capacité pour les contrats qui dérivent du Droit des Gens : *Deportatus civitatem amittit, non libertatem ; & speciali quidem civitatis non fruitur, jure tamen gentium utitur.* L. 15, ff. *de interdit. relegat. & deportat.*

Tels sont les contrats de vente & d'achat, de louage, de prêt, &c. *Emit enim & vindit, locat, conducit, permutat, fœnus exercet, & cætera similia.* Eâd. Leg.

La convention supposée faite entre la fille & l'auteur de sa grossesse n'étant autre chose qu'un contrat onéreux, qui n'a rien d'illicite ni de contraire à la capacité qui lui a été laissée, il s'ensuit que la fille est recevable à en poursuivre l'exécution, en prenant toutefois la précaution de se faire nommer un curateur *ad hoc*, parce qu'une personne morte civilement ne peut pas ester en Justice. Cette

action mérite d'autant plus d'être accueillie, qu'il eſt de l'intérêt de l'Etat & de
celui de l'enfant que ſon éducation ſoit
confiée à celle des deux parties qui eſt
plus à portée de s'en acquitter d'une maniere convenable. Or, la flétriſſure de
ſa mere d'une part, & de l'autre l'indigence à laquelle ſon état de mort civile
l'a réduite, ſont deux titres déterminants
pour reporter ſur le pere l'éducation de
l'enfant.

§. V I I.

Des Servantes d'Hôtelleries, de Cabarets & Auberges.

De pareilles filles ont-elles une action
en déclaration de paternité?

La raiſon de douter dérive du texte
des Loix Romaines, qui aſſimilent les ſer-
vantes de cabarets & d'auberges aux filles
proſtituées : *Palàm quæſtum facere dice-
mus non tantùm quæ in lupanario ſe proſ-
tituit, verùm etiam ſi qua, ut ſolet, in
tabernâ, cauponâ, vel quâ aliâ, pudori
ſuo non parcit. L. 43, ff. de Ritu. nupt.*

Les tavernes étoient chez les Romains
tellement réputées mauvais lieux, que la
Loi 21, ff. *de Recept. arbitr.*, déclare que
ſi celui qui a été pris pour arbitre choiſit
une

une taverne pour entendre les Parties, elles peuvent refuſer d'y comparoître, tout ainſi que ſi elles avoient été intimées dans un lieu de proſtitution : *Sed & ſi in aliquem locum inhoneſtum adeſſe juſſerit, putà in popinam vel in lupanarium, ſine dubio impunè ei non parebitur.*

Si une eſclave avoit été vendue ſous la condition qu'elle ne ſeroit pas proſtituée, cette condition entraînoit celle de ne point l'employer au ſervice d'une taverne, *L. Eam, au Cod. ſi mancipium.*

Enfin la Loi 29, au Cod. *ad. Leg. Juli de Adult.*, ne permet pas de pourſuivre en crime d'adultere une femme mariée qui ſeroit au ſervice d'un cabaret : *Si verò miniſterium potantibus præbuerit, pro vilitate ejus quæ in reatum ducitur,.. accuſatione excluſa, liberi qui accuſantur abſcedant.*

La raiſon qu'en donne la Loi, c'eſt que des femmes de cette eſpece n'ont plus de pudeur à conſerver, & que la baſſeſſe de leur état les met au-deſſus de la diſpoſition des Loix : *Hæ autem immunes ſunt à judiciariâ ſeveritate, & ſtupri & adulterii præſtentur quas vitæ vilitas dignas legum obſervatione non credidit.* Ce qui juſtifioit chez les Romains ce mépris pour ces filles d'hôtel-

C

leries & de cabarets , c'eſt que ces endroits
étoient effectivement les lieux de proſtitution , dont l'infamie ſe communiquoit
à toutes les perſonnes qui s'y trouvoient
attachées.

Mais chez nous les auberges & les
cabarets ne ſont pas vus d'une maniere
auſſi défavorable ; & quoique les filles
qui ſont au ſervice de ces endroits ne
ſoient pas réputées d'une ſageſſe bien
affermie , néanmoins la Juriſprudence
ne les confond point avec des filles proſtituées.

Elles ont donc une action contre l'auteur de leur groſſeſſe , lorſqu'elles ſont
en état de le déſigner à la Juſtice d'une
maniere ſatisfaiſante. Mais cette action
ſe réduit à le charger de l'éducation de
l'enfant.

A l'égard des dommages & intérêts ,
elles n'en ont point à prétendre , ſi l'auteur
de la groſſeſſe eſt d'un état ſupérieur , qui
ne permette pas de croire qu'il ait employé la promeſſe de mariage pour venir
à bout de ſes deſſeins.

Mais s'il eſt d'une condition aſſortie
à celle de la fille , de maniere à rendre
vraiſemblable la promeſſe de mariage ,
la fille pourra , à l'aide de cette circonſtance , obtenir quelques dommages &

intérêts; à plus forte raison si la servante d'hôtellerie représentoit une promesse de mariage de la part de l'auteur de la grossesse.

On trouve dans Mornac, sur la Loi derniere, *Si mancipia*, Cod., deux Arrêts du Parlement de Paris, qui ont adjugé des dommages & intérêts en pareils cas.

§. VIII.

Des Servantes des Particuliers.

D'après ce qui vient d'être dit des servantes de cabarets, on conçoit que l'action en déclaration de paternité ne peut point être contestée aux servantes des Particuliers, qui sont dans une classe encore plus favorable.

L'état de domesticité n'entraîne aucun préjugé légal d'inconduite & de libertinage. L'expérience journaliere nous prouve même que cet état est compatible avec des sentimens dignes d'une meilleure fortune.

Néanmoins la grossesse d'une fille de cette condition donne rarement ouverture à des dommages & intérêts; & il faut lui appliquer la distinction dont nous

C 2

avons fait ufage pour les fervantes d'hôtelleries.

A l'égard de la fervante qui fe prétend
enceinte des œuvres de fon Maître, voyez
infrà, Chap. IX, §. II.

§. IX.

La Fille, qui a déjà eu un ou plufieurs
enfans, eft-elle recevable à intenter
l'action en paternité?

Oui, quant à la charge de l'enfant, fi
d'ailleurs elle eft en état d'indiquer, avec
une apparence fuffifante, l'auteur de fa
nouvelle groffeffe : mais, quant aux dommages & intérêts, elle n'a pas d'action,
n'étant pas raifonnable de croire qu'elle
ne fe foit laiffée féduire que fous la promeffe de mariage, & fa conduite paffée
étant une preuve qu'elle n'avoit pas befoin
d'un pareil pacte pour faire le facrifice de
fa fageffe.

Mais fi les groffeffes antérieures étoient
auffi des œuvres de l'accufé, feroient-elles
un obftacle aux dommages & intérêts?

La raifon de douter, c'eft que les groffeffes répétées n'excluent pas la promeffe
de mariage, & qu'au contraire elles la
fuppofent, étant vraifemblable que ce

long commerce s'est toujours entretenu
par l'espoir du mariage ; & l'on pourroit
dire que le nombre des enfans forme autant de témoignages de cet engagement,
& de motifs pour le remplir.

Nonobstant ces considérations, si d'ailleurs il ne paroît, ni par aucun écrit, aucunes lettres, ni aucunes circonstances,
que la fille ait été fondée à compter sur
le mariage, il faut décider que les grossesses antérieures la privent de l'action en
dommages & intérêts.

En effet, si l'on admet en faveur de
la fille, qu'elle n'a succombé que sous la
promesse de voir son honneur réparé par
le mariage, c'est toujours avec la supposition que le contraire ne sera pas établi par quelque circonstance.

Or, cette supposition contraire s'offre
d'elle-même contre une fille, qui, depuis
son premier accouchement, n'a formé
aucune action contre son auteur, & qui
a continué de vivre avec lui dans la même
familiarité. Il faut conclure de cette inaction, qu'elle reconnoissoit n'avoir rien à
exiger de lui, rien à lui reprocher, n'étant
pas présumable qu'une fille, qui auroit
reçu une injure aussi cruelle & un mépris
aussi marqué, eût persisté à se livrer aux
desirs de son séducteur.

C 3

La feconde groffeffe forme donc une fin de non-recevoir contre les droits de la premiere.

Dira-t-on que fi les droits de la premiere font anéantis par la feconde, au moins celle-ci engendre un nouveau droit, qui peut ouvrir l'action en dommages & intérêts? On conçoit combien l'objection feroit frivole, puifqu'on ne peut pas raifonnablement admettre que celle qui s'eft livrée une fois fans promeffe de mariage, ait impofé cette loi après une premiere groffeffe. Il faut donc décider que cette feconde groffefle, ou toute autre fubféquente, n'ouvrent aucune action en dommages & intérêts.

Ainfi jugé par Arrêt du 28 Février 1755, du Parlement de Rouen. Voyez les Arrêts imprimés à la fin de la Coutume de Normandie, en 1762.

A R T I C L E I I I.

Des Enfans.

Il eft libre à la fille féduite de garder le filence & de ne pourfuivre l'auteur de fa groffefle, ni pour les dommages & intérêts, ni pour la charge de l'enfant.

Mais, d'un autre côté, l'enfant iffu de

ce commerce, peut avoir intérêt d'établir
sa filiation, & de se constituer civilement
un pere, auquel il puisse avoir recours
en cas de besoin. On demande donc si,
au défaut de la réclamation de la mere,
un pareil enfant est recevable à poursuivre, contre l'auteur de ses jours, la déclaration juridique de sa paternité ?

Il n'en faut pas douter : la mere ne
peut, par son silence, préjudicier aux
droits naturels de l'enfant ; il lui est libre
de remettre l'action en dommages & intérêts qui la concerne personnellement :
mais il réside sur la tête de l'enfant une
action distincte de celle de la mere, &
qui ne lui est point subordonnée. Nous
nous étendrons au Chapitre XI sur la nature & les effets de cette action.

ARTICLE IV.

Des Peres & Meres, Tuteurs & Curateurs.

Tant qu'une fille est sous puissance
de pere & mere, tuteur ou curateur,
ceux-ci, comme légitimes administrateurs
des droits de leur enfant ou de leur pupille, peuvent former contre l'auteur de
sa grossesse une demande en déclaration
de paternité, soit pour les dommages &

intérêts, soit pour la charge de l'enfant. Par la même raison ils peuvent transiger avec le pere, & la fille est valablement engagée par les conditions qu'ils ont souscrites.

Le Juge de Lagny avoit été poursuivi par sa servante en déclaration de paternité. Durant l'instruction, le pere de la fille transigea avec le Bailli pour une somme de 600 liv. Nonobstant cette transaction, la servante renouvella la procédure, sous le prétexte que la somme étoit trop modique, & qu'il n'avoit pas été au pouvoir de son pere de disposer de ses droits; elle ajoutoit que son pere n'avoit consenti cette transaction, que pour se procurer une preuve de la paternité imputée au Bailli, & qu'il auroit pu contester.

Mais, par Arrêt du 20 Septembre 1614, rapporté par Auzanet, Liv. premier, Chap. XCVII, les Parties furent mises hors de Cour. Voyez *infrà*, Chap. VIII, §. V.

A l'égard d'une fille majeure, on conçoit que cette action est exclusivement à sa disposition, pour la poursuivre ou la remettre, ainsi qu'elle le juge à propos, sans que ses pere mere aient aucun droit de s'en mêler.

ARTICLE V.

Les Héritiers de la Fille peuvent-ils intenter l'action en déclaration de paternité ?

Je suppofe que la fille féduite meure dans le travail de l'accouchement, ou quelque temps après avoir donné le jour à l'enfant; fes héritiers connoiffant le pere de l'enfant, peuvent-ils l'actionner ?

Si l'action a été commencée durant la vie de la fille, il n'eft pas douteux qu'elle paffe à fes héritiers, qui la continueront d'après les anciens erremens.

Mais fi l'action n'a pas été commencée, elle n'eft pas tranfmife aux héritiers, parce que l'action en dommages & intérêts *hæret perfonæ*, & ne peut fe continuer par l'héritier, qu'après avoir été ouverte par celui qui a caractere pour la former : *Antequàm propofita fit, non tranfit ad hæredes. §. Si hæredes de perpet. & temp. act.*

Voilà pour les dommages & intérêts. Quant à la charge de l'enfant, il peut y avoir plus de difficultés.

On peut dire, en faveur des héritiers de la mere, qu'ils ne combattent plus dans ce cas *de lucro captando*, mais de *damno vitando* ; fuccédant à la mere , ils participent à fes droits. Or , l'un de ces droits étoit de fe libérer de la charge de l'enfant, en la reportant fur le pere naturel.

D'un autre côté , le pere peut répondre que l'éducation d'un enfant eft impofée par la nature auffi-bien à la mere qu'au pere ; que fi la Jurifprudence en charge par préférence celui-ci, c'eft par un fentiment de commifération , qui a pour objet d'établir un équilibre de charge entre les deux Parties : mais que cette confidération eft abfolument bornée à la perfonne de la mere , & qu'elle ne peut point fe référer aux héritiers, qui n'ont pas les mêmes droits à l'indulgence de la Juftice.

Pour fe décider fur cette queftion, je penfe qu'il faut ufer de la diftinction employée pour les dommages & intérêts ; favoir , fi la demande a été formée du vivant de la mere.

Dans ce cas, étant clair que l'intention de celle-ci étoit de ne point fe charger del on enfant, & d'en faire fupporter le poids au pere, l'héritier qui fuccede à fes actions & à fes droits eft fondé à pourfuivre l'effet de cette demande ; & ce qui peut lui arriver de moins favorable, c'eft que la charge de l'enfant foit partagée par moitié entre lui & le pere naturel.

Mais si l'action n'a point été formée par la mere, je pense que l'héritier est non-recevable à poursuivre le pere pour être chargé de l'enfant, parce que, dans ce cas, l'obligation naturelle de la mere est demeurée dans son entier, & que son silence laisse croire qu'elle entendoit la remplir sans aucune répétition contre le pere.

Au surplus, quoi qu'il arrive, cette contestation ne regarde que le pere & l'héritier de la mere, sans préjudicier aux droits de l'enfant, qui, sans aucune considération pour la distinction dont nous venons de parler, peut diriger son action, ou contre son pere naturel, ou contre les héritiers de sa mere, suivant que l'un ou l'autre parti lui sera plus avantageux. Voyez *infrà*, Chap. XI, §. II.

CHAPITRE III.

Contre quelles perſonnes l'action en déclaration de paternité peut être formée.

L'EXÉCUTION d'un pacte ou d'une convention ne peut être pourſuivie que contre celui qui l'a fait, ou contre ceux qui le repréſentent & ſuccédent à ſes obligations.

Mais pour que cette action ſoit recevable, ſoit contre les uns, ſoit contre les autres, il faut que le pacte ſoit licite, & qu'il ait été fait entre perſonnes capables. Ce Chapitre nous fournira plus d'une fois l'application de ce principe.

La premiere perſonne qui ſe préſente pour devenir l'objet légitime d'une demande en déclaration de paternité, c'eſt celle qui s'en eſt reconnue pour l'auteur. On rencontre enſuite les peres & meres, tuteurs & curateurs, les Maîtres & Supérieurs, les héritiers & le fiſc. Nous diſcuterons chacun de ces objets dans autant d'articles.

ARTICLE PREMIER.

De l'action intentée contre l'auteur de la grossesse.

Si l'auteur de la grossesse est majeur, libre, & jouissant de sa raison, l'action peut se diriger contre lui valablement, soit pour la charge de l'enfant, soit pour les dommages & intérêts de la mere; sauf à lui à opposer contre cette poursuite des exceptions de droit & de fait, s'il y a lieu. Voyez *infrà*, Chap. VIII.

Mais il y a des circonstances qui peuvent rendre cette action non-recevable contre le véritable auteur de la paternité, au moins pour les dommages & intérêts : telles sont la minorité, l'état Ecclésiastique, le mariage & la démence, ainsi qu'il va être établi aux §. suivans.

§. Ier.

L'action en déclaration de paternité peut-elle être intentée contre un Mineur ?

L'action en dommages & intérêts n'étant fondée que sur la supposition d'une promesse de mariage, il résulte qu'une condition effentielle à la validité de cette promeffe, c'eft la capacité de celui qui l'a faite. Or, un mineur n'étant point capable de faire une promeffe de mariage, il ne peut point être pourfuivi juridiquement pour le défaut de fon accompliffement.

Bien loin que le mineur foit tenu d'accomplir fa promeffe, cette exécution n'eft pas en fon pouvoir; & fi le mariage s'étoit enfuivi, il feroit déclaré nul. Lors donc que le mineur fait une promeffe de mariage, il a fait ce qu'il étoit incapable de faire : la fille n'a pas dû compter fur une pareille convention, dont elle connoiffoit le vice & l'inutilité; & elle n'eft point recevable à fe plaindre d'un événement qu'elle ne doit imputer qu'à fa propre imprudence.

Nos Livres font remplis d'Arrêts qui confacrent cette Jurifprudence.

Le fieur de Meraux, mineur, avoit fait une promeffe de mariage à la demoifelle de Villeneuve, majeure; cette promeffe avoit été même fuivie du contrat de mariage, de publication de bans & fiançailles : mais ayant refufé de paffer à la célébration, la demoifelle de Villeneuve le pourfuivit pour des dommages & intérêts. Le fieur de Meraux répondoit qu'étant mineur, fa promeſſe ne l'avoit pas engagé ; qu'il n'étoit pas en ſon pouvoir d'accomplir le mariage ſans le conſentement de ſes pere & mere, & que, par conſéquent, ſa pro-meſſe ne pouvoit point devenir la baſe d'une condamnation de dommages & intérêts.

Pour plus grande précaution, le ſieur de Meraux avoit pris des Lettres de reſ-ciſion contre le contrat de mariage, deſ-quelles il demandoit l'entérinement. Par Arrêt du 28 Mars 1635, rapporté au Journal des Audiences, les Lettres de reſ-ciſion furent entérinées, le contrat de mariage déclaré nul ; & ſur la demande en dommages & intérêts, les Parties fu-rent miſes hors de Cour.

Le nommé *Vareilles*, âgé de ſeize ans, avoit ſigné une promeſſe de mariage au profit de Bernardine Grand, âgée de vingt-cinq ans, avec un dédit de 2000 liv.

Depuis il ſe marie avec une autre : Bernardine Grand le pourſuit pour le paiement du dédit de 2000 liv. convenu entre les Parties. Vareilles allegue la nul-lité réſultante de ſa minorité.

Par Arrêt du Parlement de Touloule du 18 Mars 1722, les Parties furent miſes hors de Cour. Voyez Cod. Ma-trim., *verbo* Promeſſe de Mariage.

Le fieur Muret, âgé de vingt-trois ans, avoit fait une promeffe de mariage au profit de la demoifelle Gleyfe. Sur le refus de l'exécuter, la demoifelle Gleyfe le pourfuit en dommages & intérêts. L'exception de minorité eft oppofée par Muret. Arrêt du même Parlement du 7 Août 1723, qui le renvoie de la demande, avec dépens.

Une fille majeure, enceinte des œuvres d'un mineur, réclamoit des dommages & intérêts : mais par Arrêt du mois de Juin 1690, rapporté par Brillon, & fur les conclufions de M. Talon, les Parties furent mifes hors de Cour fur les dommages & intérêts. Le jeune homme au furplus chargé de l'éducation de l'enfant.

« La raifon, dit » M. Talon, pour la-
» quelle cette demande en dommages &
» intérêts doit être rejettée, c'eft que fi
» le mariage eût été célébré entre les par-
» ties, il faudroit le déclarer nul & non
» valablement contracté ; à plus forte rai-
» fon ne faut-il point admettre la demande
» en pourfuite à cette fin ».

La minorité de la fille ne feroit point un moyen de confidération en fa faveur ; au contraire, ce feroit une raifon de plus pour anéantir la promeffe de mariage,

puifqu'alors il y auroit incapacité active
& paſſive. Voyez *fuprà*, Chap. II, Art. II.

Le Journal du Parlement de Touloufe
nous fournit encore un exemple dans cette
efpéce.

Jeanne Bellot & le fieur Mefnard, âgés
tous deux de dix-huit ans environ, s'étoient
réciproquement fait une promeſſe de mariage. Le fieur Mefnard s'étant marié avec
une autre, la demoiſelle Bellot demande
des dommages & intérêts. Sentence qui
la déboute de fa demande. Appel au Parlement de Touloufe, où il intervient, le
9 Septembre 1726, Arrêt qui confirme la
Sentence.

Inutilement la fille alléglueroit elle qu'elle
a été induite en erreur par fon féducteur,
qui auroit exagéré fon âge. Cette circonſtance fe rencontroit dans l'affaire du
fieur de Meraux, dont j'ai parlé ci-deſſus.
Il s'étoit, dans le contrat de mariage,
annoncé pour être majeur; la demoiſelle
de Villeneuve oppofoit cette mauvaiſe
foi, comme un moyen qui devoit juſtifier
fon action. Néanmoins l'Arrêt n'y eut
point d'égard. A plus forte raifon faut-il
décider de même, lorfque la fille n'apporte que fa groſſeſſe pour preuve d'une
promeſſe de mariage. Elle doit s'imputer
de n'avoir pas employé les précautions

néceſſaires pour s'en éclaircir ; & ſa conduite n'eſt pas aſſez favorable pour prétendre à l'indulgence.

Au ſurplus, ce qui vient d'être dit en
faveur du mineur, n'eſt relatif qu'aux
dommages & intérêts. Quant à la charge
de l'enfant, elle peut être prononcée contre lui, tout ainſi que contre un majeur,
parce que l'obligation de nourrir l'enfant
ne procede pas d'un contrat civil, mais
de la loi naturelle, qui gouverne les
hommes ſans aucune conſidération de
leur âge. Ce principe eſt établi par l'Arrêt
du mois de Juin 1690, dont j'ai parlé ci-
deſſus.

§. I I.

*L'action en déclaration de paternité peut-elle
être formée contre un Homme marié ?*

Un homme marié, qui ſéduit une fille
& la rend enceinte, eſt plus coupable
qu'un autre, puiſqu'il viole la foi conjugale, qu'il donne un mauvais exemple
à ſon épouſe & à ſes enfans, & s'expoſe
à devenir l'objet d'une réclamation ſcan-
daleuſe. Sous ce point de vue, il doit
être conſidéré par la Juſtice & par la
Société ſous un aſpect odieux. Néanmoins
cette circonſtance aggravante ne tourne

point au profit de celle qu'il a féduite ;
au contraire, c'eft une raifon pour lui
refufer les dommages & intérêts qu'elle
auroit obtenus d'un homme libre.

En effet, la fuppofition d'une promeffe
de mariage ne vient plus au fecours de
fa faute ; elle n'a donc rien à demander
pour la dédommager de fon inexécution.
Or, à quel autre titre pourroit-elle obtenir
des dommages & intérêts ? feroit-ce parce
qu'elle s'eft elle - même rendue coupable
d'adultere, en fe livrant à un homme
marié ? Ce feroit, certes, une étrange
abfurdité qu'un délit auffi grave devînt un
titre de récompenfe.

Si la fille, qui devient enceinte des œuvres d'un homme marié , n'eft pas l'objet
d'une pourfuite rigoureufe de la part de la
femme de ce dernier, c'eft parce que celle-
ci n'a pas le droit de pourfuivre fon mari
pour crime d'adultere ; & qu'en pareille
matiere, c'eft un principe que les deux.
coupables doivent être compris dans l'accufation.

L'impunité n'eft donc accordée à la
fille enceinte des œuvres d'un homme
marié, qu'acceffoirement à celle accordée
à fon complice. Mais fi la peine eft éludée, le délit n'en fubfifte pas moins ; &
ce feroit une intervention révoltante des

premiers principes de la Morale & de la Jurifprudence, d'accorder une action lucrative à celle qui doit s'applaudir d'échapper au châtiment.

Si l'on trouve des Arrêts qui ont accordé des dommages & intérêts à des filles enceintes des œuvres d'un homme marié, ils ont été rendus dans des efpeces où il y avoit fraude ou fupercherie, violence ou autres manœuvres criminelles, qui, abftraction faite de la groffeffe, étoient une caufe légitime pour donner lieu à des dommages & intérêts. La preuve de cela, c'eft qu'il n'y a pas un de ces Arrêts qui n'ait été rendu fur procès réglé à l'extraordinaire ; ce qui annonce que le titre de l'accufation comprenoit quelqu'objet plus grave qu'une fimple féduction.

La demoifelle Rigal, mineure, étant devenue enceinte des œuvres du fieur de Saint-L * * *, Médecin des armées du Roi, fexagénaire & marié, avoit rendu plainte contre lui, & demandoit des dommages & intérêts confidérables.

Le Médecin avouoit la paternité ; il offroit de fe charger de l'enfant : mais il foutenoit la demoifelle Rigal non-recevable à demander des dommages & intérêts, par le principe qu'il n'en eft point dû à une fille qui s'est abandonnée à un homme marié.

La demoiselle Rigal repliquoit que le Médecin lui avoit diffimulé qu'il fût marié, & qu'il y avoit eu de fa part une promeffe pofitive de l'époufer.

Il paroiffoit effectivement que le fieur de Saint - L * * * avoit diffimulé à la demoifelle Rigal fon état d'homme marié ; & ce fut d'après cette vraifemblance que, par Arrêt du 5 Février 1777, fur les conclufions de M. Séguier, Avocat-Général, le fieur de Saint - L * * * fut condamné en 400 livres de dommages & intérêts.

Mais fi cette circonftance ne fe fût pas rencontrée dans l'affaire en faveur de la demoifelle Rigal, il eft affez évident, par la modicité des dommages & intérêts, qu'elle n'en auroit obtenu aucun contre le fieur de Saint - L * * *.

Mais l'homme marié peut être, tout ainfi qu'un célibataire, pourfuivi pour la charge de l'enfant ; fon état civil ne détruit point l'obligation naturelle, qui eft la bafe de cette action (1).

_____

(1) Brillon, *verbo* Groffeffe, n°. 13, donne pour principe que la déclaration d'une fille n'a pas lieu contre un homme marié, & que l'enfant

§. I I I.

L'action en déclaration de paternité peut-elle être dirigée contre les Gens d'Eglise ?

Les mêmes raifons qui rendent l'action en déclaration de paternité non-recevable contre un homme marié (*pour les dommages & intétêts*) s'appliquent aux Gens d'Eglife , puifque la fille enceinte ne peut point alléguer l'inexécution de la promeffe de mariage qu'elle favoit bien être incompatible avec cet état.

La fituation d'une pareille fille ne lui fournit aucun moyen de confidéraion pour fuppléer à un défaut de titre : au contraire , c'eft de fa part une dépravation de mœurs & un libertinage honteux, qui lui méritent l'indignation des honnêtes gens.

Si cependant il étoit établi que l'Eccléfiaftique eût déguifé fon état, alors l'action en dommages & intérêts de la fille prendroit un autre caractere ; & l'Eccléfiaftique, convaincu de certe fuper-

---

eft à la charge de l'Hôpital du lieu; &, pour preuve, il rapporte deux Arrêts qui jugent le contraire. Cet Auteur tombe fouvent dans de pareilles inconféquences.

cherie criminelle, non - seulement seroit condamné en des dommages & intérêts, mais même il auroit à craindre des peines afflictives.

Si l'Ecclésiastique, auteur de la grosfesse, n'étoit point engagé dans les Ordres sacrés, la fille auroit-elle contre lui une action en dommages & intérêts?

On peut dire pour elle, que l'Ecclésiastique n'étant point exclus de la faculté de contracter mariage, elle a pu raisonnablement compter sur sa promesse, rien n'étant plus facile ni plus ordinaire que de voir un simple Clerc abdiquer l'état Ecclésiastique pour entrer dans celui du mariage.

Néanmoins il faut répondre que l'action en dommages & intérêts n'est point ouverte contre un simple Clerc; quelque facilité qu'il y ait de se retirer de l'état Ecclésiastique pour celui qui n'est point promu aux Ordres sacrés, on ne suppose point la volonté d'une pareille abdication à celui qui continue de porter les marques extérieures de cet état.

Cette variation dans le choix des états, n'est point une présomption légale. On suppose au contraire que celui qui a embrassé un état, est dans l'intention d'y persévérer, & d'en parcourir tous les grades auxquels il a droit de prétendre.

Que si cette variation ne se présume point légalement, à plus forte raison ne doit-elle pas être provoquée en Justice. Or, ce seroit-là cependant l'objet d'une demande en dommages & intérêts, qui, étant la peine de l'inexécution du mariage, entraîne nécessairement une sollicitation tacite de l'accomplir. La condamnation qui interviendroit contre un Clerc seroit donc, à proprement parler, la punition de son attachement à son état, & du refus qu'il fait d'entrer dans un autre ; ce qui est inadmissible.

La fille qui se plaint d'avoir été abusée, a dû faire ces réflexions ; & comme elle est coupable d'avoir perdu de vue les devoirs de son sexe, elle n'a aucune indulgence à espérer de la Justice, ennemie du désordre & du libertinage. Mais, dans tous les cas, cette fin de non-recevoir ne concerne que les dommages & intérêts.

A l'égard de la charge de l'enfant, l'Ecclésiastique, qui en est reconnu pour le pere, en demeure chargé, tout ainsi que le seroit un laïque, par les raisons qui ont été déduites aux §. précédens. Voyez *infrà*, chap. V, pag. 93, l'Arrêt rendu contre le Chanoine de Bourges.

§. IV.

§. IV.

L'action en déclaration de paternité peut-elle être intentée contre un homme interdit ou en démence?

Diftinguons encore ici les dommages & intérêts, & la charge de l'enfant.

Quant aux dommages & intérêts, comme ils réfultent de l'inexécution d'une convention, il eft clair qu'ils ne peuvent pas avoir lieu vis-à-vis de celui qui auroit été incapable de faire la convention, ainfi qu'il a été dit au fujet des mineurs. Si donc l'auteur de la groffeffe étoit interdit à l'époque de la conception, ou fi, fans être encore interdit, il étoit feulement frappé de démence, de maniere à donner à fon interdiction poftérieure un effet rétroactif, il n'y a pas de doute que l'action en dommages & intérêts ne feroit pas recevable contre lui.

Le fieur M***, Lieutenant en l'Election de Vendôme, avoit féduit la demoifelle P. L., fille mineure, de laquelle il avoit eu un enfant; celle-ci ayant formé une demande en déclaration de paternité, le fieur M*** avoit été au-devant de la condamnation, en foufcrivant une transac-

D

tion par laquelle il s'obligeoit de faire 200 livres de penfion viagere à la fille P * * *, & de fe charger de l'enfant.

Quelque temps après, le fieur M * * * prend des Lettres de refcifion contre cette tranfaction, fous le prétexte que la condition qu'il a faite à la fille P * * * eft exceffi-ve. Pendant l'inftruction de ce nouveau procès, le fieur M*** tombe en démence, & fes parens le font interdire. Son frere ayant été nommé fon curateur, il pour-fuit la nullité de la tranfaction, fur le motif que fon frere étoit en démence lorfqu'il avoit foufcrit la tranfaction en queftion : il ajoutoit que cette démence fe reportoit jufqu'à l'époque à laquelle fon frere avoit eu commerce avec la demoifelle P * **, de maniere qu'il n'y avoit pas lieu à des dommages & inté-rêts, puifque fon frere, incapable de vo-lonté, n'avoit pas pu valablement faire une promeffe de mariage.

Mais de la part de la demoifelle P * * *, on répondoit que la démence du fieur M * * * étoit poftérieure à la groffeffe & même à la tranfaction, & que par confé-quent elle ne pouvoit pas être oppofée contre la demande en déclaration de pa-ternité. La défenfe de la demoifelle P*** fut adoptée par Arrêt du mois de Juin

1779, qui ordonna l'exécution de la tranfaction, avec dépens.

Quant à la charge de l'enfant, comme elle fe prend fur la fortune du pere, on conçoit que fa démence n'eft d'aucune confidération pour l'en difpenfer.

ARTICLE II.

L'action en déclaration de paternité peut-elle être intentée contre les pere & mere du Séducteur?

Il eft évident que la queftion ne peut avoir lieu que dans le cas où l'auteur de la groffeffe feroit mineur ; & c'eft à ce fujet qu'on demande fi le pere du mineur peut être actionné pour les dommages & intérêts dus par fon fils, & pour fe charger de l'enfant.

Il faut répondre que cette action ne reflue point contre le pere, & cela par deux raifons.

La premiere, c'eft que le pere n'eft point tenu de remplir les conventions faites par fes enfants.

La feconde, c'eft que la convention, qui fert de bafe à cette demande en dommages & intérêts, eft elle-même nulle vis-à-vis du fils par le défaut de

D 2

capacité, ce qui fuffiroit pour entraîner la libération du pere.

A l'égard de la charge de l'enfant, ne pourroit-on pas dire qu'elle peut être prononcée contre le pere du féducteur, parce que c'eft une obligation naturelle attachée à la qualité d'aïeul de nourrir fes petits-enfants? On trouve des Arrêts pour & contre; mais la Jurifprudence s'eft fixée pour la décharge de l'aïeul. Voyez *infrà*, Chap. XIII, §. Ier.

Ce qui vient d'être dit, foit pour les dommages & intérêts, foit pour la charge de l'enfant, fouffre deux exceptions :

La premiere, lorfque les pere & mere font convaincus d'avoir favorifé le commerce illicite de leur fils, parce qu'ils font alors cenfés s'être mis de moitié dans la promeffe de mariage, & s'en être rendus cautions. Si donc il arrive que ce mariage ne foit point accompli, la fille eft fondée à diriger fon action conjointement contre l'auteur de la groffeffe & contre les pere & mere de celui-ci.

On trouve une quantité d'Arrêts rendus en pareille efpece.

Le plus récent qui foit à ma connoiffance eft celui du 5 Février 1762, qui a condamné le nommé Jonneau, Serrurier, en 150 livres de provifions envers une fille enceinte des œuvres de Jonneau fils. Le motif de cette condamnation a été la complaifance repréhenfible avec laquelle Jonneau pere avoit fouffert la fréquentation des jeunes gens.

Cette regle reçoit encore une exception, lorfque le mineur eft convaincu d'avoir ufé d'artifice & de manœuvres criminelles pour parvenir à fon but : dans ce cas, l'action qui appartient à la fille n'eft plus feulement une action civile ; c'eft une action criminelle ; *de dolo*, qui peut s'exercer contre le pere , par le principe qui rend les peres & meres garants des délits de leurs enfants quant aux effets civils.

On fuppofe que la mauvaife conduite & le déréglement des enfants proviennent de la mauvaife éducation qu'ils ont reçue, & de la négligence des peres & meres à les furveiller.

Au furplus, il y a fur ce cas des exceptions pour lefquelles il eft à propos de confulter les Auteurs qui ont traité les matieres criminelles.

ARTICLE III.

Des Maîtres & Supérieurs de l'auteur de la grossesse.

C'est un principe reçu que les Maîtres & les Supérieurs ne sont responsables, pour les effets civils des délits de leurs Domestiques, Compagnons & Apprentifs, Commis subalternes & autres subordonnés, qu'autant que ceux-ci auroient délinqué à l'occasion de leurs fonctions. Hors de ces fonctions, le délit leur est absolument étranger, & l'action ne doit pas refluer contre eux.

Si un Commis à la Gabelle, en faisant son exercice chez un Particulier, dérobe une saliere, les Fermiers-généraux peuvent être poursuivis pour la restitution de ce vol. Il en faut dire autant d'un Marchand pour son Commis, d'un Artisan pour son Compagnon, &c. Chacun d'eux doit s'imputer la faute d'avoir employé des gens de mauvaises mœurs.

Il n'est pas impossible de poser une hypothese où la séduction d'une fille exercée par un Commis, un Apprentif ou autre subordonné, seroit à la charge du Maître ou du Supérieur : mais je pense qu'il faudroit la réunion de trois circonstances :

La premiere, que la séducton fût arrivée à l'occasion des fonctions qui leur auroient été confiées.

Secondement , que la séduction eût été accompagnée de dol & de manœuvres criminelles.

Troisiemement , que les Supérieurs en eussent été instruits , & qu'il y ait eu de leur part une négligence manifeste de prévenir le malheur.

· Par exemple , un Commis du Fermier est suspecté d'entretenir une intrigue avec la fille du logis où ses fonctions lui procurent l'entrée malgré les pere & mere : ceux ci qui sont souvent obligés de s'absenter pour leurs affaires , & qui sont alarmés du danger qui les menace, font passer leurs plaintes aux Fermiers-généraux, en les sollicitant, ou de changer leur Commis de département , ou bien au moins de lui enjoindre d'être plus circonspect sur le nombre & sur l'heure de ses visites. Mais supposons encore qu'au lieu de donner cette satisfaction aux pere & mere , les Fermiers-généraux fournissent à ce Commis de nouveaux prétextes d'entretenir son intrigue, en lui donnant des ordres de multiplier plus que jamais ses

visites dans cette maison. A la faveur de
ces entrevues journalieres, la séduction
se consomme; la fille devient enceinte;
le Commis disparoît, ou bien est trans-
porté dans un département éloigné où
les pere & mere ne sont plus à portée de
le poursuivre. En pareille position, n'ont-
ils pas le droit de s'adresser aux Fermiers-
généraux, comme étant les premiers auteurs d'un malheur qu'ils auroient pu si
aisément prévenir?

Il n'en faut pas douter, parce que cette
espece offre là trois circonstances essen-
tielles qui autorisent la demande en garantie.

D'abord, il y a délit grave de la part
du Commis: ce délit ne consiste point
dans le stupre commis avec une fille de
famille, mais dans les moyens qui ont
accompagné cette séduction, c'est-à-dire
l'abus de confiance & des droits que lui
donnoit sa place; délit qu'il importe à la
Société de voir sévérement réprimé, par
les terribles inconvéniens qui peuvent en
résulter. Non-seulement il y a délit, mais
il est évident qu'il n'a été commis qu'à
l'occasion des fonctions confiées au coupable, puisque c'est à l'aide de son caractere, à l'ombre de son travail, qu'il est
parvenu à consommer la séduction.

Enfin, ses Supérieurs instruits du danger, auroient été à portée de le prévenir : autre confidération qui rend leur caufe plus défavorable encore, fuivant cet axiome : *Qui n'empêche peche.*

On peut appliquer la même décifion à toutes les efpeces femblables, où le Supérieur, inftruit des défordres de fon fubalterne, auroit négligé d'en prévenir les fuites.

ARTICLE IV.

L'action en déclaration de paternité a-t-elle lieu contre les Héritiers de l'auteur de la grofieffe?

Si l'auteur de la grofieffe eft décédé avant que l'action foit commencée, la fille eft non-recevable à pourfuivre les héritiers, parce qu'elle eft préfumée avoir renoncé au bénéfice de fon action, par le filence qu'elle a gardé durant la vie de la partie intéreffée : *Non hæredi nec in hæredem datur, nifi lite conteftatâ.* Dig. d e inj.

Mais fi l'auteur de la grofieffe eft décédé pendant le cours du procès, la fille féduite eft recevable à diriger fon action contre fes héritiers ; les obligations du défunt deviennent celles de fes héritiers, qui fuccedent à fa perfonne & à fes biens.

Les héritiers, de leur côté, ont le droit d'impugner la prétendue paternité, ou d'employer les mêmes exceptions qui auroient été au pouvoir du défunt : *Quod in principalibus perfonis juftum eft, ad hæredes & adverfus eos tranfmittetur.* L. 13, Cod. *de contrah. & committ. ftipul.* Et c'eft du fort de ce combat que dépend celui du procès. Si les héritiers réufliffent, ils font renvoyés de la demande ; au cas contraire, ils font condamnés aux dommages & intérêts, & chargés de l'enfant, avec toutes les obligations qui auroient été impofées au défunt.

Si, dans la fucceffion du défunt, il fe rencontre deux efpeces d'héritiers, les uns des propres, & les autres du mobilier feulement, l'action peut-elle fe former contre les uns & les autres, ou bien ne doit-elle porter que contre les héritiers du mobilier ?

Cette action doit fe diriger contre tous les héritiers fans diftinction. Il eft bien vrai que dans les fucceffions on confidere quelle eft l'origine des dettes actives, pour déterminer à quelle efpece d'héritiers elle doit appartenir. Mais il n'en eft pas de même pour les dettes paffives de la fucceffion ; leur origine eft indifférente : tous

les héritiers font regardés comme les repré-
fentans du défunt, & chargés chacun pour
leur part & portion de fes obligations per-
fonnelles.

C'eft la Jurifprudence obfervée dans
toutes les Provinces, dont la loi muni-
cipale ne porte point une difpofition contraire.

Lorfqu'il y a plufieurs héritiers du défunt, chacun d'eux peut être actionné
par la fille féduite perfonnellement pour
la part & portion dont il eft héritier, &
hypothécairement pour le tout ; c'eft-à-
dire, que quand il poffédera un feul
immeuble de la fucceffion, il pourra être
pourfuivi pour le montant de la condamnation entiere, fauf fon recours contre
fes cohéritiers ou les légataires univerfels.

Mais en abandonnant les fonds, l'action hypothécaire difparoît, pour ne donner lieu qu'à une action perfonnelle, qui
fe réduit à exiger de l'héritier fa part &
portion. En un mot, la condamnation
étant une fois prononcée, elle forme, en
faveur de la fille, une créance active, qui
fe regle par les loix des fucceffions.

Ce que je viens de dire, que chacun
des héritiers n'étoit tenu que pour fa
part & portion des dommages & intérêts
adjugés à la fille féduite, ne s'applique

pas à la condamnation relative à l'éducation de l'enfant.

Pour cet objet, chacun des héritiers eſt perſonnellement & ſolidairement tenu de la condamnation entiere, ſauf ſon recours contre ſes cohéritiers pour ſe faire rembourſer. Cette déciſion eſt appuyée ſur le principe que les héritiers ſont tenus ſolidairement pour le tout des obligations, qui, de leur nature, ſon indiviſibles : *Ea quæ in partes dividi non poſſunt, ſolida à ſingulis hæredibus debentur.* Leg. 192, *de reg. jur.*

Or, on ne peut pas dire que l'obligation d'élever un enfant, & de remplir, à ſon égard, tous les ſoins attachés à la paternité, ſoit ſuſceptible d'être morcelée ; étant impoſſible que s'il y a douze héritiers, l'éducation de l'enfant ſoit tour-à-tour confiée à chacun de ces douze héritiers. D'ailleurs, c'eſt un autre principe que l'obligation des alimens eſt indiviſible ; celui auquel ils ſont dûs ne doit pas être réduit à la néceſſité de la réclamer par portion contre chacun de ſes débiteurs. Un pareil procédé rendroit la condamnation illuſoire, par les retardemens qui l'accompagneroient. *V.* Ricard, Traité des Donations, part. 1, chap. 1, ſect. 5, n. 25 & 35.

ARTICLE V.

*L'action en déclaration de paternité peut-
elle être intentée contre le Fisc?*

Si les biens appartenans à l'auteur de
la paternité ont passé entre les mains
du Roi ou d'un Seigneur par droits de
déshérence ou d'aubaine, dans ces différens
cas, le Roi ou le Seigneur qui recueille
la succession, peut devenir l'objet d'une
poursuite en déclaration de paternité ;
avec cette différence néanmoins que le
Roi ou le Seigneur n'est point tenu des
condamnations *ultra vires hæreditatis.*

CHAPITRE IV.

*De la déclaration de grossesse consi-
dérée sous son rapport avec la
Partie civile* (1).

IL est assez d'usage qu'avant de former
son action, ou de présenter sa plainte,

___

(1) On trouvera ci-dessous, Part. III, un Chapitre où la déclaration de grossesse sera considérée
sous son rapport avec la Partie publique.

la fille enceinte se transporte chez le Procureur du Roi, le Greffier, ou même chez un Commissaire de Police, pour y faire sa déclaration de grossesse, en indiquant le nom de celui qu'elle prétend en être l'auteur.

Quelques Praticiens s'imaginent que cette démarche préliminaire est essentielle à la validité de la procédure, sous le prétexte qu'avant d'être recevable à former son action, la fille enceinte doit se mettre en regle vis-à-vis du Ministere public, en satisfaisant à l'Edit de 1556.

Mais il est certain que cette opinion est une erreur, & cette déclaration un acte superflu.

D'abord, l'Edit de Henri II n'exige aucune déclaration *judiciaire;* ce qu'il exige seulement, c'est qu'elle soit faite d'une maniere notoire, & qui soit capable de mettre le Ministere public à portée de suivre le sort de l'enfant.

En second lieu, l'Edit n'a point fixé de délai pour faire cette déclaration; il est libre à la fille enceinte de différer jusqu'au moment de son accouchement.

En troisieme lieu, la plainte ou l'assignation ne sont elles-mêmes autre chose qu'une déclaration authentique & judiciaire de la grossesse; de maniere que, par le feul fait de fa réclamation, la fille enceinte a rempli l'objet de l'Edit de 1556.

Voilà autant de raifons qui la difpenfent d'une déclaration préliminaire. Néanmoins, dans les endroits où cet ufage eft établi, je ne trouve pas d'inconvéniens de le fuivre, d'autant plus que cette déclaration fe reçoit gratuitement (1).

Quelle que foit la perfonne que la fille indique pour être l'auteur de fa groffeffe, l'Officier public doit l'inférer dans fa déclaration. Il eft d'ufage, dans quelques endroits, de la part des Officiers publics qui reçoivent une déclaration, de faire prêter ferment à la fille : mais c'eft fans aucun droit. La fille peut fe refufer à cette formalité, qui d'ailleurs n'ajoute aucune force à la déclaration.

En effet, il ne faut pas croire que la déclaration de groffeffe foit entre les mains de la fille enceinte un titre contre celui qu'elle charge.

On fait affez qu'il n'eft permis à perfonne de fe faire un titre : *Omnibus in re*

_____

(1) Voyez la Lettre de M. le Chancelier d'Aguffeau à M. le Nain, Intendant de Languedoc, rapportée au Code matrimonial, *verb.* Groffeffe, & au Recueil judiciaire de Touloufe.

propriâ dicendi teftimonium facultatem jura
fubmoverunt. Cod. *de teft.*

Le ferment dont la déclaration feroit
accompagnée , ne détruit pas la force
de ce principe. Une fille , qui eft capable
d'imputer fauffement fa groffeffe à quelqu'un qu'elle fait n'en être pas l'auteur ,
eft capable également de faire un parjure.

La déclaration, renouvellée dans les
douleurs de l'enfantement , ne fournit
pas contre l'accufé un titre plus puiffant ;
ce n'eft qu'une fimple préfomption , qui
a befoin d'être foutenue par des preuves
de cohabitation. Voy. ci-deffous, Chapitre IX.

Lorfqu'une fille a fait fa déclaration
contre un particulier, il ne lui eft plus
libre de varier.

Néceffairement l'une des deux impu-
tations eft fauffe ; ce qui fait qu'on ne
doit ajouter foi ni à l'une ni à l'autre,
fuivant la décifion de la Loi.

Scripturæ diverfæ fidem fibi invicem de-
rogantes, ab unâ eâdem quæ parte prolata ,
nihil firmitatis habere poffunt. Cod. *de fid.*
inft.

Tout ce qu'on pourroit dire de plus
favorable pour la fille, ce feroit, qu'ayant
eu affaire en même tems à deux particu-,

liers, elle a pu, fans calomnie, charger l'un & l'autre de la paternité. Mais une juftification de cette efpece tourneroit à fa confufion, & abfoudroit les accufés de l'action en déclaration de paternité *quant aux dommages & intérêts.*

Je dis *quant aux dommages & intérêts ;* car, à l'égard de la charge de l'enfant, l'action fubfifte dans fon entier contre l'un & l'autre, lefquels peuvent être conjointement condamnés à frayer l'éducation de l'enfant, s'il y a contre l'un & l'autre des preuves de cohabitation. Ainfi jugé par Arrêt du 25 Février 1661, rapporté par Baffet t. 1, liv. 4, tit. 11, ch. 3. V. auffi *infrà*, Ch. VIII, Sect. IV.

Il peut arriver de même qu'entre deux particuliers prévenus de paternité, les Magiftrats choififfent l'un exclufivement à l'autre pour le charger de l'enfant, foit à raifon des preuves plus fortes de cohabitation, foit à raifon de fes facultés.

Une Servante de Cabaret, étant devenue enceinte, fit fa déclaration contre un *Paffant ;* par la fuite, elle fit une feconde déclaration, par laquelle elle chargea fon Maître. Les circonftances donnoient beaucoup de vraifemblance à cette derniere déclaration; &, par Arrêt du Parlement de Grenoble du 18 Février 1654, fans avoir égard à la premiere, le Maître fut condamné à fe charger de l'enfant.

Je ne dois pas même diffimuler qu'il fut condamné à des dommages & intérêts ; ce qui femble contredire le principe ci-deffus établi, qu'il n'en étoit point dû à une fille qui avoit varié dans fa déclaration.

Mais on conçoit que ce principe fouffre exception , quand l'une des deux déclarations paroît avoir été furprife à la foibleffe de la fille. La raifon pour laquelle des dommages & intérêts doivent être refufés à celle qui a fait deux déclarations différentes , c'eft parce que cette double déclaration , annonçant de l'incertitude dans le choix du pere, annonce par conféquent une proftitution de la part de la fille. Mais cette confidération ceffe d'avoir lieu , lorfque l'une des deux déclarations eft l'ouvrage même du véritable auteur de la paternité , comme dans l'efpece de cet Arrêt.

Une autre circonftance en faveur de cette fille , c'eft qu'elle ne s'étoit point rendue coupable de calomnie, en chargeant de fa groffeffe un particulier qui en auroit été innocent. Elle avoit bien imputé sa grossesse à un *Passant* : mais cette indication générique n'exposoit personne à sa poursuite, ni aux conséquences de la paternité. C'étoit un être idéal qu'elle avoit choisi pour détourner l'attention de dessus le véritable ; & lorsque depuis elle annonça son Maître pour être l'auteur de sa grossesse, elle ne fit autre chose que réaliser le personnage fantastique qu'elle avoit désigné.

C'est d'après le même principe qu'est intervenu l'Arrêt du 28 Avril 1779, en faveur de Gabrielle Fungas, fille mineure, qui avoit fait une fausse déclaration sur le compte d'un nommé Lebrun, personnage imaginaire.

Il étoit prouvé au procès que cette fausse déclaration avoit été faite à la sollicitation & par les manœuvres d'un sieur Servajan des Gouttes, véritable auteur de la grossesse. On jugea donc qu'il ne pouvoit s'en faire un moyen contre la déclaration qui fut ensuite faite contre lui ; & par l'Arrêt en question, rendu sur les conclusions de M. l'Avocat - Général d'Aguesseau, le sieur Servajan fut condamné en 1500 liv. de dommages & intérêts, y compris les provisions qu'il avoit déjà payées.

Et par une feconde difpofition du même Arrêt, il fut donné acte à M. le Procureur - Général de la plainte qu'il rendoit contre le fieur Servajan en crime de fuggeftion, inftigation & obfeffion, pratiqué envers Gabrielle Fungas; & ordonné que le procès feroit fait audit fieur Servajan en état d'ajournement perfonnel.

CHAPITRE V.

Devant quels Juges doit fe porter la demande en déclaration de paternité.

Si l'action en déclaration de paternité s'introduit par la voie de la plainte, elle doit être portée devant le Juge du lieu où la débauche a été confommée. Ce feroit une mauvaife procédure que de porter la plainte devant le Juge du lieu de l'accouchement.

C'eft la groffeffe qui fait le délit, & non l'accouchement, qui n'en eft qu'une fuite. Le lieu du délit eft fixe & certain: mais celui de l'accouchement dépend de la volonté de la fille séduite, à laquelle il ne doit pas être permis de se choisir un Juge à son gré. Ainsi jugé par Arrêt du 10 Juillet 1706, qu'on trouve au Journal des Audiences.

Néanmoins, si le lieu de l'accouchement n'étoit pas du seul choix de la fille séduite, mais qu'il eût été indiqué, choisi ou adopté par l'accusé, cette circonstance rendroit le Juge du lieu compétent pour connoître de l'accusation, parce que ce seroit un délit *continué* sur son territoire. C'est ce qui a été jugé par Arrêt du 10 Mai 1709, qui est au Journal des Audiences.

Si la fille séduite, au lieu de prendre la voie de la plainte, s'en tient à la voie civile, & procede par une simple assignation, la demande doit être portée devant le Juge du domicile du défendeur, suivant la maxime : *Actor sequitur forum Rei ;* sans considérer ni le lieu du délit, ni celui de l'accouchement.

Les Officiaux ne sont point compétens pour connoître de pareilles demandes, à moins que l'accusé ne soit engagé dans l'état Ecclésiastique.

Le sieur Neraut, Chanoine de l'Eglise de Bourges, ayant été traduit devant l'Official de Bourges par Catherine de

Bize, qui le prétendoit enceinte de ses œuvres, il intervint une Sentence qui le condamna à une pénitence publique, à se charger de l'enfant, & à payer une somme de 1500 l. par forme de dot à Catherine de Bize.

Le sieur Neraut interjetta appel comme d'abus de cette Sentence, sur le motif qu'il n'appartenoit pas aux Officiaux d'accorder des dommages & intérêts.

M. l'Avocat-Général de Lamoignon, qui porta la parole, dit « qu'il y avoit » une distinction à faire ; savoir que les » parties étoient justiciables de l'Official » pour l'ordinaire, ou qu'elles ne l'étoient » qu'à cause du crime ; qu'au dernier cas , » lorsque , par exemple , un particulier » avoit fait une promesse de mariage, & » qu'il ne l'exécutoit pas, s'il étoit assi- » gné pour raison de ce pardevant l'Offi- » cial, en ce cas celui-ci ne pouvoit le » condamner en des dommages & intérêts » pour l'inexécution, ni en l'amende, si » ce n'étoit par forme d'aumône , pour » être appliquée en œuvre pieuse : mais » qu'au premier cas, lorsque c'étoit un » Clerc, lequel étoit naturellement justi‑ » ciable, il pouvoit le condamner en des » amendes & des dommages & intérêts ».

Cette distinction fut adoptée ; & , par

Arrêt du ... Février 1690 (1), il fut dit qu'il n'y avoit abus , l'appellant condamné en l'amende & aux dépens. *Journal des Audiences.*

CHAPITRE VI.

Par quelle procédure doit se poursuivre l'action en déclaration de paternité.

IL a été suffisamment établi aux Chapitres précédens , que la grossesse d'une fille , soit mineure , soit majeure , ne donne lieu qu'à une action purement civile , qui consiste à procurer des dom-

---

(1) Cet Arrêt, en confirmant une Sentence qui adjuge des dommages & intérêts contre un Prêtre, semble contredire le principe contraire établi au Chap. III, Art. I, Parag. III. Néanmoins, un peu d'attention nous fait voir que cet Arrêt n'y porte aucune atteinte.

En effet observez que le Parlement n'avoit à prononcer que sur l'abus : il ne reste donc plus contre notre principe que le préjugé de la Sentence de l'Officialité; ce qui est un préjugé d'une bien foible considération.

mages & intérêts à la mere & des alimens à l'enfant.

D'après cela, il est évident que c'est par la voie civile que cette action doit être suivie : la voie criminelle ne peut être réguliérement employée que lorsqu'il y a dol & autres manœuvres odieuses de la part de l'auteur de la paternité.

Néanmoins rien n'est plus commun que de voir une fille enceinte prendre directement la voie de la plainte, suivie des informations, des décrets & d'interrogatoires.

Les Juges ont trop souvent la complaisance d'autoriser cet appareil éclatant, comme s'il s'agissoit d'un délit commis contre la Société entiere, & capable d'alarmer sa tranquillité; lorsqu'au contraire ils devroient rejetter la plainte, ou la répondre d'une Ordonnance de *renvoi à l'Audience.*

Aussi est-ce là l'issue ordinaire de cette procédure criminelle. L'interrogatoire subi, il intervient Sentence, qui renvoie les parties à fins civiles, les informations converties en enquêtes, &c.; ce qui prouve l'irrégularité de la procédure commencée.

Au surplus, cette pratique, quoiqu'abusive en apparence, a aussi ses avantages, qui contribuent à la maintenir dans les Tribunaux.   D'abord,

D'abord, elle eſt beaucoup plus prompte & plus expéditive ; elle ſauve les délais de l'aſſignation, & tous les incidens qui pourroient être employés pour faire dépérir ou altérer la preuve teſtimoniale.

En ſecond lieu, elle procure à la plaignante la facilité de faire interroger l'accuſé, & de tirer de ſa bouche des aveux & des déclarations importantes.

En troiſieme lieu, ſi la plaignante reconnoît, par les charges & par l'interrogatoire de l'accuſé, que la preuve n'eſt point acquiſe en ſa faveur, elle peut s'arrêter-là, & éviter l'éclat humiliant d'une conteſtation publique ; avantage qui ne ſe rencontre pas dans la procédure civile.

Quatriémement, à l'aide de la procédure criminelle, la fille peut s'adreſſer au Juge du lieu du délit, lorſque, par la voie civile, elle ſeroit obligée de s'adreſſer au Juge du domicile du défendeur ; & il y a nombre d'occaſions où cette différence eſt précieuſe.

Enfin, cette procédure ne fait pas grand dommage à l'accuſé, puiſque ſi les charges ne dépoſent point contre lui, la procédure n'eſt pas pouſſée plus avant ; & s'il eſt chargé par les informations, il ne peut s'enſuivre qu'un léger décret, dont l'effet n'eſt pas même de longue durée,

E

par la converfion qui eft prononcée après l'interrogatoire.

Lorfque les parties font à l'Audience, la conteftation s'inftruit en la forme ordinaire des procès civils , articulation de faits , dénégation , enquête , reproches , exceptions , &c. Mais pendant le cours de l'inftruction , la fille enceinte forme ordinairement une demande provifoire , qui fera la matiere du Chapitre fuivant.

CHAPITRE VII.

De la condamnation aux frais de Géfine & Provifions alimentaires.

ON appelle frais de géfine ceux qui font employés au foulagement de l'accouchée & aux premiers fecours de l'enfant. Ces frais étant de nature à ne fouffrir aucun retardement, la fille enceinte eft fondée à fe les faire avancer par celui qu'elle prétend être l'auteur de fa groffeffe. C'eft ce qui forme la matiere de la demande en provifion, qui eft devenue prefque de ftyle en pareille occafion.

Néanmoins il eft certain que cette

Jurifprudence n'a été introduite qu'en
faveur des filles qui font dans un état
d'indigence à faire craindre pour la confervation de leur fruit ; & par conféquent
une pareille provifion feroit à bon droit
refufée à une fille qui , par fon état &
fa fortune , feroit au - deffus de cette
crainte. Indépendamment des frais de
géfine, la fille, devenue mere , eft fondée
à demander que le pere foit tenu de
frayer provifoirement à la nourriture de
l'enfant.

Pour que la provifion foit adjugée
contre un particulier, il n'eft pas néceffaire que la paternité foit établie contre
lui ; la feule imputation de la fille eft
fuffifante , fans confidérer les circonftances qui pourroient en faire fufpecter
la fincérité. La difcuffion de la paternité
eft une affaire qui concerne le fond :
mais la néceffité urgente d'expédier le
provifoire ne permettant pas aux Juges
de fe livrer à cet examen , ils fe contentent, pour le moment, d'une légere
préfomption.

Nous avons en cela adopté les difpofitions du Droit Romain, qui n'exige , en
pareil cas , qu'une légere apparence de
paternité.

Si parens neget filium idcircòque alere

E 2

*se non debere contendat , summatim Judices
oportet cognoscere.* L. 8. Dig. *de agnosc. &
alend. lib.*

Or, le préjugé sommaire dont la Loi
se contente, est formé suffisamment par
la déclaration de la mere.

Cette Jurisprudence est très-ancienne
parmi nous. « S'il est question, dit Pa-
» pon, d'un enfant dénié par le pere
» prétendu, lors sans curieusement s'en-
» quérir s'il est fils dudit pere ou non,
» le Juge doit pourvoir sur les alimens,
» & après s'enquérir de la vérité, à laquelle
» n'est fait préjudice par telle provision
» d'alimens ». Liv. 18, tit. 1.

On trouve même , aux Additions faites
sur cet Auteur, un Arrêt de 1572, qui
a confirmé une provision adjugée pour
frais de gésine par un Juge incompétent,
tant est grande la faveur d'une pareille
condamnation.

C'est cette Jurisprudence assurée qui
a donné lieu à cette maxime si triviale :
Virgini prægnanti creditur. Voyez Peleus,
quest. 191 ; Faber, Boërius, Ayraut, Brillon, Bardet, &c.

S'il y a plusieurs particuliers en cause
contre lesquels il y ait de justes présomptions de la paternité, ils peuvent être
condamnés solidairement au paiement de

la provision. Voyez Baffet, tom. 1, liv. 4, tit. 11, ch. 3 ; *infrà*, Chap. VIII, §. VI.

Si la procédure s'inftruit par la voie civile, la provifion peut être demandée immédiatement après l'affignation, & avant l'échéance des délais de la demande principale, l'Ordonnance de 1667 ayant placé cet objet au nombre des matieres fommaires.

Si la procédure eft commencée par la voie criminelle, la provifion peut-elle être accordée immédiatement après la plainte, ou faut-il attendre que les informations foient faites & décrétées ?

Ce qui fait la difficulté, c'eft qu'il eft de principe, en matiere criminelle, que la provifion ne foit accordée qu'après le décret. L'Ordonnance de 1670 a tracé cette marche dans la diftribution des titres, en plaçant celui des *provifions* après celui des *décrets*. Cette marche eft d'ailleurs judicieufe. Pour accorder une provifion à l'accufateur, il faut le concours de deux circonftances; 1°. qu'il y ait un délit; 2°. que le coupable foit légalement indiqué. Or, cela ne peut fe reconnoître qu'après l'information & le décret.

C'eft d'après ces principes que plufieurs Arrêts ont infirmé des Jugemens de pro-

vision, prononcés contre des accusés qui n'étoient point décrétés; & Ferriere, dans son Dictionnaire de Pratique, *verbo* Prise à partie, rapporte un Arrêt du 20 Octobre 1714, par lequel le Juge & le Substitut du Procureur Fiscal de Nogent furent déclarés bien pris à partie, & condamnés en 500 liv. de dommages & intérêts pour une provision adjugée avant le décret.

Mais nonobstant ces raisons, il faut décider que la provision pour frais de gésine de la mere & nourriture de l'enfant peut être accordée avant les informations & le décret, les considérations alléguées ci-dessus n'étant pas applicables à cette espece.

En effet, le motif qui fait, en matiere criminelle, rejetter la provision avant les informations & le décret, c'est qu'il faut commencer par établir le délit, & indiquer à la Justice quel est le délinquant; & cet éclaircissement doit résulter des informations, vu que le témoignage de l'accusateur n'est compté pour rien.

Mais puisqu'en matiere de paternité il est de principe que la seule déclaration de la mere fait foi pour la provision, il devient inutile d'attendre l'information; le Juge, qui a sous les yeux la plainte de la mere, portant l'indication de l'auteur de fa groffeffe, a tout ce qu'il lui faut pour prononcer fur la provifion.

A l'égard de l'exécution du Jugement portant condamnation de provifion, l'effet en eft différent, à raifon de la procédure fur laquelle il eft intervenu.

En matiere criminelle, les Sentences de provifions font exécutées provifoirement, & nonobftant l'appel, lorfqu'elles n'excedent pas, favoir celles rendues par les Baillis & autres Juges reffortiffans nûment aux Cours 200 l., celles des autres Juges Royaux 120 liv., & celles des Juges de Seigneurs 100 liv. (Art. 7 du tit. 12 de l'Ord. de 1670).

Mais, en matiere civile, l'exécution provifoire a lieu jufqu'à la fomme de 1000 liv., fans aucune diftinction des Juges dont elle eft émanée. (Art. 14 du tit. 17 de l'Ordonnance de 1667).

En matiere criminelle, la Sentence de provifion s'exécute par la faifie des biens du condamné, & par l'emprifonnement (1).

_____

(1) L'Ordonnance permet même de cumuler les deux voies, & d'en ufer en même temps. *Les Sentences de provifions feront exécutées par faifie des biens & emprifonnement du condamné,*

Mais la Sentence de provision, intervenue fur procédure civile, ne peut s'exécuter que fur les biens, & n'entraîne point la contrainte par corps.

Dans tous les cas, le Jugement de provision n'affervit point la fille à donner caution.

En cas d'appel en matiere criminelle, la Sentence portant condamnation de provision s'exécute provifoirement fans donner caution. (Art. 6 du tit. 12).

Mais en matiere civile la caution eft néceffaire pour l'exécution provifoire, fuivant l'art. 14 du tit. 18.

Quelle que foit la provision accordée à la fille , & de quelque maniere qu'elle ait été exécutée, elle ne forme aucun préjugé contre le défendeur ou l'accufé. Ce Jugement ne lui enleve aucun de fes moyens pour impugner la paternité qu'on lui attribue, & dont la preuve continue d'être à la charge de la mere : *Meminiffe autem oportet, et fi pronuntiaverint (Judices), ali oportere, attamen eam rem præjudicium non facere veritati ; nec enim hoc pronuntiatur filium effe , fed ali debere.* Leg. 8 , Dig. de agnofc. & alend. lib.

_____

fans donner caution. Titre 12 , art. 6, Ordon. de 1670.

Si, par l'événement de la conteſtation, le prétendu pere eſt déchargé de la demande, il a une action en reſtitution de la proviſion qu'il aura été contraint de payer, & par les mêmes voies qu'il y, aura été contraint.

Mais cette action n'eſt pas acquiſe de droit; il faut que le Jugement d'abſolution contienne une diſpoſition expreſſe, portant que les condamnations proviſoires feront reſtituées.

Cette maxime étoit déja établie du temps de Mazuere, un de nos plus anciens Praticiens: *Summa proviſionalis non poteſt repeti per accuſatum, ſi inſtigans ſuccumbat.*

Papon rapporte un Arrêt du 3 Août 1530, qui l'a ainſi jugé pour la nommée Marguerite Coupeau, contre le nommé Touſſaint Pavillon, liv. 18, tit. 1er; Boërius, Queſt. 324; Lapeyrere, Lett. P, n°. 161.

Si l'accuſé ou le défendeur ſuccombe en définitif, & qu'il ſoit condamné en des dommages & intérêts, la proviſion à laquelle il a été condamné n'entre point en déduction des dommages & intérêts, ſi le Jugement n'en contient une diſpoſition expreſſe.

C'eſt le ſentiment général des Auteurs.

E 5.

Néanmoins je trouve dans Papon, liv. 8, tit. 1er, n°. 39, un Arrêt qui jugea le contraire, & dont voici l'espece.

Gervais Pasquin, accusé, avoit été condamné au paiement d'une provision de 40 liv. parisis qu'il avoit payée.

Par l'Arrêt définitif, il est condamné en 80 liv. parisis de dommages & intérêts. Faute de paiement de cette somme, sa partie adverse le fait saisir & exécuter dans ses meubles. Il forme opposition à la saisie, & fait des offres de 40 liv., par la raison, dit-il, que les 40 liv. qu'il a payées pour la provision, doivent être imputées sur la condamnation principale.

On lui répond que l'Arrêt ne portant point cette imputation, elle ne peut pas être suppléée : mais par Arrêt du 13 Février 1550, Pasquin fut reçu opposant à la saisie ; il fut dit que la provision viendroit en déduction du principal.

On peut dire que de pareilles difficultés dépendent entiérement des circonstances ; & pour lever tout prétexte d'incident, celle des parties qui obtient un Jugement favorable, doit veiller à ce que le Jugement contienne une disposition relative à la provision payée.

CHAPITRE VIII.

Des exceptions que le Défendeur peut oppofer contre la demande en déclaration de paternité.

LE moyen de défenfe le plus ordinairement employé en pareille matiere, eft une dénégation précife d'avoir eu aucun commerce charnel avec la fille enceinte. . Néanmoins il arrive fréquemment que l'accufé, fans r courir à cette dénégation formelle, oppofe quelque exception . qui, fans anéantir l'accufation, paroît capable de lui ôter fon effet. Nous allons parcourir ces différentes exceptions.

§. Ier.

Incompétence.

La premiere attention de l'accufé doit être de confidérer s'il a été traduit devant un Juge compétent, foit *ratione materiæ*, foit *ratione perfonæ*. Voyez ce qui a été dit à ce fujet *fuprà*, Chap. V.

§. I I.

Défaut de qualité active.

Cette exception concerne les filles mineures qui procedent fans affiſtance de
tuteurs ou curateurs, la fille qui feroit
morte civilement, celle qui feroit d'un
état abjeƈt, les héritiers de la fille qui feroit
décédée fans intenter de demande, &c.
Il eſt traité de chacune de ces exceptions
fuprà, au Chapitre II.

§. I I I.

Exceptions tirées de la qualité de l'accuſé.

Par exemple, s'il eſt mineur, Prêtre,
marié, interdit, mort civilement, &c.
Voyez *fuprà*, le Chap. III en entier.

§. I V.

Prefcription.

Si la fille devenue enceinte a laiſſé
écouler cinq années, à compter du jour
dé fon accouchement, fans former d'action
contre l'auteur de fa groſſeſſe, elle a perdu
fon action pour les dommages & intérêts,

C'eſt l'avis unanime des Auteurs & la Juriſprudence du Parlement de Paris, confirmée par pluſieurs Arrêts *in terminis*.

Mais d'où vient cette preſcription de cinq années? Dira-t-on qu'elle eſt puiſée dans le Droit Romain? Il eſt vrai que la Loi *Mariti*, §. au Dig. *ad Leg. Jul. de adult.*, introduit la preſcription de cinq ans contre l'accuſation d'adultere, de ſtupre & de maquerellage : *Hoc quinquennium Legiſlator voluit obſervari, ſi reo vel reæ ſtuprum, vel adulterium, vel lenocinium objiciatur.*

Mais il s'agit dans cette Loi d'un ſtupre qui, par ſa nature, doit engendrer une peine afflictive ; & il ne paroît pas raiſonnable d'appliquer aux intérêts civils une preſcription qui frappe ſur la peine. Je ne diſconviens pas que le ſtupre, lorſqu'il eſt aggravé par des circonſtances qui le convertiſſent en crime, ne puiſſe s'aider de cette diſpoſition, tant contre le Miniſtere public que contre la Partie civile. Mais lorſque le ſtupre n'a point revêtu le caractere de délit ni public ni privé, & qu'il ne donne lieu qu'à une action purement civile, la diſpoſition du droit ceſſe de pouvoir lui être appliquée, & c'eſt dans d'autres ſources qu'il faut chercher l'origine de la preſcription quinquennaire.

Dira-t-on qu'on doit affimiler cette action à l'action *en injures*, & emprunter de celle-ci la prefcription qui lui eft propre ?

D'abord il a été affez établi ci-deffus, que la groffeffe de la fille ne conftitué point un outrage : le grief fait à la fille ne réfulte point de la copulation qui a été confommée avec elle, mais du refus fait par le pere d'en réparer les fuites par la célébration du mariage ; refus qui n'ouvre point l'action en injures, mais une action civile en dommages & intérêts.

En fecond lieu, quand on fe prêteroit à cette hypothefe, il n'en réfulteroit rien en faveur de la prefcription quinquennaire, puifque l'action en injures ne fe regle point par cette efpece de prefcription ; l'injure verbale fe prefcrivant par le laps d'une année, & l'injure réelle par celui de vingt ans.

Ce n'eft donc par aucune de ces raifons que la prefcription de cinq années a été admife par les Arrêts ; un autre principe donne lieu à cette Jurifprudence.

La fille qui a vécu avec un Particulier dans les familiarités du mariage, n'a d'action en dommages & intérêts, comme je l'ai établi dans les Chapitres précédens, qu'autant qu'elle peut offrir à la Juftice

üne préfomption fuffifante de promeffe de
mariage. Cette préfomption eft admife
de droit, fi de part & d'autre il y a capacité de contracter mariage, qu'il n'y
ait aucun empêchement de bienféance,
& que d'ailleurs la copulation n'ait été
accompagnée d'aucune récompenfe qui
pût être confidérée comme le prix du
facrifice.

Lorfque ces circonftances fe rencontrent en faveur de la fille, elle a une
action contre l'auteur de la paternité,
finon afin qu'il rempliffe fa promeffe,
au moins à l'effet d'en obtenir une indemnité qui lui tienne lieu de dot, fuivant le principe : *Aut nubat, aut dotet.*

Mais en même temps il eft poffible que
l'auteur de la groffeffe fe foit libéré de
fon obligation par le paiement effectif
de dommages & intérêts, ou par la remife qui lui en auroit été faite par la
fille, ou enfin parce que la fpéculation
de mariage n'auroit point été le motif
déterminant de la copulation.

Il a donc été judicieux de déterminer
un délai pour éclaircir chacune de ces trois
hypothefes, après lequel délai l'action feroit
éteinte, vu qu'il y auroit une préfomption légale que l'indemnité a été payée, ou

qu'elle a été remife, ou enfin qu'elle
n'étoit pas due.

Cette limitation de temps étoit d'autant
plus néceffaire, que l'action dont il s'agit
étant attachée à la volonté ambulatoire
d'une feule perfonne, il auroit été trop
rigoureux de tenir l'auteur de la paternité
dans une incertitude perpétuelle, qui pourroit préjudicier à fon établiffement & à
fa fortune, & que d'ailleurs le laps de
temps pourroit lui faire perdre le bénéfice
d'exceptions utiles & lui enlever fes
preuves.

D'un autre côté, celle au profit de
qui cette action eft ouverte, n'a pas à
fe plaindre de ce qu'on renferme l'exercice
de cette action dans le cercle de cinq
années, puifqu'elle a elle-même le plus
grand intérêt d'ufer promptement de fon
action, foit pour fes dommages & intérêts perfonnels, foit pour obtenir la décharge de l'enfant, foit enfin pour ne
point s'expofer à voir l'action périr, ou
par fon décès, ou par le décès de l'auteur de la paternité.

Le cours de cinq ans eft plus que fuffifant pour prendre fon parti fur ce qu'elle
doit faire; & fi elle laiffe écouler ce temps
fans former fa pourfuite, on en peut rai-

fonnablement conclure, ou que la promeffe de mariage n'a point été le motif
déterminant de la chûte, ou que le dédommagement lui a été payé, ou qu'elle
en a fait la remife.

Cette prefcription quinquennaire n'eft
pas particuliere à cette matiere ; nous
en trouvons une quantité d'exemples dans
le Droit Romain, dans le Droit Canonique, dans nos Coutumes & nos Ordonnances.

C'eft ainfi, qu'aux termes du Droit
Romain, l'état d'une perfonne ne peut
point être mis en queftion cinq ans après
fa mort : *Ne de ftatu hominum poft quinquennium quæratur ;* que la plainte d'inof-
ficiofité fe prefcrit par cinq ans, &c.

Par le Droit Canon, la réclamation
contre les vœux eft fixée au terme de
cinq ans; par le Droit Coutumier, l'action
en commife fe prefcrit par cinq ans; &
par nos Ordonnances, les arrérages de rentes conftituées fe prefcrivent par cinq années. L'Ordonnance de 1569 introduit la
même prefcription contre les Marchands
& les gages des domeftiques (1) ; celle de
1612 contre les Procureurs, &c. &c.

_____

(1) Ce délai a été abrégé par l'Ordonnance de
1673 , tit. 1 , art. 7 & fuiv.

Dans toutes ces efpeces, la prefcription a été admife par la préfomption du paiement opéré, ou par celle de la remife, & en haine de la négligence du créancier, qui n'a pas dû, fans quelque mauvaife intention, attendre fi long-temps à fe faire payer de ce qu'il avoit intérêt d'exiger promptement ; & comme les mêmes raifons militoient contre l'action dont il s'agit ici, il y a eu juftice de lui appliquer les mêmes entraves.

Un Arrêt rendu au Parlement de Paris, le 26 Juin 1762, a confacré cette prefcription.

La fille d'un Bourgeois de Montdoubleau étoit accouchée, à l'âge de vingt-un ans, des œuvres du Procureur du Roi de la même Ville. Elle refta neuf ans dans l'inaction. Au bout de ce temps, ayant formé fa demande en dommages & intérêts, le Procureur du Roi, qui d'ailleurs convenoit de la paternité, lui oppofa la prefcription de cinq ans ; & par l'Arrêt rendu fur les conclufions de M. Séguier, la fille fut déclarée non-recevable en fa demande à fin de dommages & intérêts.

La minorité de la fille n'empêche point cette prefcription de courir. C'eft un principe général que les prefcriptions irrégu-

lieres, c'eft-à-dire, celles de fix mois, un
an, deux ans, trois ans, cinq ans, en un
mot, celles qui font au-deffous de la prefcription de dix ans, courent contre toute
efpece de perfonnes, infenfés, abfens,
mineurs.

La raifon de cela, c'eft que ce n'eft
point, à proprement parler, une prefcription qu'on leur oppofe; c'eft l'anéan-
tiffement de l'action qui, n'ayant qu'une
durée déterminée, ne fe trouve plus
exifter après ce laps de temps : *Ea quæ
tempore ipfo pereunt, hæc quoque pereunt
minori.* C'eft ce qui a fait donner à ces
actions le nom d'actions temporelles.

Pour en reftituer l'exercice aux mineurs,
il faudroit feindre qu'elles fubfiftent encore ; & cette fiction, qui eft admife en
faveur du mineur qui réclame fon héri-
tage dont il a été dépouillé, ne peut
point être admife, quand il ne s'agit que
de revenir fur une affaire lucrative qu'il
a négligée.

Au furplus, la prefcription de cinq
ans qui s'emploie avec fuccès contre la
demande en dommages & intérêts, n'eft
d'aucune confidération relativement à la
charge de l'enfant, qui eft une obligation naturelle à l'abri de la prefcription.

Cette diftinction a eu lieu dans l'affaire

du Procureur du Roi de Montdoubleau
dont j'ai parlé ci-deſſus. L'Arrêt qui a
déclaré la mere non-recevable en ſa demande en dommages & intérêts, n'en
a pas moins condamné le Procureur du
Roi de Montdoubleau à ſe charger de
l'enfant.

§. V.

Tranſaction.

Il n'y a pas de doute que les dommages & intérêts réſultans de la groſſeſſe
d'une fille ou d'une femme libre, ne
puiſſent faire l'objet d'une tranſaction,
laquelle devient enſuite, entre les mains
de l'auteur de la groſſeſſe, une exception
aſſurée contre la pourſuite de la mere.
Cette tranſaction peut ſe conſentir par le
pere de la fille mineure ; & quoique celle-
ci n'y ait point donné ſon conſentement,
elle n'en eſt pas moins engagée par la
tranſaction, de maniere à n'être plus recevable à renouveller l'action en dommages & intérêts. Voyez ſuprà, Chap. II,
Art. IV, l'Arrêt du 20 Septembre 1614,
rendu au profit du Juge de Lagny.

De même la fille mineure peut tranſiger ſur cet objet ſans le conſentement
de ſes pere & mere, tuteur & curateur,
leſquels ſont encore non-recevables à re-

venir contre cette tranfaction. Ainfi jugé
par Arrêt du 29 Janvier 1698, rapporté
par Brillon, *verbo* Groffeffe, n°. 18.

Mais la mineure feroit-elle recevable
à prendre des Lettres de refcifion contre
une pareille tranfaction, fous prétexte de
léfion ou de dol ?

Il faut tenir qu'elle n'y eft pas recevable, étant de principe que le mineur n'eft
point reftituable contre les contrats à
raifon defquels la prefcription auroit couru
contre lui. La raifon, c'eft qu'étant feulement queftion d'une affaire lucrative,
le plus ou le moins de bénéfice n'eft pas
un jufte fujet de réclamation. Néanmoins
Baffet, tom. 1er, liv. 6, tit. 17, chap.3,
rapporte un Arrêt qui femble contredire
ce principe.

Nota que cette exception n'eft également relative qu'aux dommages & intérêts, & n'eft d'aucune confidération pour
la charge de l'enfant, fur laquelle il n'eft
pas au pouvoir de la mere de tranfiger.
Voyez *infrà*, Chap. XI, §. II, *in fine*.

§. V I.

Exception tirée de l'inconduite de la fille enceinte.

Cette exception eft devenue le moyen
bannal employé par ceux qui font pour-

suivis en déclaration de paternité. Ils ne
manquent jamais d'oppoſer que la com-
plaiſance qu'ils ont éprouvée n'étoit point
une faveur particuliere, mais que pluſieurs
autres ont participé au même deſtin ; &
par cette imputation d'inconduite & de
déſordre, ils cherchent à éluder les dommages & intérêts & la charge de l'enfant.

Mais il s'en faut bien que cette exception produiſe cet effet : elle ne peut (lorſqu'elle eſt juſtifiée) s'appliquer qu'aux
dommages & intérêts, ſans que l'accuſé
puiſſe s'en aider pour la charge de l'enfant.

L'accuſé qui eſt parvenu à établir, par
la preuve teſtimoniale, que celle qu'il a
fréquentée s'eſt abandonnée à un ou pluſieurs autres, ſoit avant l'époque à laquelle il a eu commerce avec elle, ſoit
poſtérieurement, doit être abſous des dommages & intérêts, par les principes qui ont
été déduits dans les Chapitres précédens.

Ces dommages & intérêts n'étant que
la peine de l'inexécution de la promeſſe
de mariage ſous laquelle une fille eſt préſumée avoir cédé aux efforts de ſon ſéducteur, c'eſt une conſéquence néceſſaire que
les dommages & intérêts ceſſent d'avoir
lieu, lorſqu'il n'y a point de préſomption
légale d'une promeſſe de mariage, ou
lorſqu'il y a une juſte raiſon de ne point
accomplir cette promeſſe.

Or, c'est ce qui se rencontre à l'égard d'une fille qui étoit d'une mauvaise conduite à l'époque où elle a été fréquentée par l'auteur de sa grossesse, ou qui, depuis cette époque, s'est abandonnée à d'autres.

Au premier cas, il n'y a pas de présomption légale d'une promesse de mariage.

Puisque la fille étoit de mœurs déréglées, il est tout simple de croire qu'il n'y a pas eu besoin de recourir à une pareille promesse pour faire fléchir sa pudeur.

Au second cas, c'est-à-dire, si postérieurement à la fréquentation, la fille s'est abandonnée à d'autres, l'accusé est de droit dégagé de sa promesse ; & comme c'est le propre fait de la fille qui lui fournit une légitime excuse de se refuser à l'accomplissement du mariage, par la même conséquence il est libéré de l'action que cette obligation auroit engendrée.

Mais, quand l'inconduite de la fille est bien établie dans la cause, soit par la preuve testimoniale, soit même par son propre aveu, ce n'est point une raison pour dispenser l'accusé de se charger de l'enfant, si d'ailleurs il est suffisamment avéré qu'il y ait eu copulation entre les Parties.

Bien que le commerce entretenu par la fille avec plufieurs hommes rende naturellement la paternité équivoque, c'eft néanmoins une chofe certaine que la paternité appartient à quelqu'un ; & nous fommes affez initiés aux myfteres de la nature, pour favoir qu'elle appartient exclufivement à une feule perfonne. Or, puifqu'il faut pour l'intérêt public & celui de l'enfant affigner à celui-ci un pere qui prenne foin de fon éducation, on ne peut le chercher que parmi ceux qui ont fréquenté la mere.

Inutilement dira-t-onque dans une recherche auffi obfcure, on rifque de condamner l'innocent & de fauver le coupable.

D'abord il faut avouer que la déclaration faite par la mere eft un grand préjugé ; il eft affez raifonnable de croire que fur cet article la mere a des notions capables de lui faire diftinguer le véritable auteur de la paternité.

En fecond lieu, quand on fuppoferoit qu'elle eft elle-même trompée, ou qu'elle veut tromper, les Magiftrats ne craignent point de faire une injuftice, en chargeant de l'éducation de l'enfant celui qui peut au moins en être le pere, & qui n'offre aucun moyen plaüfible pour la négative. De deux poffibilités, il faut choifir celle

qui

qui étant plus vraisemblable, est aussi la plus utile à l'enfant. Il lui faut un pere : le bon sens veut qu'on le choisisse parmi ceux qui se sont exposés à le devenir. Après tout, l'objet des Magistrats n'est pas de rencontrer nécessairement l'auteur de la paternité naturelle ; il suffit qu'il y ait dans les présomptions de quoi asseoir une paternité vraisemblable. Celui sur qui elle tombe, ne doit imputer qu'à son imprudence & à son inconduite, de s'être exposé à ce soupçon.

C'est d'après ces considérations qu'il a été rendu le 18 Février 1679, à la Tournelle criminelle, un Arrêt qui a condamné le nommé Froger, homme marié, à se charger de l'enfant, quoiqu'il fût établi que, dans le même temps, la mere de cet enfant entretenoit un commerce criminel avec le Vicaire de sa Paroisse.

On trouve dans le Recueil de Basset une espece plus singuliere. Plusieurs Particuliers, au nombre de quatre ou cinq, avoient connu une jeune fille le même jour.

La fille étant devenue enceinte, elle s'adressa à tous ces Particuliers pour la charge & l'éducation de l'enfant; & par Arrêt du 25 Février 1661, les accusés furent solidairement condamnés à se charger de

F

l'enfant juſqu'à l'âge de quatorze ans.
Voyez Baſſet, tom. 1, liv. 4, tit. 2,
chap. 3.

§. V I I.

Exceptions tirées des offres d'épouſer.

Nous voilà arrivés à une exception qui
mérite d'être accueillie bien favorablement. Il s'agit d'un Particulier qui, ſans
chercher de frivoles prétextes pour éluder
ſon obligation, ſe préſente pour la remplir.

Une fille abuſée ne manque jamais
d'aſſurer aux Magiſtrats qu'elle n'a oublié
ſes devoirs, que ſous l'illuſion flatteuſe de
trouver un époux dans l'auteur de ſa défaite. Ainſi, lorſque celui dont elle attendoit
cette juſtice, offre d'exécuter la promeſſe
en prenant ſon accuſatrice pour épouſe,
il ſemble que celle-ci ; abſolument dé-
ſintéreſſée par de pareilles offres, n'a plus
rien à lui reprocher. Avec quelle faveur
ne doit-on pas accueillir celui qui ſe préſente pour accomplir le vœu de l'honneur & de la nature, & pour offrir à
l'infortunée qu'il a fait ſuccomber, la ſeule
reſſource qui puiſſe la conſoler de ſa foibleſſe, & la faire oublier au Public ?

Et quelle indignation n'exciteroit pas
la fille aſſez audacieuſe pour préférer de

l'or au Sacrement, & rejetter ce qui devroit faire l'objet de ses plus ardens desirs?

Il importeroit peu que l'auteur de la grossesse fût moins riche, ou d'une naissance inférieure à celle de la fille; ces considérations ne font pas capables de balancer l'avantage qui résulte du mariage, & l'on ne doit pas rougir d'avoir pour époux celui qui en a obtenu les droits.

Au surplus, la difficulté se termine par ce dilemme:

Ou la fille enceinte s'est abandonnée sous la promesse du mariage, ou cette spéculation n'est entrée pour rien dans sa conduite.

Au premier cas, on ne peut exiger de lui que ce qu'il a promis; & dès qu'il se présente pour faire honneur à sa promesse, il est quitte.

L'inexécution ne procédant plus de son fait, il cesse d'en être responsable: la fille ou ses parens doivent imputer à leur refus les suites fâcheuses attachées à l'inexécution du mariage. C'est ce qu'enseignent tous les Docteurs: *Ratio est evidens*, dit Menochius, *quia mulier & pater ejus calomniosè recusant, & damnum quod sentiunt propter culpam sentiunt*. De jud. arb.

Au second cas, c'est-à-dire, si la spé-

culation de mariage n'a point été pour
la fille le motif déterminant de sa foiblesse, à quel titre demanderoit-elle des
dommages & intérêts ? Dira-t-elle que
c'est pour la dédommager des suites du
sacrifice qu'elle a fait ? comme si une action
honteuse étoit en Justice un titre pour en
répéter le prix : *Nemo ex delicto actionem
consequitur.* Voyez ce qui a été dit à ce
sujet au Chap. Ier.

C'est d'après ce principe, qu'un Arrêt
du 4 Septembre 1765 a proscrit la prétention d'une fille mineure (procédant sous
l'autorité de son pere), qui réclamoit des
dommages & intérêts contre un homme
de trente-cinq ans, des œuvres duquel elle
étoit enceinte, mais qui offroit de l'épouser.
Le pere de la fille rejettoit cette voie de
conciliation, pour s'en tenir aux dommages & intérêts qu'il prétendoit résulter
nécessairement de la séduction de sa fille.
Mais par l'Arrêt en question, rendu sur
les conclusions de M. Barentin, Avocat-
Général, le pere & la fille furent déclarés non-recevables.

Denisart, qui fait mention de cet Arrêt,
verbo Grossesse, n°. 22, en prend occasion d'établir le principe, que *dans aucun
cas il ne doit être accordé des dommages
& intérêts à la fille, lorsque le garçon*

offre de l'époufer. Néanmoins ce principe n'eft pas fi général qu'il le donne à entendre ; & il fe peut trouver des cas où la fille feroit fondée à refufer la propofition de mariage, fans perdre fes droits aux dommages & intérêts.

C'eft ce qui auroit lieu, fi l'auteur de la groffeffe avoit ufé du dol auprès de la fille, en déguifant ou fon nom, ou fon état, ou fa naiffance, de maniere à faire raifonnablement préfumer que la fille n'auroit pas conçu l'efpoir du mariage avec un tel homme, fi elle l'eût connu pour ce qu'il étoit.

Quelques Docteurs ont dit que la fille feroit auffi fondée à refufer la propofition de mariage, fi, depuis la groffeffe, le particulier avoit commis quelqu'action déshonorante, s'il s'étoit fait noter d'infamie, ou fi fa famille avoit reçu quelque flétriffure. Ce font les circonftances qui décident, en pareil cas, fi le refus de la fille eft bien ou mal fondé.

§. VIII.

Exception tirée du mariage contracté avec un autre.

Si la fille qui a eu un enfant, vient à contracter mariage avec un autre que

l'auteur de fa groffeffe, cette circonftance fournit-elle à celui-ci une exception
légitime pour échapper aux dommages
& intérêts & à la charge de l'enfant?

On peut dire, en faveur de ce dernier,
que fon obligation fe réduifoit à l'alternative, ou d'époufer, ou de doter : *Aut
nubat, aut dotet.* Mais, dans la circonftance,
il ne peut offrir ni l'un ni l'autre, puifque
fon adverfaire n'a plus befoin de mari ni
de dot.

Dira-t-on qu'une réparation pécuniaire ne doit pas moins lui être accordée en dédommagement du préjudice
qu'elle a fouffert dans fon honneur ? A
cela on répond :

1°. Que l'accufé ayant l'alternative de
fe fouftraire aux dommages & intérêts
en époufant la fille, il n'a pas dû être
libre à celle-ci de le priver du choix &
de le réduire à la néceffité d'une réparation
pécuniaire.

2°. Que le préjudice dont elle fe plai-
gnoit fe trouve réparé par le Sacrement
de mariage ; ce qui détruit la bafe des
dommages & intérêts, fuivant tous les
Docteurs : *Ceffat hæc conftitutio dotis,
quando mulier, poft commiffum ftuprum,
nupfit æqualis qualitatis viro, ità ut quod
nullum fenfit damnum propter ftuprum.*

Menoch. *de arb. jud. caf.* 294, n. 22, qui cite plufieurs autres autorités au foutien de fon opinion.

La réparation judiciaire qu'on adjuge à la fille en pareil cas, a pour objet de lui faciliter un établiffement. Or, l'établiffement étant trouvé, elle n'a plus rien à defirer, conformément à la Loi *fi quis à liberis*, au Dig. *de liber. agnofc.*, qui porte que l'obligation de fournir des alimens ceffe auffi-tôt que celui auquel ils font dûs parvient à fe procurer un état capable de fournir à fa fubfiftance: *Ceffat obligatio præftandi alimenta, quando alendus acquirit officium undè fe alere poteft.*

Néanmoins je penfe qu'il faut diftinguer fi la fille s'eft mariée avant d'avoir formé fon action en dommages & intérêts, ou fi elle s'eft mariée pendant l'inftruction.

Au premier cas, je tiens l'exception valable, par l'impoffibilité où l'accufé fe trouve réduit de prendre la fille pour époufe; fecondement par le défaut d'intérêt de la part de celle-ci; & enfin, par la remife de l'action que le mariage fait naturellement préfumer.

C'eft le fentiment de Bouchel, qui donne pour principe que la fille doit

Contraste insuffisant

NF Z 43-120-14

intenter ſon action avant de ſe marier à
un autre ; » car, dit-il, ſi celle qui a
» ſouffert la défloration, délaye de lui
» demander la réparation juſqu'à ce
» qu'elle ſoit mariée, toute cauſe eſt
» éteinte & finie, car lors, l'option &
» le choix n'auroit lieu «. Bouchel,
verbo Stupre.

Mais ſi le mariage a été contracté par
la fille, poſtérieurement à ſa demande
judiciaire, l'exception de l'accuſé n'eſt pas
recevable.

D'abord il ne peut pas ſe plaindre
qu'on lui ait enlevé l'alternative, puiſqu'il a fait preuve de ſon éloignement
pour le mariage, en ſe laiſſant traduire
en Juſtice pour les dommages & intérêts,
il ſuffit qu'il ait été conſtitué en demeure,
pour que la fille ait été autoriſée à jetter
les yeux d'un autre côté.

En ſecond lieu, on ne peut pas dire que
l'atteinte portée à ſa réputation ſoit ſuffiſamment réparée par le mariage qu'elle
a rencontré. La honte d'une pareille foibleſſe ne peut ſe réparer que par celui
qui en eſt l'auteur; & quoique la fille
ait trouvé un établiſſement, il eſt ſenſible
qu'il doit être infiniment au-deſſous de
celui qu'elle avoit droit d'attendre.

Ainſi, la différence qui réſulte du mariage contracté avant la demande formée judiciairement & celui contracté après, c'eſt qu'au premier cas, le pere reſte ſeulement chargé de l'enfant, ſans être tenu des dommages & intérêts envers la mere; & qu'au ſecond cas, l'action en déclaration de paternité peut être ſuivie contre lui pour l'un & pour l'autre objet.

CHAPITRE IX.

Des preuves de la paternité.

LES différentes exceptions dont il vient d'être parlé au Chapitre précédent, n'ont lieu que lorſqu'il eſt reconnu au procès qu'il y a eu fréquentation charnelle entre les Parties.

Mais ce point de fait eſt ordinairement la premiere choſe déniée par l'accuſé, qui n'emploie les exceptions que ſubſidiairement.

Il eſt donc queſtion de voir par quel moyen la fille devenue mere parviendra à établir cette cohabitation intime, qui par ſa nature eſt ennemie de tous témoins, & que les deux Parties ont toujours ſoin d'environner du plus grand ſecret.

F 5

Etrange révolution ! ce myſtere pro-
fond, dont la malheureuſe fille ſe faiſoit
une étude, devient pour elle aujourd'hui
l'objet de ſes craintes & de ſes alarmes.
Ce qu'elle redoute le plus, c'eſt qu'il ait
été bien obſervé; & elle cherche des témoins de ſa honte, avec autant d'em-
preſſement qu'elle les auroit autrefois
évités.

Heureuſement qu'en pareille matiere,
les efforts des Parties délinquantes ſont
preſque toujours trompés ; elles ſe dé-
celent ſouvent par les moyens mêmes
qu'elles prennent pour cacher leur intelligence : d'où il arrive qu'il y a peu d'intrigues de cette nature, dont on ne puiſſe
offrir à la Juſtice une preuve ſatisfaiſante.

Or la preuve d'un commerce illicite
eſt de trois eſpeces.

1°. La preuve littérale.
2°. La preuve conjecturale.
3°. La preuve naturelle.

§. Ier.

Preuve littérale.

C'eſt celle qui réſulte des lettres, billets,
& autres écrits émanés de l'accuſé ; ſoit
que ces écrits contiennent la mention ou

l'aveu de la cohabitation charnelle, comme
fi l'accufé avoit fait baptifer l'enfant fous
fon nom, & qu'il eût figné l'extrait bap-
tiftére; foit feulement qu'ils foient ré-
digés avec un ftyle de familiarité, qui la
faffe raifonnablement préfumer.

§ I I.

Preuve conjecturale.

Il y auroit de l'injuftice à exiger d'une
fille enceinte, qu'elle apportât des témoignages *de vifu* du commerce illicite qu'elle
impute à fon adverfaire; il fuffit qu'elle
foit en état d'offrir des témoins de certaines familiarités qui foient de telle nature
qu'elles entraînent avec elles la préfomption naturelle d'une intime habitude.

On conçoit qu'en pareil cas les circonftances font d'une grande confidération, & que la qualité des Parties,
leur éducation, leurs rapports mutuels,
influent beaucoup fur l'appréciation qu'on
doit faire de leurs familiarités.

Lorfque les deux Parties vivent enfemble fous le même toit & à la même table,
c'eft un préjugé en faveur de la fille : mais
cette circonftance ceffe d'être de quelque
confidération, fi elle ne fe trouve accom-

pagnée d'aucune autre apparence de familiarité, fi aucun gefte, aucun propos
n'ont annoncé une intelligence illicite;
car il eft poffible que deux perfonnes
de différent fexe, qui couchent fous le
même toit & qui vivent à la même table,
ne s'écartent point des regles de la décence.

Cette cohabitation étoit, dans l'ancienne Jurifprudence, d'une plus grande
confidération qu'elle n'eft aujourd'hui.

Une fervante qui devenoit enceinte
dans la maifon de fon maître, étoit réputée enceinte de fes œuvres, jufqu'à ce
qu'il eût établi que la fervante avoit un
commerce illicite avec d'autres.

On ne conçoit pas que cette Jurifprudence ait eu quelque durée. La préfomption
tirée de la cohabitation de deux perfonnes
dans la même maifon ne feroit de valeur, qu'autant qu'il feroit prouvé que
la fille ne fort jamais de la maifon, &
qu'aucun autre homme que le maître
n'y entre jamais : deux fuppofitions inad-
miffibles (1).

---

(1) *Unus tamen aliquando datur cafus, in quo*
filius probatur verus, neceffariâ probatione, ut
putâ quandò puella unâ cum viro fub arctiffimis
cuftodiis carceri manciparetur, poft annum

Il étoit donc d'une souveraine injustice d'imposer au maître de la fille enceinte, l'obligation d'indiquer l'auteur de sa grossesse, rien n'étant plus facile à une servante que de dérober aux yeux de son maître les traces de ses intrigues, soit en consommant son libertinage au dehors, soit même dans sa propre maison ; car, comme dit la Loi 27, au ff. *De Hæred. petit.*, il n'y a rien de plus commun que de voir la maison d'un honnête homme, transformée à son insçu en un lieu de prostitution : *Nam & in multorum virorum prædio, lupanaria exercentur.*

Boërius s'éleve avec force contre cette Jurisprudence peu judicieuse, qui mettoit la réputation des maîtres à la merci d'une malheureuse servante, & qui leur faisoit payer les plaisirs d'un palefrenier ou d'un marmiton : *Istæ Ribaldæ semper suis dant magistris, tanquam magis pro se & nato apparentioribus, quamvis ab alio servitore, clerico, vel stabulario, coquove, qui sibi dat ossa & jure pingui sæpè ad comedendum.* Décis. 199.

---

prægnans reperiretur ; nam , eo casu , natus ex illâ diceretur certè & indubitaté , à viro cum illâ carcerato fuisse generatum. Menochius, de casib. arbitr. lib. 2 , cas. 89.

Ce font ces abus bien reconnus qui
ont déterminé la Jurifprudence actuelle
à ne plus donner aux fervantes engroffées
cette foi aveugle dont elles étoient ho-
norées : elles n'ont abfolument aucune
prérogative fur les autres filles ; leur déclaration n'a d'effet que pour la *provifion*,
& lorfqu'il s'agit du fond de la conteftation, la qualité de maître ne forme
pas le moindre préjugé, fuivant la maxime
de Balde : *Et ideò, nifi conflet, non præ-
fumitur effe magiftri.*

C'eft à la fervante enceinte à établir
contre fon maître la paternité, par des
familiarités fuffifantes pour la lui imputer : par exemple, s'il eft prouvé qu'elle
couchoit dans la chambre de fon maître,
fi elle étoit admife à fa table, s'ils alloient
l'un & l'autre fe promener enfemble,
manger en maifon tierce, & autres pro-
cédés de cette nature, qui, faifant difparoître la fubordination de l'une des
Parties, & la fupériorité de l'autre, fuppofent une concubine plutôt qu'une fervante.

Mais fi la fervante enceinte n'a rien
de pareil à prouver contre fon maître,
celui-ci fera déchargé de la demande en
déclaration de paternité, avec dépens,
quand même la déclaration de la fille

auroit été accompagnée du serment, &
qu'élle l'auroit renouvellée dans les douleurs de l'enfantement.

C'est ce qui a été jugé singulierement
par deux Arrêts du Parlement de Rouen,
des 15 Avril 1723 & 22 Décembre
1733, rapportés à la fin du texte de la
Coutume de Normandie. On peut aussi
voir à ce sujet l'espece rapportée par
l'Annotateur de Denisart, *verbo* Grossesse,
n°. 16.

Ce qui vient d'être dit pour les servantes, doit s'appliquer à toute autre
fille qui seroit commensale d'une maison,
comme pensionnaire, éleve, locataire,
&c.

Lorsque les Parties ne vivent point
ensemble, & que l'intérieur du domes-
tique ne peut pas par conséquent fournir les présomptions dont on auroit besoin, il faut les chercher au dehors. Elles
résultent de l'affectation des Parties à se
fréquenter, à se procurer des entretiens
secrets, des promenades solitaires. Si on
les a vu se donner des lettres, des billets, s'assigner des rendez-vous; si la fille
alloit trouver l'homme chez lui, lorsqu'il
étoit seul; si on l'a vu en sortir dans un
état de désordre & d'agitation; si le
garçon alloit lui-même chez la fille au

moment qu'elle étoit feule ; s'il y demeuroit jufqu'à des heures indues; fi on
l'a furpris , entrant ou fortant noctur-
nement; fi on l'a entendu parler à la fille
avec un ton d'amitié ou de dédain, qui
n'appartient qu'à une intime familiarité :
ces préfomptions, & autres de cette efpece qui peuvent fe varier à l'infini, jointes
à la déclaration de la mere, font fuffifantes pour décider la paternité légale.
Inutilement diroit-on que ce ne font là
que de légers indices, qui n'induifent
point néceffairement un commerce charnel,
que rien n'eft plus trompeur que l'apparence, que des préfomptions ne doivent pas devenir la bafe d'une condamnation, &c.

Tous ces lieux communs, qui feroient
excellens, s'il s'agiffoit de prononcer une
condamnation flétriffante ou afflictive,
ne font d'aucune confidération en cette
matiere, où il ne s'agit que d'affigner une
paternité ; les Juges, qui n'ont pas le
fecret de la nature, ne peuvent s'adreffer
qu'à ceux qui ont fréquenté la mere, &
qui ont annoncé par leurs démarches,
qu'ils avoient une intimité particuliere
avec elle. Or, quiconque aura contre lui
les préfomptions de l'efpece de celles ci-
deffus détaillées, ne pourra pas nier qu'il
n'ait eu avec la mere de l'enfant un

commerce extrêmement familier, contraire à la bienséance & aux bonnes mœurs ; il n'a pas dû ignorer les risques auxquels cette intimité apparente l'exposoit ; il ne peut pas se plaindre d'en éprouver les suites : *Qui damnum suâ culpâ sentit, damnum sentire non videtur.*

On peut faire à un pareil accusé un raisonnement de la plus grande force. On lui dira : Ou la fille avec laquelle vous avez eu tant d'intimité n'entretenoit de commerce qu'avec vous, ou bien elle s'abandonnoit à d'autres hommes.

Au premier cas, si elle ne fréquentoit personne que vous, il est donc certain que la paternité vous appartient. Au second cas, si, de votre aveu, la fille s'abandonnoit à d'autres hommes, à qui ferez-vous croire que vous n'étiez pas admis à la même familiarité, vous qu'on a vu entrer dans sa maison à heure indue, &c ?

La preuve conjecturale peut encore se fortifier par la conduite que l'accusé a tenue ; soit pendant la grossesse, soit pendant ou après l'accouchement ; par exemple, s'il a continué de la fréquenter pendant sa grossesse ; s'il lui a donné des soins & des secours familiers ; s'il a assisté à l'accouchement ; si l'Accoucheur, ou la

Sage-femme, ou la Nourrice, ont été choiſis & payés par lui ; s'il a donné à l'enfant un nom diſtinctif qui lui appartient, comme feroit ſon nom de famille retourné en forme d'anagramme. Voilà autant de préſomptions nouvelles qui militent pour la paternité.

Il n'eſt point néceſſaire que toutes ces préſomptions ſe réuniſſent ; il ſuffit que pluſieurs d'entr'elles ſoient raſſemblées contre la même perſonne.

Au furplus, il n'y a pas de vrais principes ſur cette matiere, qui eſt, à bien parler, livrée à l'arbitraire ; & les Juges n'ont de loix à prendre que de leur conſcience : *Ex ſententiâ animi tui te æſtimare oportet, quid aut credas, aut parùm probatum tibi opinaris.* Digeſt. de Prob.

§. I I I.

De la preuve naturelle.

J'appelle preuve naturelle, celle qui n'eſt pas le réſultat du témoignage des hommes, mais l'ouvrage de la nature, qui ſemble décéler le ſecret de la paternité par la conformité des individus.

Il n'eſt point ici queſtion d'une ſimple reſſemblance de phyſionomie, mais d'une

reſſemblauce qui frappe ſur une particularité affectée au pere , & quelquefois
héréditaire dans ſa famille.

Par exemple , ſi dans la famille de
l'accuſé tous les enfans viennent au monde
avec ſix doigts , & que l'enfant ſoit né
avec cette difformité ; ſi l'accuſé eſt Negre ,
& que l'enfant ſoit né mulâtre ; ſi l'accuſé
eſt ſourd & muet , & que l'enfant ſoit
affligé de la même infirmité.

Zachias , Médecin eſtimé & bon Juriſconſulte , place la reſſemblance des
enfans au nombre des préſomptions
puiſſantes de leur filiation : *Multùm ergò
urgere ſimilitudinis præſumptionem ex his
jam palàm factum eſſe credo ;* » Et je loue ,
» continue-t'il , les Juriſconſultes qui ont
» adopté la préſomption tirée de la reſ-
» ſemblance des enfans avec leur pere «:
*Et prudenter alios Legum-Peritos ſtatuiſſe
exiſtimo in eo caſu ; præſumunt enim filium
eſſe illius cujus eſt ſimilis.* Quæſt. Med. Leg.

Le même Auteur range au nombre
des préſomptions naturelles , celle qui réſulteroit d'une maladie particuliere dont
l'enfant & l'accuſé ſeroient tous deux
attaqués , comme l'épilepſie , la ladrerie ,
& autres maladies connues pour être hé-
réditaires : *Cæterùm , ex morborum ſimili-
tudine evidenter quoque probari poteſt ſimi-*

litudo. Sunt aliqui morbi qui hæreditarii eo nomine vocantur, quòd à parentibus in filios emigrent.

Si donc, ajoute notre Auteur, l'enfant apporte au monde cette conformité avec l'accusé, ce sera une présomption complette de la paternité : *Si ergo, qui pater præsumitur, epilepticus erat, calculosus, &c. & qui filius præsumitur, epilepsiâ, calculo, aliisque morbis quibus ille obnoxius sit, laboret, plenissimam, quantùm permitti potest, ex hoc habere poterit filiationis.* Ibid.

Ce ne font pas seulement les Médecins qui nous enseignent cette relation intime entre le pere & l'enfant ; cette doctrine remonte aux temps les plus reculés, ainsi qu'on peut le voir dans le traité de Tiraqueau, *De Leg. comm.*, part. 7. Elle est même encore parmi nous autorisée par des Loix positives. Si, dans plusieurs occasions, les enfans des peres coupables font compris dans la proscription, c'est parce que la Loi présume qu'ils lui ressemblent, par cette liaison intime qui subsiste entre ces deux constitutions : *In filios, paterni exempli, crimina metuuntur.*

Pourquoi les bâtards ne font-ils pas admis à la prêtrise, si ce n'est parce que la source impure dont ils tiennent le jour, fait craindre à l'églife de rencontrer chez eux le même vice?

Or, fi l'on donne à la paternité une pareille influence fur le moral des enfans, à plus forte raifon faut-il admettre cette influence fur la conftitution phyfique, qui dérive encore plus immédiatement de la conftitution paternelle (1).

Mais, dira-t'on, eft-il impoffible qu'un enfant naiffe avec fix doigts, fans qu'il foit pour cela des œuvres d'un homme qui porte la même fingularité; & faudra-t'il que cette malheureufe reffemblance lui procure la charge de tous les enfans qui naîtront fexdigitaires?

Cette objection n'eft d'aucune confidération. Il ne s'agit point d'attribuer la paternité à quelqu'un auquel elle feroit étrangere, uniquement par la conformité qui fe rencontreroit entre lui & l'enfant: cela ne peut avoir lieu que quand d'autres circonftances viennent au fecours de l'imputation. Par exemple, une fille enceinte déclare que fa groffeffe eft des œuvres de Titius, lequel eft marqué au front d'une loupe, marque héréditaire dans fa

_____

(1) M. d'Aguesseau compte cette reffemblance au nombre des préfomptions puiffantes. Voyez le douzieme Plaidoyer.

famille ; quelques mois après, l'enfant vient au monde apportant une loupe au front, femblable à celle de Titius & de fes parens. Peut on difconvenir que cette fingularité diftinctive affectée aux Titius, & jointe à la déclaration de la mere, ne foit une preuve frappante de la paternité ?

La mere pouvoit-elle prévoir que fon enfant viendroit au monde avec une loupe ? & cette conformité entre fa déclaration & la conftitution de l'enfant, n'offre-t'elle point un argument fans replique ?

Dira-t'on que cette conformité peut être l'effet du hafard ? Tout au plus cette raifon feroit admiffible, fi la fille n'avoit fait fon imputation qu'après fon accouchement, parce qu'alors on pourroit croire qu'elle ne s'eft déterminée que fur l'événement, & qu'elle a profité de l'occafion de la reffemblance pour indiquer l'auteur de la paternité.

Mais comment admettre une double rencontre auffi prodigieufe ? Une fille de mauvaife foi imagine de mettre fa groffeffe fur le compte d'un particulier qui en eft innocent, & voilà que la nature, complice de fon infidélité, marque l'enfant du fceau de la paternité : étrange

intelligence de la nature & de la fille,
qui fe font entendues mutuellement, l'une
pour accufer un innocent, & l'autre pour
le convaincre !

C'eft un principe dicté par le bon
fens & la faine philofophie, qu'il ne faut
recourir au merveilleux, qu'après avoir
épuifé toutes les poffibilités naturelles.

Or, il eft bien plus fimple de croire
qu'un pariculier foit le pere d'un enfant,
qu'il ne l'eft de croire à la réunion bi-
zarre des circonftances dont il vient d'être
parlé.

Au furplus, il ne faut pas perdre de
vue, que cette préfomption naturelle ne
pourroit faire difficulté que dans des cas
où, s'agiffant de la vie ou de l'honneur
de l'accufé, on auroit befoin de preuves
claires comme le jour. Mais dans une
efpece où les préfomptions, les conjectures, les foupçons, font admis comme
des preuves, on fent qu'il feroit bien
abfurde de ne pas donner la même valeur aux fignes naturels. Si on ne veut
point les recevoir comme une démonf-
tration phyfique, au moins faut-il leur
donner place parmi les préfomptions mo-
rales; & le témoignage de la nature vaut
bien celui de gens qui peuvent être cor-

rompus par l'intérêt, ou animés par la vengeance.

Cette espece s'est présentée au Barreau sur la fin du siecle dernier.

Une fille devenue enceinte avoit fait assigner celui qu'elle prétendoit être l'auteur de sa grossesse, pour être condamné à lui payer des dommages & intérêts, & à se charger de l'enfant. Le particulier ayant dénié la paternité, la fille qui n'avoit aucune preuve de familiarités à présenter, s'avisa d'alléguer un signe particulier qui se rencontroit sur une partie secrette de l'enfant dont elle étoit accouchée, & qu'elle assuroit se trouver au même endroit, non-seulement sur le corps de l'accusé, mais aussi sur le corps de ses enfans légitimes, tant filles que garçons, ajoutant qu'elle tenoit de lui-même que cette marque étoit héréditaire dans sa famille. Cette fille demanda donc que l'accusé & ses enfans légitimes fussent visités par Médecins & Chirurgiens, lesquels confronteroient les uns aux autres, pour vérifier l'existence du signe en question, & donner leur avis sur l'induction qu'on en devoit tirer pour la question de paternité.

Ce moyen ayant paru aux premiers
Juges

Juges capable d'éclaircir la question ; ils avoient ordonné la visite. Le particulier interjetta appel. M. l'Avocat-Général Le Bret, qui porta la parole dans cette affaire, donna ses conclusions pour l'infirmation de la sentence : mais elles ne furent point fondées sur l'insuffisance d'une pareille preuve ; au contraire, on voit par son discours, qu'il auroit regardé une ressemblance aussi parfaite, comme une preuve décisive de la paternité. Mais ce Magistrat fut déterminé par d'autres considérations.

Premierement, cette visite auroit exigé une confrontation indécente du pere & des enfans, en les présentant les uns aux yeux des autres dans un état de nudité qui répugne aux bonnes mœurs.

En second lieu, les enfans légitimes, qui n'entroient pour rien dans la contestation, ne pouvoient point être tenus de se prêter à une opération aussi humiliante. C'étoit une espece d'interrogatoire qui ne devoit s'exercer que contre ceux qui étoient parties en cause.

Troisiemement, c'est un autre principe qu'on ne peut forcer les enfans à porter témoignage contre leur pere. Or, M. Le Bret trouvoit que la Sentence en question avoit violé cette loi naturelle,

G

» en ordonnant que les enfans feroient
» dépouillés, vus & vifités en leurs corps,
» pour de-là convaincre leur pere d'im-
» pudicité. Car, difoit-il, je ne mets
» point de différence entre un témoignage
» tiré par force de la bouche d'un fils
» contre fon pere, & ce témoignage
» muet qu'on veut tirer par une vifita-
» tion forcée d'une marque fecrette. Si
» quelqu'un, contre les Loix anciennes,
» eût été fi hardi que de mettre à la
» queftion l'efclave, l'affranchi, le frere
» & le vaffal, pour dépofer contre le
» maître, le patron, le frere & le feigneur
» de fief, (fi ce n'eft en cas de crime
» de lefe-Majefté), il pouvoit être repris
» *de re publicâ.*

» Ne peut-on pas à plus forte raifon
» en dire autant de ceux qui contraignent
» les enfans, qui font les membres &
» les parties plus fenfibles de leurs peres,
» de dépofer contre eux? car c'eft en
» effet forcer la nature à fe détruire & à
» fe diffamer foi-même «. Décif. 9 de
M. Le Bret.

L'Arrêt qui intervint le 5 Février 1608,
fut conforme aux conclufions de M. Le
Bret. Mais il eft aifé de voir qu'il ne peut
fervir d'aucun préjugé contre l'admiffion
des preuves naturelles, ayant été déter-

miné par des circonstances particulieres & je pense qu'il eût été autrement jugé, si la marque en question se fût trouvée au front, ou sur quelqu'autre partie offensive du corps.

Aussi, lorsqu'en 1690, cette espece se présenta pour un enfant qui étoit venu au monde avec deux doigts égaux à la main droite, singularité qui se rencontroit chez celui qui étoit indiqué pour être l'auteur de la grossesse, celui-ci fut chargé de l'éducation de l'enfant par Arrêt du mois de Juin 1690, rendu sur les conclusions de M. l'Avocat-Général Talon, rapporté par Brillon, *verbo* Grossesse, n. 3.

CHAPITRE X.

De l'absolution de l'Accusé.

IL faut distinguer sur l'absolution de l'accusé, deux cas : l'un où la paternité légale n'est pas suffisamment établie; l'autre, celui où il est même prouvé que cette imputation est l'effet du dol & de la mauvaise foi.

Au premier cas, il est renvoyé de la

G 2

demande, avec dépens; & même il doit obtenir la restitution de la provision qu'il auroit payée. De plus, si l'enfant a été baptisé sous son nom, la Sentence ou l'Arrêt ordonne que l'extrait baptistere sera réformé & le nom de l'accusé rayé.

Au second cas, c'est-à-dire, lorsque l'imputation est évidemment calomnieuse, & qu'on découvre de la part de la fille l'intention criminelle de décrier les mœurs de l'accusé, de lui faire manquer un établissement, ou seulement de lui faire supporter la charge de l'enfant, ou de lui soutirer de l'argent, l'accusé peut obtenir une réparation solemnelle contre l'accusatrice.

Une fille enceinte ayant faussement accusé, avec serment, un jeune homme d'être l'auteur de sa grossesse, & celui-ci étant parvenu à prouver que cette imputation étoit l'effet d'un complot criminel, il intervint au Conseil Supérieur de Colmar, le 2 Décembre 1738, un Arrêt par lequel la fille fut condamnée à « comparoir à l'Audience, icelle tenante, & » la porte de l'Audience ouverte; & » là, déclarer que méchamment & ca- » lomnieusement elle avoit fait inscrire » le nom de l'accusé dans les registres de » baptême, comme étant le pere de l'en-

» fant dont elle étoit accouchée; qu'elle
» s'en repent & lui en demande pardon,
» n'a autre estime de lui que d'homme
» de bien & d'honneur «. Le même Arrêt
ordonne que » le nom du jeune homme
» sera rayé du registre des Baptêmes;
» condamne la fille en 30 livres de
» dommages & intérêts applicables aux
» pauvres, en 10 livres d'amende, &
» en outre, à être admonestée, avec
» défenses de récidiver, sous peine de
» punition corporelle «.

CHAPITRE XI.

De la condamnation de l'Accusé.

ON a dû de tout temps penser que
cette impulsion naturelle qui tend sans
cesse à rapprocher un sexe vers l'autre,
tromperoit aisément les efforts de la loi
civile: mais il auroit été trop absurde de
donner le caractere de *crime* à une simple
contravention de discipline, qui n'est
point d'ailleurs incompatible avec les
qualités les plus distinguées, le mérite
le plus éminent, & les vertus les plus
précieuses.

Les Nations policées se sont presque toutes accordées à ne punir cette contravention, que par l'obligation d'en réparer les suites scandaleuses, par le moyen d'un mariage subséquent. Nous trouvons cette obligation consignée même dans les Livres sacrés : *Si quis seduxerit virginem necdum desponsatam, dormieritque cum eâ, dotabit eam, & habebit eam uxorem.* Exod., Cap. 22.

Néanmoins on conçoit qu'il pourroit se rencontrer des cas où cette ressource ne fût point au pouvoir du séducteur, ou que même il eût quelques raisons pour ne point consentir à cette espece de réparation.

Cette hypothese a été accueillie différemment chez diverses Nations, en raison de leurs mœurs.

Chez les Juifs, l'impuissance, ou le refus de prendre pour épouse la fille séduite, n'engendroit d'autres peines que de la doter.

Si verò . . . noluerit, reddet pecuniam, juxta modum dotis quam virgines accipere consueverunt. Exod., C. 22, v. 17.

Quelle étoit sur ce point la Jurisprudence des Romains ?

La compilation de Justinien ne nous en a laissé aucune notion suffisante.

Si l'on confulte le Digefte, on trouve que le ftupre commis avec une femme libre ou une fille, étoit puni de mort : *Qui mulierem puellamve interpellaverit, quidve impudicitiæ caufâ fecerit, perfecto flagitio, capite punitur* (1). Digeft. De *extr. crim.*

Mais, d'un autre côté, Juftinien, au Liv. 4 des Inftit., tit. *de public. judic.*, §. 4, affure que la punition du ftupre, fuivant la Loi Julia, eft la confifcation de la moitié des biens du coupable, s'il eft d'une condition honnête, & la relégation accompagnée du fouet, s'il eft d'une condition vile : *Pœnam autem Lex irrogat peccatoribus (ftupratoribus), fi honefti funt, publicationem partis dimidiæ bonorum; fi humiles, corporis coercitionem cum relegatione.*

Or, à qui croira-t'on, de Paul ou de Juftinien? des Inftitutes ou du Digefte?

Il femble qu'il feroit plus raifonnable de s'en rapporter à Paul, qui, étant tout-à-la-fois Romain, Jurifconfulte, & moins éloigné du fiecle d'Augufte, devoit naturellement être plus inftruit des difpofitions de la Loi Julia, que la troupe

_____

(1) Cette Loi eft du Jurifconfulte *Paul.*

de Grecs, Syriens & Phéniciens, employés par Juftinien à la compilation du Digefte.

Mais, d'un autre côté, il eft impoffible de croire, comme on le fait affurer par le Jurifconfulte Paul, que de fon temps le ftupre, ou même la fimple propofition de ftupre, étoit puni de mort : nous connoiffons trop bien les mœurs des Romains, pour admettre une pareille affertion, qui eft d'ailleurs démentie par l'Hiftoire ; & comment s'aviferoit-on de placer cette étrange auftérité de mœurs, dans le fiecle des Caracalla, des Macrin, des Héliogabale, fiecle connu par les débauches les plus honteufes & les excès les plus révoltans?

Ce qui comble la contradiction, c'eft que du temps de Paul, le crime d'adultere n'étoit point puni d'une peine capitale, qui n'a été introduite que fous Conftantin, environ un fiecle après.

Or, y a-t'il de la raifon de croire que la fréquentation d'une femme libre auroit été punie plus févérement que celle d'une femme mariée? Dans tous les temps, & chez toutes les Nations, n'a-t'on pas mis une différence extrême entre ces deux délits? Les Romains étoient-ils donc des infenfés à qui on puiffe im-

puter un pareil renverfement des premiers principes? C'eft cependant ce qu'il
faudroit admettre, d'après la compilation
de Tribonien, & la prétendue décifion
de Paul.

A l'égard de l'ufage pratiqué du temps
de Juftinien, il eft vraifemblable que la
peine de la confifcation, ou celle de la
relégation & du *fouet*, dont il eft parlé
dans les Inftitutes, n'eft point applicable
à la fimple féduction, & que ce paffage
concernoit un autre genre de débauche.

En effet, on peut obferver que cette
difpofition comprend dans la peine les
deux coupables fans diftinction, *peccatoribus*; lorfqu'au contraire Juftinien, dans
une de fes Novelles (*de Raptu*), pofe
pour principe, qu'en pareille matiere le
crime doit être imputé exclufivement à
l'homme, le confentement donné par la
fille étant de droit, dit-il, préfumé l'effet de
fa foibleffe & de fon inexpérience : *Hoc
ipfum velle mulierem, ab infidiis nequiffimi hominis, qui medi uur rapinam, inducitur ; nifi etenim eam follicitaverit,
nifi odiofis artibus circumvenerit, non facit
eam velle in tantum dedecus fefe prodere.*

En fecond lieu, cette affectation d'auftérité contre les liaifons illicites auroit
bien peu convenu au fiecle de Juftinien,

G 5

& à fa conduite particuliere ; & c'eût été fans doute une ample matiere à la critique des Grecs, de voir la continence érigée en loi rigoureufe, par un Prince qui avoit pris fon époufe dans un mau-vais lieu (1).

Enfin Juftinien ne donne point cette difpofition des Inftitutes, comme une Loi nouvelle ; au contraire , il la préfente comme une Loi reçue & pratiquée de-puis long-temps dans l'Empire.

Puifqu'il eft bien certain qu'avant Jufti-nien, la fimple féduction n'étoit pas pu-nie d'une peine capitale, il eft évident que le paffage en queftion ne fe rapporte

_____

(1) Juftinien ayant trouvé dans un lieu de proftitution une fille publique , appellée *Antonia* , il en devint amoureux. Celle - ci lui dit un jour : *Promettez-moi que fi vous devenez Empereur, vous me ferez Impératrice.* Juftinien , qui ne voyoit pas d'apparence qu'il fût jamais élevé à l'Empire, lui fit cette promeffe. Mais la for-tune ayant paffé fes efpérances, il fut appellé à l'Empire après la mort de Juftin. La Cour-tifanne fe tranfporta auffi-tôt au Palais Impérial, & fomma Juftinien de tenir fa parole ; ce qui fut exécuté, au grand mécontentement du Peu-ple & du Sénat. *Antonia* changea fon nom en celui de *Theodora* : mais elle ne changea pas de mœurs ni de goût.

point à la simple liaison charnelle de deux personnes de différent sexe.

Nous voilà donc ramenés à notre incertitude sur l'usage des Romains relativement à ce dernier objet ; néanmoins il est vraisemblable que depuis la conversion de Constantin, on adopta dans l'Empire la disposition de l'Exode & du Deuteronome : *Aut dotet, aut nubat.*

Il est notoire que cet Empereur, pour faire preuve de zele, substitua plusieurs Loix Juives aux Loix Romaines ; ce qu'il fit singulierement sur le crime d'adultere, & ce qui donne lieu de croire qu'il aura observé le même procédé en fait de stupre.

A l'égard de la Jurisprudence Françoise, il paroît que dès le commencement de la troisieme Race de nos Rois, la peine du *commerce illicite* entre deux personnes libres s'est réduite ou à épouser la fille abusée, ou à la doter, alternative consacrée par le Droit Canonique ; & nous ne connoissons point dans la Jurisprudence, d'époque où l'auteur de la grossesse ait été condamné à épouser, sous peine de mort (1).

_____

(1) Quelques Auteurs ont prétendu que vers le commencement de la troisieme Race, la séduction simple n'étoit réparée que par le ma-

G 6

L'opinion contraire est une erreur que plusieurs Auteurs ont mal-à-propos accréditée, soit en rapportant les especes avec trop peu d'exactitude, soit en répétant sans plus grand examen une méprise avancée par d'autres.

---

riage, & que le condamné qui s'y refusoit étoit mis à mort. Bracton, Auteur Anglois, nous a même transmis une anecdote qu'il prétend avoir été l'époque de cet usage. Voici comment il raconte le fait.

Sous le regne du Roi Robert, un Comte avoit reçu dans son Château *un Troubadour & sa femme*, qui étoit jeune & jolie. Pendant leur séjour au Château, le Troubadour vint à tomber malade, & mourut.

Le Comte, épris d'amour pour sa veuve, s'introduisit, de nuit, dans sa chambre, & s'en procura la jouissance par adresse & contre son gré.

La femme, désolée de l'aventure, sortit du Château, & alla se jetter aux pieds du Roi Robert, lui demandant vengeance de l'injure qu'elle avoit essuyée. Le Roi fit mander le Comte, qui convint de la chose, & offrit, pour appaiser la femme, de lui donner une somme considérable, & de lui procurer un mariage avantageux ; mais le Roi rejetta cette proposition, & n'accorda le pardon qu'autant qu'il épouseroit lui-même cette femme ; ce qui fut accepté de la part du Comte. Cette décision étant connue dans le Royaume, elle devint, dit l'Auteur, une Loi pour les Juges ; & de-là s'introduisit l'usage de condamner un homme à épouser la fille dont il avoit abusé. *V. les Loix Françoises*, T. II, p. 158.

Tel eſt Deniſart, qui, *verbo* Groſſeſſe, nº. 19, ne craint pas de s'expliquer ainſi: » Suivant l'ancienne Juriſprudence, on » condamnoit au dernier ſupplice l'homme » non-marié, qui avoit engroſſé une fille, » s'il n'aimoit mieux l'épouſer ; mais on » s'eſt relâché de cette ſévérité. On en » eſt quitte actuellement pour, des dom- » mages & intérêts qui s'arbitrent ſuivant » les circonſtances «.

Il n'y a rien de moins exact que ce paſſage de Deniſart. On voit que l'Auteur confond perpétuellement le rapt de ſéduction, avec la ſéduction ſimple.

La condamnation dont il parle, ne fut jamais prononcée que dans les accuſations qualifiées de *rapt*.

Que l'on examine tous ces Arrêts l'un après l'autre, on n'en trouvera aucun qui n'ait été appuyé ſur un pareil titre d'accuſation.

Dans toutes ces eſpeces, il s'agiſſoit d'une fille ou d'une veuve abuſée ſur la foi d'un mariage contracté *par parole de préſent*, ou ſéduite par quelque manœuvre criminelle. Ce n'étoit point la cohabitation charnelle que ces Arrêts avoient pour objet de punir ; c'étoit l'inexécution d'une promeſſe regardée comme ſacrée, ou la ſupercherie à l'aide de laquelle le cou-

pable s'étoit procuré la jouiffance d'une
fiile de famille. Il eft fi vrai que ce n'étoit
pas l'intimité charnelle que les Arrêts
cherchoient à punir, que nous en trouvons qui ont été rendus dans des efpeces
où il n'y avoit point de groffeffe : telle
eft l'efpece de l'Arrêt du 13 Décembre
1609, rendu contre le fieur de Viquemare, Confeiller au Parlement de Rouen.
Tout fon crime étoit d'avoir fait un contrat
de mariage, contenant une promeffe *par
parole de préfent*, avec la demoifelle . . .

Quelque temps après, prétendant avoir
découvert que cette demoifelle avoit eu
autrefois des intrigues galantes, il refufa
de paffer à la célébration du mariage,
& prit des lettres de refcifion contre fon
contrat de mariage.

La fiancée, au contraire, avoit rendu
plainte en crime de rapt, prétendant que,
s'étant abandonnée au Confeiller fur la
foi d'un mariage contracté *par parole de
préfent*, le refus d'accomplir ce mariage,
décéloit une infigne fupercherie, qui donnoit à fon délit le caractere de crime de
rapt.

Par Arrêt du 13 Décembre 1609, fans
s'arrêter aux lettres obtenues par le fieur
de Viquemare, il fut ordonné que le pro-

cès lui feroit fait & parfait pour crime
de *rapt*.

Et depuis, le procès ayant été inftruit,
il intervint Arrêt le 16 Avril 1610, qui
condamna le Magiftrat à avoir la tête
tranchée, fi mieux n'aimoit époufer la
demoifelle . . . ., & le fieur de Viquemare prit ce dernier parti.

Par ce qui vient d'être dit des circonftances de cette affaire, on voit qu'il ne
s'agiffoit paffeulement d'une fille *engroffée*;
il n'étoit pas même établi au procès que
le fieur de Viquemare eût abufé de la
demoifelle . . . .

Quel fut donc le motif de la condamnation rigoureufe prononcée contre le
fieur de Viquemare? ce fut le contrat
de mariage, paffé *par parole de préfent*,
qui dans ce temps-là étoit regardé comme
opérant un vrai mariage dans le for intérieur, & dont l'inexécution décéloit une
fupercherie criminelle, pour fe procurer
la jouiffance d'une fille honnête.

Il en faut dire autant de l'Arrêt rendu
contre le Maître des Comptes de Rennes,
du 20 Août 1604.

Celui ci avoit abufé de la demoifelle
de la Tullaye, fous la promeffe de mariage qu'il lui avoit donnée par écrit: à
la faveur de cette efpérance, il avoit en-

gagé la demoiselle à s'évader de la maison de sa mere, & l'avoit amenée à Paris où ils s'étoient logés tous deux en hôtel garni, sous la qualité de mari & de femme.

Mais la demoiselle de la Tullaye étant devenue enceinte, & pressant plus fortement que jamais le Maître des Comptes d'accomplir le mariage, celui-ci, qui avoit changé d'avis, eut l'adresse de lui arracher la promesse de mariage, & de la déchirer; il en fit de même des lettres qu'elle avoit de lui, & qui réitéroient cette promesse: & pour ôter à la demoiselle de la Tullaye la facilité de former sa plainte, il lui fait changer de logement, en la conduisant dans un quartier éloigné de Paris, où elle étoit détenue en chartre privée, ensuite dans un village près Meudon, & enfin à Vanvres.

Cependant la mere de la demoiselle de la Tullaye, à la nouvelle de l'évasion de sa fille, avoit rendu plainte en crime de rapt contre le Maître des Comptes, qui fut décrété de prise de corps, & constitué prisonnier.

Son procès étant instruit sur le *rapt*, les conclusions de la mere tendoient à ce que l'accusé fût déclaré » atteint & » convaincu du crime de *rapt*, men-

» tionné au procès, circonftances & dé-
» pendances; que pour réparation d'i-
» celui, il fût condanmé à faire amende
» honorable devant la principale porte
» de l'Eglife Cathédrale de Nantes, nue
» tête, en chemife, la corde au col, &
» la torche au poing, du poids de deux
» livres, & là, dire & déclarer que
» méchamment, proditoirement, &
» comme mal-avifé, il auroit abufé de la
» fille de la complaignante, fous couleur
» de mariage; fauffement & indifcré-
» tement auroit proféré contre l'honneur
» tant de la mere que de la fille les in-
» jures & les calomnies mentionnées
» audit procès, dont il fe repent, &
» déclare les tenir à femmes de bien &
» d'honneur, & leur en crier merci;
» pour, ce fait, être conduit en la place
» publique de Nantes, & là, être pendu
» & étranglé à une potence, qui, pour
» ce, y feroit plantée & dreffée; ledit
» accufé condamné en 20,000 livres d'a-
» mende envers la mere complaignante,
» & en 2000 livres de provifion envers
» la fille d'icelle; auffi, que la fille iffue
» des œuvres dudit accufé fût déclarée
» légitime, & ordonné que fur les biens
» d'icelui, il feroit affigné 1500 livres
» de penfion pour fa nourriture & en-

» tretenement, avec condamnation de tous
» dépens, dommages & intérêts ; re-
» mettant à M. le Procureur-Général de
» prendre telles conclusions pour la vin-
» dicte publique, qu'il venoit être à faire
» par raison «.

On ne peut plus douter, d'après ces
conclusions, qu'il ne fût question dans
cette espece d'un vrai rapt, & non d'un
simple stupre. L'accusation formée contre
le Maître des Comptes ne portoit point
sur les familiarités, ni sur la grossesse
dont il étoit l'auteur ; mais sur l'enlévement d'une fille mineure, sur l'inexécution d'un mariage contracté *par parole
de présent*, sur la soustraction criminelle
des pieces de conviction, &c., & autres
circonstances qui caractérisoient ce qu'on
appelloit alors un *rapt de séduction*.

Aussi voit-on dans la défense du Maître
des Comptes, qu'il se réduisoit à combattre la qualification de *rapt* pour faire
rentrer l'espece dans la classe d'un simple
commerce illicite. » Il n'y a aucun rapt
» en ce fait, disoit il, parce que toutes
» les raisons de sa Partie adverse n'in-
» duisoient aucune preuve de mariage,
» mais de concubinage seulement ; que le
» mariage ne se devoit pas juger par
» des conjectures fort légeres, mais prou-

» ver par des preuves auffi claires que
» le jour; mais que la demoifelle de la
» Tillaye n'avoit jamais rien été que fa
» concubine.

» Que ce n'étoit pas Dieu qui avoit
» conjoint ce jeune homme avec cette
» femme, mais une ardeur de paillar-
» dife, & que cela ne fe devoit appel-
» ler une conjonction conjugale; car,
» quant à ce qu'elle a eu la compagnie
» du défendeur par un long temps, cela
» ne peut lui donner gain de caufe, *pour*
» *ce qu'elle ne pouvoit juftifier qu'elle ait*
» *eu aucune promeffe de mariage*, devant
» que de s'abandonner à l'intimé ; que
» l'accointance n'a pas été pour le ma-
» riage, mais pour le plaifir feulement:
» car, fans preuve, n'ajoute-t'on foi au
» ferment & affirmation de la femme,
» difant que l'homme lui a promis ma-
» riage *par parole de préfent*, &c. «.

Toute la queftion gifoit donc dans
le point de favoir s'il y avoit eu *rapt*,
ou fimple *concubinage*. Puifque le Défenfeur du Maître des Comptes cherchoit
à faire adopter ce dernier fyftême pour
libérer fon Client de l'obligation d'époufer, il eft évident que dans ce temps-là
il y avoit une différence établie en Jurifprudence, entre le rapt de féduction

& la simple séduction d'une fille mineure, séduction qui n'entraînoit ni l'obligation du mariage, ni le danger de la mort.

On n'opposera point le fameux Arrêt de 1594, puisque le titre de l'accusation étoit encore le rapt, & que d'ailleurs des circonstances particulieres avoient aggravé le délit de l'accusé, ainsi qu'on va le voir.

Un jeune homme, Etudiant en Droit en l'Université d'Angers, avoit séduit, sous promesse de mariage, une fille mineure de la même Ville. Etant devenue enceinte, elle instruisit ses pere & mere de sa situation, & de la promesse de mariage qui lui avoit été faite verbalement par le jeune homme. Les pere & mere qui comptoient peu sur une promesse verbale qu'on pouvoit nier, & qui vouloient cependant contraindre le jeune homme à épouser leur fille, penserent qu'ils feroient facilement faire un mariage, par parole de présent, au jeune homme, s'ils parvenoient à le surprendre en flagrant délit.

» En conséquence, dit Peleus, les
» pauvres gens bien affligés prennent
» résolution avec la fille, que le lende-
» main ils feroient contenance de s'en
» aller à dix lieues de là, & que çepen-

» dant elle donneroit affignation à fon
» ami de la venir trouver, pour jouir de
» leurs amours; ce, qui eft fait. Le pere
» & la mere partent; l'affignation eft
» donnée au jeune homme, qui ne man-
» que pas de s'y trouver : les pere &
» mere retournent, fur l'avis qu'on leur
» donne de ce qui fe paffe en leur mai-
» fon, & entrent en la chambre de leur
» fille, affiftés de Notaires & témoins,
» prennent l'Amoureux fur le fait , le-
» quel fe voyant découvert , reconnoît
» de bonne foi que la fille étoit fa fem-
» me, qu'il lui avoit promis mariage ,
» & qu'il étoit prêt d'en paffer le con-
» trat : après l'avoir paffé, il part d'An-
» gers pour aller à Séez en Norman-
» die, demeure de fon pere ».

Mais le pere n'approuvant point ce
mariage , le jeune homme lui-même
n'en étant pas vraifemblablement bien
curieux, il fut queftion entre le pere &
le fils de trouver un moyen d'éluder
l'exécution du mariage contracté par parole de préfent.

Le moyen qui parut le plus efficace
fut de mettre le jeune homme dans l'état
eccléfiaftique. Effectivement ce parti eft
exécuté, & le Fiancé alla jufqu'à prendre les Ordres, fe conftituant par cet

engagement dans l'impuissance de se marier.

Cependant les parens de la fille, instruits de cette perfidie, rendent plainte en crime de *rapt*, & obtiennent un décret de prise-de-corps contre le Ravisseur. Celui-ci interjette appel de la procédure criminelle, sur le motif qu'il ne peut être question que d'un simple *stupre* : mais la procédure est confirmée. Son procès est instruit à l'extraordinaire sur l'accusation de *rapt* ; & par Arrêt du . . . 1594, il est condamné à être pendu & étranglé, si mieux il n'aimoit épouser.

« Or, dit Peleus, étoit-ce l'intention
» de la Cour de le faire mourir, non-
» seulement pour le rapt par lui fait,
» mais pour la perfidie par lui com-
» mise à l'endroit de la fille, du pere
» & de la mere, & encore pour son
» impiété de s'être servi du Sacrement
» de l'Ordre pour se moquer du Sacre-
» ment de Mariage & empêcher l'effet
» d'icelui ; bref, pour avoir trompé
» Dieu & les hommes, & violé les
» choses divines & humaines ; parce que,
» ayant les Ordres, il lui étoit impossi-
» ble de se marier ».

Voilà donc encore une espece qui

s'éloigne de la féduction, foit par le caractere de rapt attaché au délit du jeune
homme, foit par les circonftances aggra-
vantes qui l'avoient accompagné ; &
l'on ne peut point citer cet Arrêt comme
une preuve que, dans ce temps-là, il
falloit, fous peine de mort, époufer
celle qu'on avoit engroffée.

Je me contente de rapporter ces trois
Arrêts, parce que le Lecteur fera à même
d'en trouver quantité d'autres de la même
efpece dans les Arrêtographes. Mais affurément il n'en trouvera aucun qui ait
prononcé l'alternative de mort ou de
mariage, dans des efpeces où le titre d'accufation ne fût pas de rapt.

La diftinction entre le commerce illicite & le rapt, étoit même fi bien reconnue dans l'ancienne Jurifprudence, que
nous trouvons des Arrêts qui, en déclarant des filles abufées non-recevables en
leur pourfuite en crime de rapt, leur ont
réfervé l'action en ftupre ; preuve irré-
fiftible de la différence admife entre les
deux efpeces d'actions. Tel eft l'Arrêt du
7 Novembre 1670, celui du 18 Avril
1676, rapportés par Boniface, Tome V,
Liv. 4.

Il n'eft donc pas vrai qu'autrefois celui
qui avoit engroffé une fille, foit mincu-

re , soit majeure , « fût condamné au
» dernier supplice , s'il n'aimoit mieux
» l'époufer ». Cette condamnation n'é-
toit ufitée que pour les cas de rapt de
féduction.

Ce n'a jamais été la groffeffe d'une
fille qui donna lieu à cette condamnation, mais l'inexécution d'un contrat qui
avoit précédé la groffeffe ; la groffeffe
n'étoit en pareil cas qu'un acceffoire ag-
gravant, mais qui ne tenoit point effen-
tiellement à la fubftance du délit, de
maniere qu'il pouvoit y avoir un rapt de
féduction fans groffeffe , & groffeffe fans
rapt de féduction.

Toutes les fois qu'il étoit établi que la
groffeffe étoit l'effet d'un accord réciproque d'inclinations, & que la fille n'avoit
point été abufée par l'apparence du Sacrement de mariage, ou par quelqu'autre
manœuvre criminelle, l'action de la fille
engroffée dégénéroit en une action en
dommages & intérêts; ce qu'il feroit
d'autant plus abfurde de révoquer en
doute, que les Auteurs du temps nous
l'apprennent eux-mêmes.

Dumoulin définit ainfi le fimple commerce illicite : *Simplex ftuprum , quod
committitur in volentem , fine vi, fine fe-
ductione, fine illicito machinamento.*

Papon

Papon a fait deux titres féparés du rapt & de la fornication; & fur ce dernier, en parlant du fimple ftupre : » Aujourd'hui, dit-il, n'y a d'autre loi ni » d'autre peine en ufage, que d'être contraint de marier & doter la fille, ou » de l'époufer «. Liv. 22 des Arrêts, tit. 9, art. 9.

Ce qui étoit en ufage du temps de Papon, l'eft encore aujourd'hui : ce n'eft point par un relâchement de févérité que les Cours ne prononcent d'autre peine, contre l'auteur d'une groffeffe, qu'une condamnation de dommages & intérêts, avec la charge de l'enfant; c'eft au contraire le réfultat d'une Jurifprudence uniforme de plufieurs fiécles.

Il eft malheureufement arrivé que les Cours, en admettant en Droit la diftinction du rapt de féduction, & de la féduction fimple, ont confondu l'une & l'autre dans le fait, en appliquant quelquefois la qualification de rapt à des efpeces qui appartenoient à la féduction fimple, par de certains rapports qui leur font communs. Une feule méprife en autorifa plufieurs autres; & fur la foi d'un Arrêt furpris à la religion des Juges, d'autres Arrêts fe font fuivis, de maniere qu'au bout d'un fiecle, ces deux efpeces

H

préfentoient un air de reffemblance qui les faifoit aifément prendre l'une pour l'autre.

C'étoit fur--tout dans les Tribunaux inférieurs que cette méprife étoit plus familiere.

On trouve au Journal des Audiences une efpece où l'accufé du crime de rapt avoit été condamné par le Lieutenant-Criminel de Poitiers, *à être pendu, fi mieux n'aimoit époufer.*

Sur l'appel au Parlement, M. l'Avocat-Général de Lamoignon établit qu'il ne s'agiffoit que d'un fimple commerce illicite, fans rapt, & la condamnation fe réduifit à 100 livres de dommages & intérêts, & à la charge de l'enfant. Arrêt du 28 Avril 1691.

Mais la Déclaration de 1730 eft venue remédier à ces abus, en rétabliffant les traits diftinctifs *du rapt de féduction,* & en affignant à la féduction fimple le caractere qui lui étoit propre, & la peine qui lui convenoit.

Cette Déclaration, après avoir confirmé la peine de mort prononcée par les Ordonnances, contre ceux ou celles qui feroient convaincus de rapt de féduction, ajoute :

» Les perfonnes majeures ou *mineures,*
» qui, n'étant point dans les circonftances

» ci-deffus marquées (art. 1), se trou-
» veront seulement coupables *d'un com-*
» *merce illicite*, seront condamnées en
» telle peine qu'il appartiendra, suivant
» l'exigence des cas «.

Voilà donc la peine de la séduction simple laissée à la disposition des Juges; la Déclaration les rend les maîtres absolus de se déterminer par les circonstances. Néanmoins le même article excepte la peine de mort, qu'elle défend aux Juges de prononcer pour commerce illicite, si ce n'est dans des cas où, par l'atrocité des circonstances, la qualité & l'indignité des coupables, le crime paroîtroit mériter le dernier supplice; ce que le Législateur laisse à l'honneur & à la conscience des Juges.

Il résulte de cette Déclaration, & de la Jurisprudence qui l'a suivie, qu'on peut distinguer trois ordres de peines en matiere de commerce illicite.

1°. La peine pécuniaire, qui a lieu lorsqu'il ne s'agit que d'apprécier le dédommagement qui appartient à une fille, soit mineure, soit majeure, qui a de plein gré fait le sacrifice de sa pudeur, sans qu'elle puisse imputer à l'auteur de sa grossesse, aucune machination criminelle pour lui arracher son consentement.

H 2

2°. Les peines afflictives & infamantes, telles que le banniſſement, l'amende honorable, le blâme, l'admonition, &c., pour les cas où le commerce illicite auroit été accompagné de manœuvres & de circonſtances odieuſes.

Enfin, le dernier ſupplice ; par exemple, lorſque le commerce illicite eſt intervenu entre perſonnes prohibées, comme entre des parens en ligne directe, entre le confeſſeur & ſa pénitente, le tuteur & ſa pupille, le maître & ſon écoliere, le géolier & ſa priſonniere, &c. Je renvoie à la ſeconde Partie de cet Ouvrage, pour la diſcuſſion de ces deux dernieres eſpeces. Quant à préſent, je vais ſeulement parler de la peine pécuniaire.

La peine pécuniaire adjugée en matiere de ſimple ſéduction, offre trois objets :

1°. Les dommages & intérêts relatifs à la mere ;

2°. La condamnation relative à l'enfant ;

3°. Une condamnation au profit d'un tiers.

§, Ier.

Dommages & intérêts adjugés à la mere.

On a long-temps agité la queſtion de

favoir comment il falloit confidérer la
fatisfaction pécuniaire que les Tribunaux
accordoient aux filles ou veuves abufées.

Quelques-uns, entraînés par l'ufage
prefqu'univerfel des Nations, de faire époufer ou doter la fille féduite, ont prétendu
que cette condamnation n'étoit autre chofe
qu'une dot ; d'autres n'ont point voulu
qualifier de *dot* cette condamnation pécuniaire, ne la confidérant que comme
un dédommagement du préjudice fouffert.

On feroit d'abord tenté de prendre
cette queftion pour une difcuffion oifeufe
& inutile ; mais on va bientôt reconnoître combien il eft important de déterminer la vraie qualité de cette condamnation.

Si on regarde la condamnation pécuniaire comme repréfentative d'une dot,
il s'enfuivra que la condamnation doit
être proportionnée à la dot que la fille
auroit reçue de fes parens. C'eft effectivement l'opinion des Docteurs qui ont
adopté ce fyftême: *Ut fcilicet dos detur*
puellæ à ftupratore, qualis verifimiliter à
patre daretur, vel aliis filiabus data fit.
Cette décifion fe trouve même autorifée
par le chap. 22 de l'Exode, qui détermine la valeur des dommages & in-

térêts, fur la dot que l'on auroit donnée
à la fille : *Reddet pecuniam, juxta modum
dotis quam virgines accipere confueverunt.*
Cap. 22.

Il réfulteroit donc de cette maniere
d'envifager la condamnation pécuniaire,
que ce feroit toujours la qualité de la
fille abufée qui ferviroit à en déterminer
la valeur, fans égard à la qualité ni à
la fortune du féducteur.

Une autre conféquence de cette décifion, c'eft que le coupable ne feroit tenu
d'acquitter la dot, qu'autant que la fille
viendroit à fe marier, & qu'il n'auroit
rien à donner, fi elle demeuroit dans le
célibat, parce qu'il n'y a point de dot
où il n'y a point de mariage : *Neque enim
dos eft fine matrimonio.* Leg. 3, ff. *De
Jur. Dot.*

C'eft auffi ce qu'enfeignent les Docteurs, qui regardent la réparation pécuniaire comme repréfentative d'une dot :
*Dicta dos non eft danda, nifi cùm nup-
ferit ; nec fufficit cautio de nubendo, nec
tranfmittitur ad hæredes defloratæ, non
nuptæ.* Jul. Clar. *In Addit.*, §. *Stuprum.*

Par la même raifon, fi la fille trouvoit à fe marier avant d'avoir obtenu
aucune condamnation, il s'enfuivroit

qu'elle n'auroit plus rien à prétendre,
parce que la dot n'ayant pour objet que
de lui faciliter le mariage, cette confidération cefferoit alors d'avoir lieu. Tel
feroit le réfultat du fyftême qui envifa-
geroit la condamnation pécuniaire adjugée à la fille abufée, comme une vraie
dot; & il faut avouer qu'il entraîneroit
les plus grands inconvéniens.

D'abord, fi l'on proportionnoit le dédommagement à la fortune & à la qualité de la fille, il arriveroit fouvent que
cette condamnation abforberoit la fortune de celui-ci, ce qui détruiroit toute
proportion entre la peine & le délit.
D'un autre côté, fi la fille abufée eft d'une
baffe condition, ou fans fortune, ne fera-ce point une réparation illufoire, que
de lui accorder un décommagement pro-
portionné à ce qu'elle auroit reçu de fes
parens, fur-tout fi le féducteur fe trouve
être un homme opulent?

En fecond lieu, fi le condamné étoit
autorifé à fufpendre la délivrance de la
dot jufqu'à ce que la fille eût trouvé un
mari, n'y auroit-il pas à craindre qu'il
employât diverfes manœuvres pour trá-
verfer les projets d'établiffement qui pourroient fe préfenter en faveur de la fille?
C'eft l'objection d'un fameux Crimina-

H 4

lifte: *Aliàs effet timendum, ne deflorans, ad eximendum se à folutione dotis, fraudibus utatur ad impediendum ne fluprata maritum inveniat.* Jul. Clar. §. *Stuprum.*

Enfin cette condition gêneroit la liberté naturelle dont chaque Citoyen doit jouir fans la moindre inquiétude, de fe marier ou de garder le célibat, fuivant fon goût; & cette efpece de contrainte feroit d'autant plus déraifonnable dans l'efpece, que le célibat eft la deftinée affez ordinaire d'une fille à qui ce malheur eft arrivé.

C'eft d'après ces confidérations que, dans l'état actuel de notre Jurifprudence, nous ne regardons pas les dommages & intérêts adjugés à la fille abufée, comme repréfentatifs de fa dot. C'eft fe fervir d'une expreffion impropre, que d'appeller dot la condamnation pécuniaire accordée à la fille. Les Parlemens ont fouvent profcrit cette qualification, ainfi que l'enfeigne Mornac, fur la Loi Iere, au Code De Nat. Lib. *Cenfuit Senatus dotationem effe honoris vocabulum, quod cum impuris iftis conjunctionibus non conveniat.* M. l'Avocat-Général de Lamoignon, portant la parole dans une réclamation de cette efpece, en 1695, s'éleva beaucoup contre cette qualification dont on fe fervoit au Barreau. Ils ne font, en effet, autre chofe qu'un dédommagement de l'inexécution d'une convention, & le jugement ne fubordonne jamais la délivrance de la réparation pécuniaire, à la condition du mariage.

Il eft affez commun de voir dans les jugemens rendus en pareille matiere, une difpofition qui ordonne que le montant de la condamnation fera dépofé chez un Notaire, pour en être fait emploi au profit de la fille, en préfence d'un Subftitut de M. le Procureur-Général, ainfi qu'il a été prononcé par l'Arrêt du 19 Février 1777, dans l'affaire de la fille Marchebout, contre le fieur Duret de Vidouville.

Cette précaution a pour objet de prévenir la diffipation de la fomme, foit de la part de la fille, foit de la part de fes parens : c'eft même quelquefois une efpèce de faveur pour délivrer les parens de la fille, des follicitations de la Partie condamnée, à l'effet d'obtenir la remife, ou de différer le paiement.

Au furplus, cette difpofition n'a lieu que vis-à-vis d'une fille mineure, & pour le temps de fa minorité. Auffi-tôt qu'elle devient majeure, elle eft mife en poffeffion de la fomme qui lui a été adjugée, & même, pendant fa minorité, il arrive fouvent qu'elle obtient la délivrance du tout ou de partie de la condamnation, lorfqu'elle propofe quelques raifons légitimes, comme celle d'un apprentiffage, d'un befoin urgent, &c.

Mais la condamnation ayant été prononcée, elle eft définitivement acquife à la fille, foit qu'elle fe marie, foit qu'elle refte dans le célibat, foit qu'elle décede avant la délivrance ou qu'elle décede après. Dans tous les cas, elle fe tranfmet à fes héritiers, fans que le condamné puiffe jamais en prétendre la réverfion à fon profit, même à défaut d'héritiers.

Par la même raifon, le montant des dommages & intérêts n'eft point déterminé par la qualité de la fille feulement; on fait auffi entrer en confidération celle de l'accufé, fa fortune, & les circonftances plus ou moins défavorables : *Secundum qualitatem ftupratoris & facultet habitâ etiam ratione qualitatis virginis ftupratæ*, difent les Docteurs; ce qui fait, ajoutent-ils, que cette matiere eft abfolument livrée à l'arbitraire, n'étant pas poffible de donner des regles certaines fur la quotité du dédommagement, vu la variété infinie qui peut fe rencontrer dans les efpeces : *Et certè totum hoc Judicis arbitrio tribuitur, cùm jure hoc de-*

finitum non fit, nec ob perfonarum & patrimoniorum varietatem definiri poffit. Menoch. de Jud. arb.

Mais fi la fille qui a obtenu des dommages & intérêts, vient à époufer celui qui eft condamné à les lui payer, que devient la condamnation ? Subfifte-t-elle encore contre le mari, ou bien eft-elle de droit anéantie par le mariage ? La queftion me paroît difficile à réfoudre : d'un côté, le mari peut dire que la condamnation n'a été motivée que par le refus d'époufer celle dont il avoit abufé ; que par conféquent fa caufe ayant ceffé, l'effet doit difparoître, d'autant plus que la réparation qu'il a procurée eft bien fupérieure & bien plus efficace que celle à laquelle il étoit condamné. Enfin, il pourra ajouter que le mariage emporte la préfomption tacite de la remife de la condamnation, n'étant pas raifonnable de croire qu'il foit entré dans l'intention d'aucune des Parties contractantes de donner quelque effet à la condamnation en queftion, lorfqu'au contraire il eft plus vraifemblable que le mariage a été embraffé comme un moyen utile aux deux Parties pour les acquitter l'une envers l'autre.

Mais on peut dire au contraire que fi

le mariage rend une fille non-recevable à pourſuivre l'auteur de ſa groſleſſe devenu ſon mari, c'eſt lorſque le mariage a précédé la condamnation; parce que l'action s'anéantit avec la cauſe qui la faiſoit naître, & que d'ailleurs la déciſion étant encore douteuſe, le mariage des Parties opere une tranſaction qui éteint leurs droits reſpectifs.

Mais lorſque le mariage ne ſurvient qu'après la condamnation prononcée, il n'y a plus de procès entre les Parties; le jugement fournit à la femme un titre certain & une créance liquidée, qui ne peut perdre ſon effet que par les voies légales qui éteignent les obligations. Le mariage contracté entre les Parties ne ſuppoſe pas de droit la remiſe de cette créance. Cette préſomption ne pourroit avoir lieu qu'autant que l'exercice de cette même action contre le mari ſeroit incompatible avec la qualité d'épouſe; ce qui ne peut pas être allégué en matiere civile, rien n'étant plus commun que de voir des gens mariés avoir des intéréts oppoſés, & les diſcuter de part & d'autre judiciairement; qu'il ſuffit que l'incompatibilité ne ſoit pas démontrée, pour ſe refuſer à cette préſomption, étant de principe que perſonne n'eſt cenſé renoncer à ſes droits;

que ce qui acheve de combattre cette présomption, c'est le silence gardé dans le contrat de mariage sur le sort de cette créance; que si l'intention de la femme eût été d'abandonner l'effet de son titre, le contrat n'eût pas manqué d'en faire une expresse mention. Le mari, qui, nonobstant cette omission, souscrit le contrat, est censé avoir accédé à l'exécution du titre, étant de principe qu'en matiere de doute il faut toujours interpréter l'omission d'une clause favorable, contre celui de qui il dépendoit & qui avoit intérêt de la faire inférer : *In cujus potestate fuit legem apertiùs dicere.* Nonobstant ces dernieres considérations, je me range du premier avis, & je pense que le mariage éteignant les griefs de la femme & réparant son honneur, elle ne doit point recevoir doublement la réparation de sa foiblesse.

On trouve dans le Recueil de Jurisprudence une espece qui approche de celle ci, & dont la décision peut servir de préjugé.

La demoiselle * * *, étant devenue enceinte des œuvres du sieur Albanel, avoit obtenu contre lui 10,000 livres de dommages & intérêts, par trois Arrêts des 15 Septembre 1711, 24 Février 1712 & 26 Août 1715.

Le 7 Mai 1716, la demoiselle * * * qui étoit majeure, se défista du bénéfice de ces Arrêts; quelques jours après, les Parties passerent un contrat de mariage où il y eut stipulation d'exclusion de communauté, & ce contrat fut suivi du mariage.

La désunion s'étant mise entre les deux époux en 1739, la dame Albanel obtint des Lettres de rescision contre l'acte du 7 Mai 1716, & elle conclut contre son mari à ce que les Parties fussent remises dans le même état où elles étoient avant cet acte de défistement; en conséquence, que les Arrêts obtenus contre lui fussent exécutés pour le paiement des 10,000 livres de dommages & intérêts.

Elle disoit, pour justifier sa réclamation, que ce défistement ne pouvoit point être regardé comme l'effet d'une volonté libre, puisqu'elle ne l'avoit accordé que par la nécessité de réparer son honneur par le mariage.

Mais le sieur Albanel répondoit que les dommages & intérêts n'avoient été prononcés contre lui, que parce qu'il refusoit d'épouser la demoiselle * * *; que dès qu'il l'avoit époufée, la caufe de fa condamnation avoit ceffé.

Par Arrêt du 9 Mars 1741, rendu en la Grand'Chambre, la dame Albanel fut déclarée non-recevable. Cet Arrêt, rendu fur des circonftances particulieres, n'offre qu'un foible préjugé en faveur de notre efpece.

En effet, on peut remarquer, 1°. que dans celle-ci il y avoit un défiftement formel de la condamnation ; 2°. que le fieur Albanel n'avoit confenti au mariage que fur la foi de ce défiftement.

Enfin, que c'étoit au bout de vingt-trois ans que la dame Albanel s'étoit avifée de revenir contre fa renonciation faite en âge de majorité, ce qui opéroit trois moyens décififs contre fa réclamation.

§. I I.

Education de l'Enfant.

A parler exactement, la charge de l'enfant ne devroit pas être mife au nombre des peines, puifque ce n'eft autre chofe que l'accompliffement d'une obligation naturelle : *Cùm educatio liberorum fit de jure naturali, & ex inftinctu naturæ procedat*, dit la Loi.

Néanmoins des exemples nombreux

nous apprennent que cette Loi facrée feroit fouvent éludée, fi la Loi civile ne
venoit à fon fecours pour en protéger
l'exécution: c'eft ce qui a lieu fur-tout
dans les efpeces de paternité conteftées.
D'un autre côté, ce qui donne à cette
charge le caractere de peine, c'eft l'obligation impofée civilement au pere, de
fupporter les frais entiers de l'éducation
exclufivement à la mere, quoique par
l'ordre naturel, il femble que le poids
devroit fe partager entre les deux Parties.
V. Surdus, *de Alimentis*, q. 1, §. 14 &
15; & Loifel, Inftit. Coutum., tom. 1,
tit. 1, art. 41.

Il eft libre au pere de faire élever l'enfant naturel dedans ou dehors fa maifon,
pourvu que dans l'un & dans l'autre cas
la confervation & les mœurs de l'enfant
ne foient pas compromifes.

Mais fi la mere demandoit à garder
l'enfant exclufivement au pere, en payant
néanmoins par celui-ci une penfion annuelle, que faudroit-il décider?

On peut dire pour le pere, que puifqu'il a fourni aux frais de l'éducation & de
l'entretien, il eft jufte de lui donner la fatisfaction de poff00E9der l'enfant; qu'il eft à
craindre que la prétention de la mere n'ait
pour objet de fe procurer un revenu annuel,

dont elle s'appliqueroit le bénéfice, aux risques de laisser l'enfant dans le besoin; que d'ailleurs la mere ayant fait preuve d'inconduite, peut donner de justes alarmes pour les mœurs & l'éducation de l'enfant (1); que ce qui peut lui arriver de plus favorable, c'est de trouver un mariage: mais que ce changement d'état ne pourra être que préjudiciable aux intérêts de l'enfant, n'étant pas à présumer qu'un mari souffre dans sa maison un témoignage vivant de l'incontinence de sa femme.

Mais d'un autre côté, je vois des raisons puissantes pour admettre la réclamation de la mere.

Elle a d'abord sur le pere, la présomption d'une affection plus tendre pour l'enfant, & la nature parlera d'autant plus à son cœur, que sa maternité n'est point équivoque; l'enfant lui sera d'autant plus précieux, que sa naissance lui aura coûté davantage de peines & d'amertume. Il n'a pas dépendu d'elle de donner un état au malheureux fruit de

_____

(1) *Scilicet expectas ut tradat mater honestos,*
    Aut alios mores quàm quos habet?

(Juv. Sat. VI).

fa foiblesse; mais au moins a-t'elle fait ce qui étoit en son pouvoir pour y suppléer. Sa tendresse a bravé la honte attachée à une réclamation éclatante, & c'est au prix de son repos qu'elle a procuré à l'enfant un titre légal contre l'auteur de sa naissance.

Mais quel fonds pourra-t'on faire sur la tendresse d'un homme qui, pour se délivrer des devoirs de la paternité, commence par la renier hautement, & qui, nonobstant le jugement qui la lui adjuge, continuera de regarder l'enfant comme un usurpateur de sa fortune?

La Loi recommande d'éviter de confier la garde d'un enfant à celui qui auroit quelqu'intérêt à le voir périr: *Id enim Prætorem oportet, ut sine ullâ malignâ suspicione alatur partus & educatur.* L. Iere, ff. *Ubi Pup. educ.*

Or, sans croire le pere *légal* capable d'attenter aux jours de l'enfant, au moins est-il certain qu'il verroit sans regret un événement qui viendroit le délivrer d'un pensionnaire odieux.

A l'égard de l'événement d'un mariage en faveur de la mere, des mauvais traitemens à craindre pour l'enfant de la part du mari de sa mere, ce sont de foibles onsidératio ns, puisque l'enfant ne cessant pas d'être sous l'infpection du Miniftere public, & même du pere, il ne tiendra qu'à celui-ci de lui dénoncer le prétendu danger auquel l'enfant feroit expofé.

C'eft ce dernier parti qui depuis long-temps a prévalu au Palais, où il eft d'ufage d'accorder l'éducation de l'enfant naturel à la mere qui la réclame, par préférence au pere. Nos Livres font pleins d'Arrêts qui ont confacré cette Jurifprudence.

En pareil cas, l'obligation du pere fe convertit en une penfion annuelle, dont le montant eft déterminé par l'Arrêt ou la Sentence de condamnation.

On peut demander à ce fujet à quelle époque commencera le paiement de cette penfion? Sera-ce à compter du jour de la naiffance de l'enfant, ou bien, les premieres années feront-elles à la charge de la mere, vu que les foins de l'enfance ne doivent point être confiés à des mains mercenaires, & que la mere trouvant chez foi-même une fubfiftance naturelle pour l'enfant, elle ne doit pas recourir à des fecours étrangers?

Un préjugé en faveur de ce dernier avis, c'eft qu'il fe trouve appuyé du fuffrage de plufieurs Docteurs du plus grand poids : tels que l'Annotateur de *Julius-*

Clarus, & Carenfa, *de Partu legitimo*, ch. 3, §. 4, n. 43, qui décident que la mere doit refter chargée de l'enfant jufqu'à l'âge de *trois ans*; fi ce n'eft le cas où, étant obligée de vivre du travail de fes mains, elle auroit un genre d'occupations incompatible avec la nourriture de fon enfant : *Ufque ad triennium mater fpurium alere tenetur, nifi talis mulier effet adeò pauper, quòd oporteret eam manibus operari pro victu, quia lactando filium operari non poffet, & eo cafu pater tenetur intra triennium.*

Ce qui eft d'ailleurs conforme aux Loix Romaines, qui fixent la troifieme année de l'enfant, pour l'époque où commence l'obligation du pere. L. 9, Cod. *De patr. poteft.*

Mais cette diftinction n'eft point admife au Palais, ni, je penfe, dans aucun Tribunal de la France; & l'obligation du pere date du moment de la naiffance de l'enfant.

Néanmoins on obferve prefque toujours, lorfque l'éducation eft confiée à la mere ou à fes héritiers, de mefurer la penfion à proportion des différens âges de l'enfant.

Par exemple, on peut accorder 100 livres jufqu'à l'âge de trois ans; 200 livres, depuis trois ans jufqu'à fept, & ainfi de fuite. On trouve des exemples de pareilles fixations dans plufieurs Arrêtiftes.

Boniface rapporte un Arrêt du 9 Mars 1675, du Parlement de Provence, qui fixe 100 livres jufqu'à huit ans, & 150 livres depuis huit ans jufqu'à quatorze. Le même Auteur rapporte un autre Arrêt de 1691, qui accorde 50 livres jufqu'à trois ans, 60 livres depuis trois jufqu'à fept, & 100 livres jufqu'à douze ans.

L'Arrêt rendu en Vacations, le 14 Octobre 1775, contre le fieur Bernard de Marfange, le condamne à payer 200 livres pendant les deux premieres années, & 500 livres depuis deux ans jufqu'à cinq : le tout dépend de la qualité des Parties.

Nonobftant le principe certain, qu'en cas de concurrence la mere eft préférée pour l'éducation de l'enfant, il y a des occafions où ce principe eft fufceptible d'exception ou de modification ;

Si la mere étoit par exemple de mœurs fufpectes, adonnée à l'ivrognerie, fujette à des maladies qui fe gagnent par la communication, d'une indigence exceffive, d'un état qui exigeât une vie errante, ou bien d'une autre religion que la dominante. (On trouve dans Bardet, T. 2, liv. 7, chap. 8, un Arrêt de 1638, rendu dans cette derniere espece).

Dans tous ces cas, on pourroit lui refuser l'éducation de l'enfant, pour la confier au pere.

Mais il peut arriver aussi que ni l'une ni l'autre des Parties ne soit jugée digne d'être chargée de l'éducation de l'enfant, par les inconvéniens qui seroient égaux de part & d'autre; auquel cas on ordonne que l'enfant sera placé dans une maison tierce, comme pension, college, couvent, communauté. Denisart, *verbo* Bâtards, n. 37, rapporte une Sentence du Châtelet de Paris, du 27 Juillet 1758, qui l'a ainsi jugé au sujet de l'enfant naturel d'un sieur Person, Acteur de l'Opéra.

Le même Auteur rapporte une autre Sentence du même Tribunal, rendue le 20 Août 1760, au sujet de deux enfans, savoir un garçon âgé de quatre ans, & une fille encore au berceau.

Il fut ordonné que le garçon seroit placé dans un college ou une pension dont les pere & mere conviendroient, sinon qui seroit indiquée d'office; & que la petite fille, qui étoit en nourrice, y resteroit jusqu'à ce qu'elle fût en âge d'être placée dans une communauté ; le pere condamné à payer 500 livres de penſion à chacun.

Quelquefois on ordonne que l'enfant reſtera entre les mains du pere ou de la mere juſqu'à un certain âge ſeulement, après lequel il en ſortira pour paſſer en maiſon tierce.

Lorſque l'enfant eſt dans une communauté, un couvent, un college, &c., il dépend excluſivement de celle des deux Parties qui l'y a placé, de l'en retirer à ſon gré, ſans le conſentement & la participation de l'autre ; celle-ci conſerve ſeulement la liberté de viſiter l'enfant, s'il n'y a pas un jugement qui lui en faſſe la défenſe.

La dame Deſchamps (de l'Opéra), ayant obtenu que l'éducation de ſa fille lui ſeroit confiée, excluſivement au ſieur Deſchamps ſon mari, avoit placé Marie-Claude Burzé ſa fille, au couvent de Port-Royal.

Le pere s'étant aviſé de la retirer de ce couvent, pour la placer dans un autre couvent de Nevers, il intervint le 9 Juillet 1761, ſur les concluſions de M. le Procureur-Général, Arrêt ſur Requête, qui ordonna ɔɔ que ladite fille Burzé-Deſ- ɔɔ champs ſeroit réintégrée au couvent ɔɔ de Port-Royal, à l'effet de quoi les

» Religieuses de Nevers seroient tenues
» de la remettre ès mains de Matthieu,
» Huissier de la Cour, porteur de l'Ar-
» rêt, accompagné de la mere, lequel en
» dresseroit procès-verbal «.

Il y a même des exemples que celle
des deux Parties qui avoit fait le choix
du couvent ou du college, n'ait pas eu
la liberté d'en faire sortir l'enfant à
son gré, des raisons particulieres ayant
porté les Magistrats à mettre des bornes
à cette facilité. Le Continuateur de Denisart fait mention d'une espece semblable, *verbo* Enfant, n. 24.

Il s'agissoit d'une fille naturelle, placée dans un couvent par sa mere; mais
comme on crut qu'il y auroit du danger
à laisser à celle-ci une trop grande liberté
de voir sa fille, il fut ordonné » que la
» fille resteroit dans le couvent jusqu'à
» son établissement, pour n'en point
» sortir, même lorsque sa mere l'en-
» verroit chercher, sinon avec la per-
» mission de la Supérieure, en connoissan-
» ce de cause, & pour ne point décou-
» cher du couvent «.

Au surplus, en pareille matiere, il n'y
a pas d'autre loi que la volonté des Juges, & cette volonté est toujours déterminée par le plus grand intérêt de l'enfant.

fant. C'eſt lui ſeul qu'il faut conſulter pour décider ſi l'enfant ſera confié à l'une ou l'autre des deux Parties, laquelle d'entre elles obtiendra la préférence, à quelles conditions, pour combien de temps, &c. *Solet Prætor frequentiſſimè adiri, ut conſti-tuat ubi filii vel alantur, vel morentur, & debet ex perſoná, ex conditione & ex tempore ſtatuere ubi potiùs alendus ſit. L. Iᵉʳᵉ, ff. Ubi Pupil.*

Si le pere eſt d'une indigence notoire & que la mere ſoit dans l'aiſance, alors ce ſera le cas de lui transférer la charge de l'enfant, vu que l'obligation naturelle de prendre ſoin des enfans regarde auſſi bien la mere que le pere.

Si les deux Parties étoient d'une fortune également médiocre, on pourroit partager la charge de l'enfant entre elles, de maniere que chacune en ſupportât une partie en raiſon proportionnelle de ſes facultés, ſuivant la déciſion des Dé-crétales: *Sollicitudinis tuæ erit, ut uterque liberis, ſecundum quod ſuppetunt faculta-tes, neceſſaria ſubminiſtret.* M. d'Agueſſeau fait mention de deux Arrêts qui l'ont ainſi décidé, conformément à l'avis de Pothier, ſur l'article 187 de la Coutume de Bourbonnois.

La charge de l'enfant comprend la

I

nourriture, le logement, l'habillement, & généralement tout ce qui appartient à l'entretien de la vie & la conservation de la santé; il faut encore y joindre les soins & les dépenses d'une éducation convenable.

En effet l'obligation des parens envers leurs enfans naturels, ne se réduit pas au simple nécessaire, *ad victum & vestitum*; mais elle s'étend à proportion des facultés & de la condition. C'est ce qui est enseigné par tous les Docteurs, & siugulierement par Dumoulin, sur le 74ᵉ. Conseil d'Alexandre: *Et est communis opinio, & ità observatur in Regno, non tamen ità modici, ut restringantur ad casum & limitates necessitatis, sed congrui, boni viri arbitrio, inspectâ qualitate domûs & patrimonii.*

Quelquefois même on ordonne que le pere sera tenu de donner un état de sa fortune, pour mettre les Juges à portée de fixer la pension de l'enfant.

La charge de l'enfant comprend encore l'obligation de lui assurer une subsistance, soit en lui constituant une pension alimentaire, soit en lui procurant un état qui soit capable de le faire vivre honnêtement dans la Société.

Ce n'est pas que le pere soit tenu de donner à l'enfant naturel une profession relevée ; mais il faut auſſi que le choix de la profeſſion n'annonce de ſa part ni avarice ni mauvaiſe humeur. Ce choix doit être combiné, d'une part, avec les facultés du pere ; & de l'autre, avec le goût, la capacité & le ſexe de l'enfant.

Jacques Guérin, Bourgeois de la Ville du Mans, avoit eu, pendant ſon mariage, deux enfans de ſa ſervante ; qu'il avoit fait élever avec ſoin. Mais étant parvenus à l'âge de ſeize à dix-ſept ans, ils ſe trouverent ſans métier, parce que leur pere avoit refuſé de leur en donner un qui fût de leur goût.

Dans cette ſituation, ils firent aſſigner le pere en la Prévôté du Mans, pour être condamné à leur donner à chacun 300 livres de rente viagere, & leur aſſigner un fonds pour la ſûreté de cette rente.

Le pere offrit alors de leur faire apprendre le métier de Boucher, de Serger ou de Boulanger, & de les habiller pendant leur apprentiſſage. Sentence intervint qui condamna le pere, ſuivant ſes offres, de leur faire apprendre le métier de Boucher, Serger ou Boulanger. Appel de la part des enfans devant les Juges de la Sénéchauſſée du Mans.

Pendant l'inſtruction, le pere ajoute à

ſes premieres offres, celle de payer les frais de la maîtriſe. Sentence de la Sénéchauſſée du Mans, qui donne acte au pere de ſes offres, & confirme la Sentence de la Prévôté.

Les enfans interjettent appel de cette Sentence au Parlement, & ils concluent ſur l'appel à ce que leur pere ſoit tenu de leur faire apprendre un métier plus honnête que celui de Boulanger, de Serger, ou de Boucher ; déclarant qu'ils ſont prêts d'accepter celui de Drapier ou de Cirier. Ils demandent que leur pere ſoit auſſi condamné à payer les frais de maîtriſe, & à leur donner un fonds pour lever une boutique, ſinon à leur aſſurer à chacun 300 livres de rente viagere, comme ils avoient demandé devant les premiers Juges.

La cauſe portée à l'Audience, M. l'Avocat Général Le Nain obſerva que le pere avoit des biens conſidérables qui le mettoient en état de faire beaucoup mieux pour ſes enfans naturels, que ce qu'il leur propoſoit ; qu'il étoit de l'intérêt public que les enfans fuſſent élevés ſelon l'état, les facultés de leurs parens ; que les métiers de Boucher, Boulanger & Serger, offerts aux appellans, étoient ce qu'il y avoit de plus vil & méchanique,

& ne rempliſſoient point l'obligation du pere; que par conſéquent c'étoit le cas d'infirmer les deux Sentences, & d'adjuger aux appellans leurs concluſions : & par Arrêt du 18 Juin 1707, les Sentences furent infirmées ; le pere fut condamné à faire apprendre aux enfans les métiers de Drapier ou de Cirier dans la Ville du Mans, à payer les frais de la maîtriſe, ſi mieux n'aimoit leur aſſigner à chacun une penſion viagere de 200 livres; ce qu'il feroit tenu d'opter dans quinzaine de la ſignification de l'Arrêt, ſinon déchu de l'option, laquelle feroit déférée aux enfans; le pere condamné en tous les dépens. *Bardet*, tome 2, chap. 14.

L'obligation du pere ne ſe borne point à donner un métier à l'enfant naturel; il faut encore qu'il le mette à portée d'en faire uſage, en lui payant les frais de la maîtriſe, ſi l'enfant eſt domicilié dans une Province ou il y ait jurande. C'eſt ce qui réſulte de l'Arrêt qui vient d'être rapporté, & d'une quantité d'autres Arrêts recueillis par Louet, Albert, Boniface, Bardet, Brillon, &c.

Si cependant les frais de la maîtriſe étoient exceſſifs relativement à la ſituation du pere, dans ce cas, il feroit condamné feulement à y contribuer pour une certaine portion.

Le fieur Gauthier avoit été condamné par Arrêt du Parlement de Provence, à mettre fon fils naturel en apprentiffage chez un Chirurgien d'Aix, & d'en payer les frais, ainfi que ceux de fon entretien.

Le temps de l'apprentiffage étant expiré, le jeune homme demanda que fon pere fût tenu de lui payer fa maîtrife, pour être à même d'exercer dans la Ville d'Aix, fa patrie, & qu'il fût auffi tenu de lui fournir un fonds fuffifant pour commencer fon établiffement.

Le pere oppofa qu'il avoit déjà donné quatre-vingts écus pour l'apprentiffage, & 60 livres pour les menus befoins du jeune homme, qui, fe trouvant en état de gagner fa vie, n'étoit plus recevable dans fa demande ; qu'à tout événement, il ne devoit point exiger les frais de la maîtrife dans la Ville d'Aix, attendu que la réception montoit à 1500 livres, fomme exceffive pour un pere qui avoit des enfans légitimes ; qu'au furplus, il offroit de lui payer fa maîtrife dans une autre Ville de la Province.

Par Arrêt du 3 Avril 1675, le pere fut feulement condamné à contribuer pour

300 livres aux frais de la maîtrise. Boniface, tom. 4, chap. 7.

Lorsque les parens naturels ont fait
apprendre un métier au bâtard, & qu'ils
l'ont mis à portée de gagner sa vie, ils
ne sont tenus à rien davantage, & le
bâtard seroit non-recevable à les poursuivre en Justice, pour obtenir soit une
somme d'argent, soit une pension alimentaire.

Voyez les Arrêts cités par Louet ; mais
cela n'a lieu que pour les garçons.

Si c'est une fille, l'obligation du pere
ou de ses héritiers ne se réduit pas à
lui donner un métier ; ils sont encore
tenus de lui donner une dot, lorsqu'elle
vient à rencontrer un établissement convenable, quand d'ailleurs cet établissement
ne seroit point approuvé par le pere.

La Loi regarde la dot d'une fille
comme faisant partie des alimens qui lui
sont dus : *Cùm dos sit loco alimentorum,*
& pro alimentis detur.

M. Collet, Conseiller en la Cour des
Aides, ayant laissé après son décès une
fille naturelle, celle-ci se pourvut contre
ses héritiers, & conclut à ce qu'ils fussent
condamnés à lui payer la somme de
10,000 livres pour sa dot, & 500 livres
de pension alimentaire jusqu'à son établissement.   I 4

Il eſt à remarquer que cette fille avoit vingt-cinq ans paſſés.

Les héritiers du ſieur Collet (ſes enfans) ſe défendoient de cette demande, en alléguant que, depuis ſa naiſſance, Madeleine Collet avoit été nourrie & entretenue aux dépens de leur pere; qu'elle avoit été miſe en métier chez un Tapiſſier, & que depuis long-temps, elle ſe trouvoit en état de pourvoir à ſa ſubſiſtance; ce qui la rendoit non-recevable, ainſi qu'il avoit été jugé par pluſieurs Arrêts, & ſingulierement par ceux de 1586 & 1605, avec d'autant plus de raiſon qu'elle étoit majeure.

On ajoutoit que le feu ſieur Collet avoit laiſſé ſept enfans, tant naturels que légitimes; que ſa ſucceſſion n'étoit point riche; qu'il ſeroit injuſte de dépouiller les enfans légitimes, pour enrichir des bâtards, &c.

M. l'Avocat-Général Bignon conclut en faveur de la fille, nonobſtant ſa majorité & le métier qu'elle avoit appris. Il obſerva que les Arrêts cités ne concernoient que des garçons, qui, ayant été mis par leur pere en état de gagner leur vie, demandoient encore des alimens, ce qui étoit contraire à la Juriſprudence reçue: mais qu'à l'égard des filles, il en étoit autrement ; qu'un métier ne rem-plissoit pas assez complettement le vœu de la Loi ni de la Nature.

» Il y a grande différence, disoit ce » Magistrat, entre l'un & l'autre sexe. » Celui ci permet, même desire qu'on » apprenne des métiers, qu'on s'y em-» ploie & qu'on travaille. L'infirmité & la » pudeur de l'autre répugnent à ce genre » de vie, à cet apprentissage des Arts & » des Métiers, & à ce travail de corps. » Le péril n'en est pas moins évident, que » la différence en est sensible, &c «. Conformément aux conclusions, l'Arrêt (du 12 Janvier 1638) condamna les enfans du sieur Collet à payer à Made-leine Collet la somme de 2000 livres, lorsqu'elle auroit trouvé un parti pour se marier, ou bien lorsqu'elle entreroit en religion ; & jusqu'à ce, à lui payer la somme de 150 livres par chaque année, à commencer du jour de sa demande, dépens compensés. Voyez Bardet, tom. 2, liv. 7, chap. 20.

Marie l'Huillier, fille naturelle d'un Gentilhomme, l'avoit fait assigner pour être condamné à lui donner une dot pro-portionnée à ses facultés.

Le pere répondoit qu'il n'étoit tenu de lui rien donner ;

I 5

1°. Parce qu'il l'avoit placée à ses frais, chez une Lingere, pendant quatre ans;

2°. Parce qu'elle étoit en état de gagner sa vie, ayant vingt-deux ans, & sachant un métier;

3°. Parce qu'actuellement elle étoit au service d'une dame de condition, qui ne lui laissoit manquer de rien.

Le pere ajoutoit pour moyens de considérations, qu'il étoit un pauvre Gentilhomme, cadet de maison, ayant des enfans de deux lits, &c.

Nonobstant ces raisons, il intervint, le 24 Juillet 1657, Arrêt qui adjugea à la fille la somme de 800 livres. Voyez le Journal des Audiences.

Le sieur d'Albert, Gentilhomme, mourut laissant des enfans légitimes, & une fille naturelle, Marie-Anne d'Albert, à laquelle il légua par testament 75 livres. Marie-Anne d'Albert traduisit en Justice les héritiers du feu sieur d'Albert, pour être condamnés à lui payer une somme de 3000 livres, pour lui servir de dot.

Les héritiers répondirent que le pere ayant lui-même fixé la libéralité qu'il entendoit faire à sa fille naturelle, il falloit s'en tenir à sa volonté; que cette fixation étoit d'ailleurs en raison de la fortune du défunt, laquelle n'étoit pas considérable, &c. &c.

Mais par Arrêt du Parlement d'Aix, du 15 Mai 1678, les héritiers furent condamnés à fournir à ladite Marie-Anne d'Albert une somme de 800 livres, pour lui tenir lieu de dot.

Voyez Boniface, tom. 4, liv. 6; Albert, *verbo* Dot.

Denisart, *verbo* Bâtards, n. 32, rapporte un Arrêt rendu en la Grand'Chambre le 19 Juillet 1752, qui a adjugé une pension alimentaire de 800 livres à la fille naturelle du feu sieur Bonnier de la Moisson, Trésorier des Etats de Languedoc, âgée de quinze ans, qui se trouvoit sans secours. Le même Arrêt le condamna en 20,000 livres, payables à la fille en question, lors de son établissement.

Tout ce qui vient d'être dit sur les obligations du pere ou de ses héritiers, s'étend à la mere & à ses héritiers, lorsque, par l'événement, la charge de l'enfant retombe sur eux.

La demoiselle Marguerite Guémard ayant eu une fille naturelle des œuvres de M. Masson, Avocat au Parlement, & celui-ci étant décédé sans fortune, la demoiselle Masson s'adressa à sa mere pour obtenir des alimens & une dot convenables ; & par Sentence du Châtelet du 31 Janvier 1760, il fut ordonné que la demoiselle Guémard donneroit à sa fille naturelle une pension alimentaire de 500 livres, payable de quartier en quartier, jusqu'au jour de son établissement par mariage ou autrement; auquel temps la demoiselle Guémard seroit tenue de payer à la demoiselle Masson la somme de 5000 livres.

La demoiselle Guémard ayant interjetté appel au Parlement, la Sentence fut confirmée par Arrêt du 13 Mars 1762.

Si la mere intentoit son action en paternité durant sa grossesse, & qu'elle obtînt le Jugement avant son accouchement, la pension alimentaire commenceroit seulement à courir du jour de son accouchement, & non du jour de la Sentence ou de l'Arrêt.

Si la mere ne forme son action que plusieurs années après son accouchement, la pension alimentaire n'a pas un effet rétroactif contre le pere, & les arrérages ne se reportent pas jusqu'au jour de l'accouchement.

La raison de cette décision est que l'obligation de nourrir & d'élever l'enfant regarde la mere aussi - bien que le pere. Il est vrai que c'est ordinairement celui-ci qui est chargé de cette dépense : mais lorsque la mere a commencé de se charger de l'enfant, elle n'a rien fait autre chose que remplir un devoir naturel ; & cet acte de maternité ne lui ouvre aucune action en répétition de ce qu'il peut lui avoir coûté.

Mais c'est l'occasion ici de demander quelle est la nature d'une pareille créance, & de quelle date elle prend son hypotheque. Sera - ce seulement du jour du Jugement, ou bien l'hypotheque remontera-t-elle jusqu'au jour de la naissance de l'enfant ?

Il a été décidé que l'hypotheque remontoit au jour de la naissance de l'enfant, qu'il primoit par conséquent les créanciers dont le titre est postérieur.

Il y a, comme on sait, trois especes d'hypotheques :

L'hypotheque conventionnelle, qui résulte d'un titre reçu par un Officier public ;

L'hypotheque judiciaire, qui dérive d'une condamnation ;

Enfin l'hypotheque légale, qui ne dérive ni d'une convention particuliere ni d'un Jugement, mais de la difposition de la Loi & de la nature même de la créance. Telle eft l'hypotheque de la femme pour la répétition de fa dot qu'elle juftifie avoir apportée, quoiqu'elle n'eût d'autre preuve qu'une écriture privée ; telle eft celle du mineur pour le reliquat de fon compte de tutele du jour de l'immixtion du tuteur dans les biens de fon pupille : telle eft celle accordée aux femmes pour l'indemnité des obligations qu'elles ont confenties folidairement avec leurs maris.

La faveur des alimens dûs aux enfans n'eft pas moins grande que ces efpeces de créances, comme on peut le voir par une multitude de Loix répandues dans le corps du Droit. Il n'y a pas de dette plus facrée de la part des pere, & mere ; auffi Brodeau, fur *Louet*, lettre D, fomm. 23, rapporte un Arrêt du 23 Août 1582, qui décide qu'une donation d'un pere faite à un bâtard n'étoit point fujette à l'infinuation, fur le motif que c'eft moins une libéralité que l'acquittement d'une dette : *Quia non eft tam donatio quàm debiti præftatio.*

Le Jugement qui accorde des alimens à

un enfant naturel n'eft pas l'époque du droit de l'enfant ; l'enfant eft né avec fon titre. La Sentence ou l'Arrêt ne font autre chofe que déclarer fon droit & détermi- ner les effets qu'il doit produire ; & ce droit dérivant de fa naiffance, engen- dre une hypotheque qui remonte à la mê- me date.

Si l'enfant a tardé à exercer ce droit, à le faire revêtir de la fanction judiciaire, c'eft ou parce que la foibleffe de fon âge le mettoit dans l'impuiffance d'agir, ou parce que fes pere & mere fourniffoient à fes befoins. Mais lorfque fa fituation a chan- gé, fon droit, qui n'avoit été que fuf- pendu, reprend toute fa force.

Si l'on donne une hypotheque tacite à l'églife fur les biens du Prélat, pour l'obliger d'en faire les réparations du jour de fon entrée en poffeffion ; une femblable hypotheque aux héritiers qui ont payé les dettes d'une fucceffion com- mune, pour la récompenfe des dettes qu'ils ont payées, quoique les lots aient été faits fous feings privés, & qu'ils n'aient ftipulé aucune garantie ; au maître de navire, pour fon fret & fes avaries, fur les marchandifes qu'il a dans fon vaiffeau ; au propriétaire, fur les biens de fon locataire, quoique fon bail foit

fous feing privé, & même qu'il n'y en
ait pas; aux créanciers d'une fucceffion,
fur les biens perfonnels de l'héritier bé-
néficiaire, pour l'obliger d'en rendre
compte, du jour qu'il s'eft immifcé dans
la fucceffion : à plus forte raifon l'accor-
dera-t'on à un enfant naturel pour fes
alimens & fa dot, puifque les pere &
mere n'ont pu donner naiffance à cet
enfant fans la confentir tacitement fur
leurs biens, & qu'ils en ont contracté
la dette au moment de la naiffance.

Inutilement diroit-on qu'en admettant
ce fyftême, les enfans naturels feroient
mieux traités que les enfans légitimes,
puifqu'il n'y a de *légitime* pour ces derniers, qu'après les dettes payées.

Il y a une grande différence entre
les enfans légitimes & les enfans naturels. Les premiers font fufceptibles de
la qualité d'héritiers; il eft très-rare qu'ils
n'y trouvent pas des alimens. Lorfque
cette qualité leur échappe, la Loi a
pourvu à leur fubfiftance, par l'hypotheque du douaire préfix ou coutumier
qu'elle leur accorde, qui remonte non-
feulement à la naiffance de l'enfant, mais
même au contrat de mariage des pere
& mere, qui eft antérieur à cette naiffance.
Cette dette fe prend par l'enfant renon-

çant à la fucceffion, & prive tous les autres créanciers du pere, poftérieurs au mariage.

Mais l'enfant naturel n'a point cette reffource ; & fi fon hypotheque étoit bornée au jour de la condamnation qu'il obtient, il y auroit une quantité d'occafions où cette condamnation deviendroit illufoire.

C'eft d'après ces raifons qu'il eft intervenu, le 5 Mai 1777, un Arrêt qui a donné à un enfant naturel l'hypotheque à compter du jour de fa naiffance, au préjudice des créanciers poftérieurs.

La demoifelle Guémard, dont il a déjà été parlé ci-deffus, ayant été condamnée à payer à la demoifelle Maffon, fa fille naturelle, une penfion alimentaire de 500 livres, remboursable à 5000 livres lors de fon établiffement, avoit vendu à Mᵉ. Le Queux, Procureur en la Cour, une maifon fife à Paris rue des Petits-Champs, pour le prix de 19,000 livres. Par le contrat de vente, Mᵉ. Le Queux étoit chargé de payer à la demoifelle Maffon les 500 livres de penfion, & en cas d'établiffement, de lui rembourfer la fomme de 5000 livres ; à l'effet de quoi, Mᵉ. Le Queux devoit retenir fur le prix la fomme de 5000 livres, le furplus étoit délégué à différens créanciers.

La demoiselle Guémard étant venue à décéder avant que M°. Le Queux eût obtenu ses Lettres de ratification, & ses créanciers n'ayant pas trouvé de quoi s'acquitter dans le surplus de sa succession, ils s'adresserent à M°. Le Queux, pour obtenir de lui le paiement des 5000 livres dont il étoit demeuré débiteur.

C'est à cette occasion qu'il y eut procès entre la demoiselle Masson & les créanciers de sa mere ; ceux-ci prétendant que son hypotheque ne commençoit qu'au 31 Janvier 1760, date de la Sentence qui lui adjugeoit des alimens & une dot.

La demoiselle Masson soutenoit au contraire que son hypotheque remontoit au 3 Mai 1727, jour de sa naissance, ce qui lui donnoit une priorité considérable sur les créanciers.

Par Sentence du Domaine, du 21 Août 1772, l'hypotheque fut accordée à la demoiselle Masson, à compter du jour de sa naissance ; & la Sentence a été confirmée par Arrêt du 5 Mai 1777.

Nonobstant les raisons ci-dessus déduites & l'Arrêt qui semble les avoir consacrées, il se rencontre beaucoup de Jurisconsultes qui tiennent pour l'avis contraire ; & la question auroit besoin d'être de nouveau préfentée au Barreau, pour y recevoir une décifion définitive.

Denifart, *verbo* Groffeffe, fait mention d'un Arrêt rendu en Vacations le 4 Octobre 1724, qui a jugé, dit-il, que les alimens font dus à un bâtard du jour de l'accouchement de la mere, & non du jour de l'Arrêt qui a condamné le pere à fe charger de l'enfant; mais cet Auteur ne nous donne point le détail des circonftances.

Le bâtard peut-il tranfiger pour fa penfion alimentaire, & en recevoir le rembourfement?

Il faut diftinguer la penfion alimentaire qui eft l'effet de la pure libéralité du pere naturel, avec la penfion qui feroit le réfultat d'une condamnation judiciaire.

Au premier cas, le rembourfement ne peut fe faire que fous l'autorité du Magiftrat & pour des caufes urgentes. Il eft à préfumer que le teftateur ou le donateur a eu intention d'affurer la fubfiftance de l'enfant naturel; & cette intention feroit trompée, s'il lui étoit permis d'échanger la penfion viagere contre une fomme d'argent, fufceptible de prompte diffipation: *Ne deceptus eventu, alimentarius egeat.*

En pareil cas, il eſt feulement permis au légataire ou donataire, de traiter des arrérages échus.

C'eſt la difpofition de la Loi 8, au ff. *De Tranſact.*; & de la Loi 8 *De Alim.*, au Code au même titre.

Cette Juriſprudence femble être contredite par un Arrêt du Parlement de Rouen du 17 Mai 1754, cité par Deniſart, *verbo* Alimens, n. 13, & dont il rapporte ainſi l'eſpece.

» Une bâtarde, à laquelle fon pere na-
» turel avoit légué une rente viagere
» pour lui tenir lieu d'alimens, ayant reçu
» une fomme pour l'amortiſſement de
» cette rente, prétendit enſuite que la
» même rente devoit lui être payée ; elle
» la demanda, fous prétexte, difoit-elle,
» qu'on ne peut pas tranſiger ni anéan-
» tir de pareilles rentes.

» Mais par Arrêt rendu au Parlement
» de Rouen le 17 Mai 1754, elle fut
» déboutée de fa demande «.

S'il eſt vrai que Deniſart ait rapporté exactement l'eſpece de cet Arrêt, il faut croire qu'il y avoit dans l'affaire quelque circonſtance particuliere qui engageât le Parlement de Rouen à s'écarter des principes.

Mais il eſt bien permis de douter d'un

Arrêt qui n'a que Denisart pour garant ; cet Auteur omet le plus souvent la circonstance décisive, & se trompe sur l'espece.

Peut-être que l'Arrêt dont il est parlé a été rendu de concert entre les Parties ; peut-être le remboursement en question avoit-il été fait par son contrat de mariage, & en faveur d'un établissement avantageux. Enfin, il se peut faire que cette pension viagere, au lieu d'avoir été léguée à la fille bâtarde, comme le dit Denisart, lui avoit été adjugée par une condamnation judiciaire, ce qui seroit une grande différence.

En effet, la pension alimentaire accordée en jugement au bâtard, contre ses pere & mere naturels ou tous héritiers, est susceptible de remboursement ou de transaction.

Ce n'est plus le cas de dire que l'intention du donateur seroit trompée, puisque la condamnation à laquelle il a fallu recourir pour obtenir cette pension, annonce assez que le pere naturel ne s'occupoit point d'assurer la subsistance de l'enfant. La pension que le bâtard a obtenue est donc son propre ouvrage, & non celui de son pere ; & de même que rien ne forçoit le bâtard de réclamer ses

droits, de même il lui eft libre d'en mo-
difier l'exercice, & d'en jouir de la maniere qu'il lui plaît.

Auffi voyons-nous tous les Docteurs
convenir que la tranfaction fur alimens
eft valide, lorfque le créancier tient fes
alimens d'un autre titre que d'un teftament.

C'eft la décifion de Mornac, fur la
Loi 8, au Dig. & au Cod. *De Tranfact.*;
de Peréfius, *in Cod.*; & de Boëzius, *ad
Pandectas, eod. tit.*

Voyez auffi Ricard, Traité des Donations, part. 2, chap. 1ᵉʳ., fect. 4, n°.
35.

§. III.

*De la condamnation pécuniaire applicable
à des tiers.*

Quoique le commerce illicite, tel que
celui dont il eft queftion ici, ne foit pas
un délit dont il foit permis au Miniftere
public de fe rendre le dénonciateur,
néanmoins, quand le commerce illicite
donne lieu à une conteftation judiciaire,
le Miniftere public ne manque jamais de
conclure à ce que les Parties foient condamnées en une aumône ou amende applicable aux pauvres prifonniers. Cette
amende ou cette aumône eft réglée par

l'ufage à 3 livres, & elle fe prononce contre chacune des Parties, en punition du mauvais exemple qu'elles ont donné, & de l'infraction de la bienféance.

Néanmoins l'aumône ou l'amende peut quelquefois être portée à une fomme confidérable, lorfque l'accufé fe trouve dans une efpece odieufe. Cette condamnation n'emporte aucune note d'infamie, ni aucune efpece de honte; ce n'eft qu'une affaire de Police.

Le commerce illicite peut encore engendrer une autre efpece de condamnation.

Par exemple, lorfque le Vaffal a rendu enceinte la fille de fon Seigneur, celui-ci eft en droit de faire prononcer la confifcation de fon fief à fon profit. C'eft une des caufes de confifcation exprimées au livre 5 des Loix des fiefs: *Item , fi Fidelis cum filiâ Domini concubuerit, jure feudum amittere cenfeatur.* La même décifion a lieu, fi le Vaffal a féduit la petite-fille du Seigneur , ou fa bru, ou fa mere, ou fa fœur (1);

_____

(1) Il y a cela de fingulier, que le Vaffal, qui perd fon fief pour avoir féduit la fœur de fon Seigneur, ne le perd point pour avoir tué fon frere.

En fuppofant néanmoins que lafille, fœur, &c., demeurent dans la maifon du Seigneur: *Si in domo Domini maneat ;* autrement la peine n'a pas lieu.

Mais le Vaffal qui a féduit une des femmes de l'époufe de fon Seigneur, de fa fœur, &c., n'a point encouru la confifcation de fon fief. Ainfi jugé au Parlement de Bordeaux, en faveur d'un fieur de Formet. L'Arrêt eft rapporté par Papon, liv. 13, tit. 1, n°. 14, fur la foi de Boërius, Décif. 149.

Il n'y auroit pas davantage lieu à confifcation, fi le Vaffal avoit féduit la concubine de fon Seigneur. Si le Vaffal vient à époufer par la fuite la fille ou la fœur de fon Seigneur, la confifcation conferve fon effet, parce que l'injure eft confommée à l'égard du Seigneur.

Comme il y a entre le Seigneur & le Vaffal une réciprocité de devoirs, le Seigneur qui féduit la fille, ou la fœur, ou la niece, ou la mere de fon vaffal, perd la mouvance du fief fervant, qui eft dévolue au Seigneur fupérieur, en le faifant toutefois ainfi dire & ordonner en Juftice.

Celui qui féduit la fille, ou la fœur, ou la mere, ou la niece, ou la bru, ou la petite-fille d'une perfonne dont il eft

donataire,

donataire, a encouru la révocation de la donation, pour caufe d'ingratitude ; cette féduction pouvant être placée au nombre des injures graves dont parle la Loi : *Ità ut injurias atroces in eum effundat.* Cod. *De revoc. don.*

Mais il n'y a ¡as lieu à la révocation de la donation, pour avoir féduit la maîtreffe du donateur, fi ce n'eft cependant du pere au fils , parce qu'en ce cas, la qualité relative des Parties augmente l'injure ; & la novelle 115 place un outrage de cette efpece au nombre des caufes d'exhérédation : *Si concubinæ patris filius immifcuerit.*

Néanmoins, comme notre Droit ne reconnoît point de concubines , cette queftion feroit difficulté.

La fille féduite donne-t'elle à fon pere une jufte caufe d'exhérédation ? M. Pothier ne le penfe point, » fi, dit-il, elle » ne s'eft laiffée féduire *qu'une ou deux* » *fois* «.

Traité des Succeffions, chap. 1er, art. 4, pag. 65.

Je penfe, avec lui, que quelques preuves fucceffives d'incontinence ne feroient point un motif fuffifant d'exhérédation, & qu'il faut réferver cette peine aux filles

K

qui auroient embraffé une proftitution publique.

Juftinien ne faifoit de la proftitution d'une fille une caufe d'exhérédation, qu'autant qu'il feroit certain que la fille auroit préféré ce genre de vie à un mariage honnête que fes parens lui auroient offert : *Si volenti fuæ filiæ vel nepti, maritum dare & dotem, illa non confenferit, fed luxuriofam vitam degere elegerit.* Novel. 115.

Mais M. Pothier rejette cette diftinction, & je penfe que fon opinion doit être fuivie.

CHAPITRE XII.

De l'état refpectif des Concubins.

APRÈS avoir confidéré les deux Parties fous cet afpect affligeant qui dévoile aux Tribunaux la foibleffe de l'une & l'infidélité de l'autre, il eft néceffaire de les confidérer fous un rapport oppofé ; je veux dire, fous celui d'une affection exceffive, dont les témoignages fe manifeftent par les bienfaits & les libéralités.

C'eſt une maxime aſſez généralement adoptée, que ceux qui vivent ou ont vécu dans une liaiſon illicite, ne peuvent point ſe faire de donation, ſoit entre-vifs, ſoit teſtamentaire.

Néanmoins cette partie de notre juriſ-prudence n'eſt pas encore fixée ; & les autorités puiſſantes qui militent en faveur du ſyſtême oppoſé, laiſſent à chacun la liberté des opinions.

D'abord, il faut obſerver que ſur ce point, nous n'avons aucune Loi générale ; il y a bien l'Edit donné ſous Louis XIII, en 1629, *qui déclare nulles & de nul effet toutes donations faites entre concubins :* mais chacun ſait que cette Loi n'eſt ni ſuivie ni citée, dans les Cours où elle n'eſt pas reconnue.

A défaut de Loi générale, il faut donc recourir aux Coutumes particulieres : les unes ſont prohibitives, telles ſont Tourai-ne, Anjou, Maine, Cambrai, &c.

Les autres ſont muettes.

A l'égard des premieres, point de dif-ficulté ; mais pour les ſecondes, que ju-gér ? En pareil cas, il eſt d'uſage de recou-rir au Droit Romain, & le Droit Romain décide en faveur des donations entre con-cubins.

Des Auteurs du plus grand poids ont

penfé que, fans recourir au Droit Romain,
il falloit confidérer la difpofition de la
Coutume, relativement aux avantages que
les gens mariés fe pourroient faire ; & ils
ont dit : « Si la Coutume ne permet point
» aux gens mariés de fe faire des avanta-
» ges durant le mariage, il en faudra con-
» clure que le vœu de cette même Cou-
» tume eft d'interdire les donations entre
» concubins ; n'étant pas à préfumer qu'elle
» eût entendu traiter une liaifon criminel-
» le, plus avantageufement que le nœud
» légitime ». *Multò magis habebit locum
Statutum in concubinâ, quæ non debet effe
melioris conditionis quàm pudica,* dit Dumoulin.

Mais cet argument *à fimili*, ne me paroît
pas concluant.

Pour priver un citoyen de la faculté de
donner ou de recevoir, il faut une incapacité établie par une Loi expreffe, &
non par des conjectures.

D'un autre côté, cette analogie dont
quelques Docteurs fe contentent, eft facile
à réfuter, parce que la prohibition introduite entre les conjoints a des motifs
qui ne fe rencontrent pas entre concubins, ainfi qu'on peut le voir par les trois
premieres Loix du tit. *de Donat. int. vir.
& ux.*, au digefte.

Ces motifs fe réduifent à maintenir la bonne union entre les Parties , en leur enlevant des occafions de follicitations & de refus, & à prévenir la pauvreté qui mettroit les deux époux hors d'état d'élever leurs enfants ; raifons qui ne peuvent pas être appliquées aux concubins , d'un côté , parce qu'il feroit abfurde que la Loi veillât à maintenir la durée d'un état qu'elle profcrit & la bonne union de Parties , dont l'intimité au contraire eft une violation des mœurs; & d'autre part, l'inquiétude que la Loi a témoignée pour les enfants légitimes, ne peut point également fe référer aux enfants bâtards , qui ne font point appellés à la fucceffion de leur pere & mere. Bien loin de tirer un argument contre les concubins de la difpofition prohibitive portée contre les gens mariés , il femble que cette analogie prétendue répugne au vœu de la Loi. En effet, cette prohibition introduite contre les conjoints , ne doit pas être regardée comme une difpofition rigoureufe & pénale. Au contraire, cette efpece d'interdiction eft une vraie difpofition de faveur , la Loi ayant voulu par cette précaution mettre chacun des conjoints à l'abri de la violence ou des importunités de l'autre. Mais la Loi , bien loin de fe mêler d'une union illégitime & d'en tracer les conventions, doit laisser les deux Parties réfractaires exposées aux risques que leur inconduite pourra entraîner.

Ajoutons cette considération encore, que chacune des Parties étant libre de quitter l'autre quand bon lui semblera, c'est une ressource qui lui est ouverte, pour échapper à la violence ou à l'importunité.

Aussi voyons-nous que le Droit Romain avoit saisi ces différences, puisque les Loix déclarent valables les donations faites entre concubins. *Affectionis gratiâ neque honeftæ neque inhonestæ donationes sunt prohibitæ; honestæ erga merentes amicos vel neceffarios, inhonestæ erga meretrices.* Dig. Leg. 5, *de Donat.* Leg. *Hæc ratio.* §. 3. *Videamus.* Leg. *Si Prædia de donat. inflit. vir. & ux.*

On ne dira pas que cette disposition du Droit provenoit de la faveur accordée au concubinage chez les Romains.

Car premierement, du temps de Justinien, le concubinage étoit regardé comme étant contraire aux bonnes mœurs & à l'esprit du Christianisme.

En second lieu, dans aucun temps, chez les Romains, le concubinage ne fut traité plus favorablement que le mariage légitime.

Enfin la Loi qui vient d'être citée, ne concerne point une fimple concubine, mais une fille proftituée ; efpece de femmes qui, affurément, ne méritoit aucune exception.

Il ne faut donc point dire que c'eft la faveur du concubinage qui introduifit chez les Romains les donations entre concubins ; il faut dire, au contraire, que deux états fi différents ne parurent pas devoir être gouvernés par les mêmes principes.

Mais en admettant l'analogie en queftion entre les gens mariés & les concubins, elle ne devroit produire de prohibition entre les concubins, que dans les Coutumes prohibitives des avantages entre conjoints. Que fera-ce donc dans les provinces où les conjoints font libres de s'avantager réciproquement pendant le cours du mariage ? telles que les Provinces régies par le Droit Ecrit, ou bien encore dans les Coutumes de Chartres, Amiens, Valenciennes, Noyon, Ponthieu, Mantes, Rennes, Péronne, &c.

En pareille circonftance, il n'y a aucun préjugé contre la légitimité des donations entre concubins. Au contraire, l'analogie dont on fe faifoit un prétexte contre eux, leur fournit un argument favorable.

Ces confidérations ont long-temps tenu

K 4

la jurifprudence dans la plus grande incertitude. Tantôt les donations entre concubins étoient confirmées, même celles de l'univerfalité des biens ; tantôt elles étoient abfolument annullées : ce qui étoit regardé dans une Province comme étant contraire aux bonnes mœurs, étoit tenu pour légitime à dix lieues plus loin.

Cette incertitude fubfiftoit encore du temps de Ricard, Auteur du fiecle dernier. Ce favant homme, qui a traité *ex profeffo* la matiere des donations, ne nous a procuré aucun fecours, ni aucune folution fatisfaifante fur le point que nous traitons.

Il commence par obferver, Tr. des donat., part. 1, chap. 3, fect. 8, n°. 408, que la validité des donations entre concubins, « eft une difficulté diverfement agi-
» tée par nos Auteurs : les uns, dit-il,
» tiennent pour l'affirmative, & les au-
» tres leur font directement oppofés ; &
» tous alleguent l'ufage en leur faveur,
» fans apporter aucun Arrêt *qui ait nette-*
» *ment jugé la queftion* ».

Ainfi, de l'aveu de Ricard, il eft établi que fur la fin du dernier fiecle on n'étoit point d'accord fur la maniere de confidérer les donations entre concubins : quelques Jurifconfultes regardoient les concubins comme incapables ; mais d'autres étoient d'un avis directement oppofé.

Or, Ricard a-t-il concilié les deux partis? les a-t-il ramenés à un même avis par une réfolution lumineufe & décifive? Il s'en faut beaucoup : notre Auteur donne fon avis fur la difficulté ; mais la maniere dont il annonce fon opinion, prouve qu'il n'entend point lui donner une grande force : « *En mon particulier*, afin de ne pas » demeurer irréfolu, *je crois avoir fujet* » *de me ranger du côté de ceux qui efti-* » ment non valables les donations entre » concubins ».

La raifon qui le détermine, c'eft « qu'il » n'eft pas jufte que les concubins jouif- » fent d'un avantage interdit aux gens ma- » riés, & que ce feroit déclarer une ac- » tion vicieufe plus favorable qu'un fa- » crement ».

Mais nous avons vu ci-deffus combien cette raifon étoit peu fatisfaifante.

Ricard ajoute, « qu'il ne fauroit con- » cevoir qu'on interdît les donations d'un » malade à fon médecin, d'un écolier à » fon précepteur, d'un pénitent à fon con- » feffeur, à caufe de l'autorité qui fe ren- » contre dans ces perfonnes les unes fur les » autres, en conféquence de leur emploi » & de leur miniftere, & qu'on le fouffrît » entre concubinaires, dont on fait que le

» crédit eſt beaucoup plus puiſſant l'un ſur
» l'autre ».

Mais il eſt aiſé de répondre que l'incapacité de pareilles perſonnes eſt établie
par des Loix expreſſes, telles que les Ordonnances de 1539, 1549, & le texte
des différentes Coutumes : ce qui ne ſe
rencontre point contre les concubins.

Notre Auteur termine par dire que
la queſtion qui pourroit ſubſiſter pour
les Coutumes qui n'en parlent point, venoit d'être décidée par un Arrêt du 16
Mars 1663.

Mais cet Arrêt, à l'aide duquel Ricard
cherche à ſe tirer d'affaire, eſt bien éloigné
de produire l'effet qu'on lui attribue.

D'abord il s'agiſſoit d'une donation faite
dans la Coutume de Paris, dans le reſſort de laquelle les biens étoient ſitués
& les Parties domiciliées. M. Bignon,
Avocat-Général, oppoſoit que les concubins devoient être traités comme gens
mariés, auxquels il étoit interdit de ſe rien
donner.

En ſecond lieu, les héritiers du donateur attaquoient la donation, par le défaut d'inſinuation, ſur le prétexte qu'elle
auroit dû être faite au Bureau de la Prévôté Royale de Limours, & non au Châtelet, comme elle avoit été faite. Voilà

deux circonſtances bien importantes, qui détruiſent le préjugé qui réſulteroit de cet Arrêt.

Si le défaut d'inſinuation a été le motif déterminant des Magiſtrats, cet Arrêt n'eſt d'aucune conſidération, & devient abſolument étranger à la queſtion. L'Auteur du Journal des Audiences, qui rapporte l'eſpece, obſerve, il eſt vrai, que l'Arrêt n'a point été déterminé par le défaut d'inſinuation : mais peut-on compter ſur l'exactitude de cette aſſertion, quand on fait la difficulté que les Avocats éprouvent tous les jours à vérifier le motif des Arrêts qui ſont prononcés contr'eux ? Ce qu'il y a de certain, d'après le Journal même, c'eſt que le défaut d'inſinuation étoit préſenté par M. Bignon, comme un moyen qui méritoit attention.

Mais en ſuppoſant que l'Arrêt ait été motivé par la qualité des Parties, la queſtion ne ſeroit pas décidée.

En effet, ce qui déterminoit M. Bignon à conclure contre la donation dont il s'agit, c'étoit que les Parties étoient domiciliées dans une Coutume *qui prohiboit les avantages entre conjoints*, auxquels il aſſimiloit les concubins ; mais qu'auroit-il dit, ſi les Parties euſſent été domiciliées dans la Coutume *de Chartres*, *d'Amiens*,

K 6

& autres de certe efpece ? la queftion n'eft donc pas jugée par cet Arrêt, comme le dit Ricard.

Depuis Ricard, la jurifprudence a pris fur cet article une certaine confiftance.

Nous tenons pour principe, qu'il n'y a pas entre concubins une incapacité abfo-lue de recevoir l'un de l'autre, mais feu-lement une incapacité relative & fubor-donnée à l'intérêt des héritiers du donateur.

De maniere que, s'il ne fe rencontre perfonne qui ait qualité pour contefter le don fait au concubin, ce don fe légitime entre fes mains ; ainfi, dans le cas où le concubin donateur feroit bâtard, le fifc à qui fa fucceffion feroit dévolue, ne fe-roit pas recevable à contefter la donation que ce bâtard auroit faite à fa concubine.

Il en faut dire de même des légataires, qui ne tiendroient leurs droits que du tef-tament ; ils ne feroient point fondés à dé-battre le legs fait au concubin.

Mais lorfqu'il fe trouve des héritiers du fang, dont la faveur prévaut fur celle du concubin donataire, on confidere alors quelle eft la valeur de la donation ou du legs.

Si la libéralité eft modérée en raifon de la fortune de la Partie qui donne & de la qualité de celle qui reçoit, ou bien fi elle n'excede point le taux d'une penſion alimentaire, alors la donation eſt déclarée valable : une multitude d'Arrêts ont conſacré ce principe, même pour les Coutumes prohibitives.

Voyez Ricard, Tr. des Donat. ; les Déciſ. de M. le Bret ; Louet, Bourjon, Argou, Mornac, le troiſieme Plaidoyer de M. le Maître, Deniſart, &c.

La raiſon de cette diſtinction eſt fort naturelle : comment conteſteroit-on à une fille abuſée la capacité de recevoir une donation ou un legs modéré de la part de ſon ſéducteur, puiſque la juriſprudence lui accorde contre lui une action en dommages & intérêts. Ce qu'elle a droit d'exiger de force, elle le peut à plus forte raiſon obtenir de plein gré de ſon débiteur ; & puiſque les Tribunaux décident que l'auteur de la ſéduction doit ſe défaire d'une portion de ſon avoir au profit de la fille abuſée, il eſt donc licite au ſéducteur de prévenir ſa condamnation en s'exécutant de bonne grace.

Mais, ſi ſous l'apparence d'un acte de juſtice, le donateur cachoit le deſſein de faire une libéralité exceſſive, alors il y auroit lieu de la réduire à un taux convenable, eu égard à ce que le donataire auroit eu droit d'exiger judiciairement.

De-là il réfulte que fi le donataire étoit frappé de quelque incapacité, qui l'eût rendu non - recevable à demander des dommages & intérêts contre le donateur, le legs ou la donation pourra être annullée pour le tout.

C'eft faute d'avoir fait attention à cette diftinction, que plufieurs Jurifconfultes fe font élevés contre l'Arrêt célebre rendu, en 1727, contre la demoifelle Gardel.

Le Marquis de Béon avoit légué à la demoifelle Gardel, fa filleule, le tiers du prix de fa Terre de Bouteville; ce tiers étoit de 70,000 liv.

Après la mort du Marquis, fes héritiers collatéraux contefterent à la demoifelle Gardel la délivrance de fon legs, fous le prétexte qu'elle avoit vécu avec le teftateur dans une liaifon criminelle.

Ils n'en rapportoient d'autres preuves que plufieurs lettres, trouvées chez le Marquis après fon décès. Ces lettres refpiroient la paffion la plus violente de la part de la demoifelle Gardel, & fourniffoient les indices de la familiarité la plus intime.

La demoifelle Gardel dénioit l'imputation qui lui étoit faite, & donnoit à fes lettres une interprétation moins défavorable.

Ainfi l'affaire préfentoit deux queftions:

La premiere, de favoir s'il y avoit véritablement concubinage;

La feconde, fi le concubinage devoit annuller le legs.

Meffieurs des Requêtes du Palais crurent voir dans les lettres de la demoifelle Gardel une preuve fuffifante de concubinage : mais en même temps ils ne penferent pas que ce fût une raifon pour annuller le legs en entier ; en conféquence ils réduifirent le legs à moitié (35,000 l.), par Sentence du 6 Septembre 1726.

Cette Sentence ne fatisfit aucune des Parties ; il y eut appel de part & d'autre, & par Arrêt du 21 Février 1727, la Sentence fut infirmée & le legs annullé pour le tout.

Cet Arrêt n'eut pas une approbation générale. La plus grande partie du Barreau & du Public penfoit que ç'eût été une juftice d'accorder à la demoifelle Gardel le legs qui lui avoit été fait, comme une fatisfaction pécuniaire qu'elle avoit droit d'exiger de l'auteur de fa féduction.

Ce fut en effet un des moyens employés au Confeil, pour obtenir la caffation de l'Arrêt du Parlement.

Le Défenfeur de la demoifelle Gardel propofoit ce dilemme :

Ou le concubinage n'eft pas fuffifamment établi, & dans ce cas le legs devoit être confirmé ;

Ou le concubinage est établi, & dans ce cas, la demoiselle Gardel, mineure, séduite par un homme riche, & qui avoit abusé de sa qualité de parrain & de la supériorité de son âge pour triompher de sa vertu, devoit obtenir la délivrance du legs par forme de dommages & interêts.

Mais cette objection, qui avoit été sans doute proposée au Parlement, n'étoit d'aucune considération, & le systême de compensation choquoit les principes de cette matiere.

D'abord, si la demoiselle Gardel avoit eu une action à former contre le Marquis de Béon, elle auroit dû s'y prendre de son vivant ; & son action se trouvoit éteinte par le décès du Marquis, ainsi qu'il a été établi ci devant, Chap. III, art. IV, p. 81.

En second lieu, la demoiselle Gardel n'auroit point eu, du vivant du Marquis de Béon, une action contre lui en dommages & intérêts, par deux raisons :

La premiere, parce que cette action ne peut dériver que de l'événement d'une grossesse. *Voyez ci-dessus, Chap. I.*

La seconde raison, c'est qu'il n'y a point d'action en dommages & intérêts dans la circonstance d'un commerce *adultérin,* ainſi qu'il a été établi ci deſſus, Ch. III, art. I, §. II, p. 66.

Or, dans l'eſpece, ce commerce étoit non - ſeulement adultérin , mais il étoit même inceſtueux, vu la qualité de parrain du Marquis de Béon.

L'Arrêt du Parlement étoit donc dans les vrais principes ; la Sentence des Requêtes du Palais s'en étoit écartée , en réduiſant ſeulement le legs , & c'eſt avec raiſon que la demande en caſſation fut réjettée au Conſeil.

Par une ſuite de cette juriſprudence , on déclare nuls tous *Actes* , *Contrats* , *Billets* , *Obligations & Reconnoiſſances* , dont la ſincérité paroîtroit ſuſpecte , & qui auroient pour objet apparent de déguiſer un avantage : ce qui ſe décide par les circonſtances plus ou moins déterminantes.

La demoiſelle Aſſelin , Danſeuſe à l'Opéra, vivoit familiérement avec le ſieur *** dont les affaires étoient en déſordre. Après l'avoir ſecouru pluſieurs fois contre les pourſuites de ſes créanciers , & l'avoir comblé de préſens, elle couronna ſa générofité par une donation de 1200 liv. de rente viagere , déguiſée ſous l'apparence d'un emprunt.

Après la mort de la demoiſelle Aſſelin, le fieur *** fe difpofa à faire déclarer le contrat de conftitution exécutoire contre fes héritiers; mais ceux-ci demanderent la nullité du contrat, fur le motif qu'il contenoit une donation déguifée.

Il y avoit cela de particulier dans l'efpece, que la demoifelle Affelin, quelques jours avant fa mort, avoit fait un teftament dans lequel elle proteftoit contre ce contrat de conftitution, affurant qu'il avoit été furpris à fa foibleffe par la force de l'afcendant que le fieur *** avoit obtenu fur fon efprit; & que ne regardant point ce contrat au nombre de fes dettes férieufes, elle difpenfoit fes héritiers de l'acquitter.

Le fieur *** ayant nié le fait de concubinage, il intervint, le 7 Septembre 1776, Sentence au Châtelet, qui admit les héritiers de la demoifelle Affelin à faire preuve du concubinage.

Le fieur *** interjetta appel de cette Sentence : mais l'exécution provifoire en ayant été ordonnée, il fut procédé à l'enquête qui fut concluante ; & par Sentence du mois de Mars 1777, le contrat a été déclaré nul.

Le fieur *** n'ayant point appellé de cette Sentence, la queftion n'eft pas venue au Palais ; mais elle eût été affuré-

ment décidée en faveur des héritiers Affelin.

Au furplus, obfervez que celle des deux
Parties qui a fait un avantage entre-vifs à
l'autre, n'eſt pas recevable à en demander la nullité, fous le prétexte d'incapacité
de la part du donataire ; une réclamation
de cette nature n'eſt admiſe que de la part
de fes héritiers.

Le fieur de Mouges ayant, trois femai-
nes après fa majorité, conſtitué 400 liv.
de rente viagere au profit de la demoifelle Martin, fille d'Opéra, motivées pour
cauſe d'eſtime & de confidération, il prit
des lettres de refciſion contre cette donation.

Il offroit à l'appui de fa demande en
entérinement, de prouver que la demoifelle Martin étoit à cette époque fa concubine.

Mais par Arrêt du 29 Mai 1706, rapporté au Journal des Audiences, le fieur
de Mouges fut déclaré non-recevable en
fa demande.

Que faut-il penfer des avantages qui
fe font par contrat de mariage, entre des
perfonnes qui auroient auparavant vécu en
concubinage ?

Cette queſtion eſt encore aujourd'hui

controverſée en jurifprudence , & il n'y a fur cela rien de bien déterminé.

On peut dire contre ces donations , qu'elles ne font pas plus valables que les autres ; & que les concubins qui prennent la voie du contrat de mariage, cherchent à éluder l'interdiction dont ils font frappés. Ce qui les porte à cet avantage , ce n'eſt point cette fage affection que le mariage autorife entre les deux époux ; mais la fuite d'une affection criminelle qui continue d'agir , & qui, pour mieux fe fatisfaire , fe couvre du manteau du facrement.

Ce qu'on pourroit admettre de plus favorable pour eux , ce feroit de les regarder comme des gens mariés : mais dans cette hypothefe même , ils retomberont dans la prohibition prononcée contre les perfonnes mariées, auxquelles il eſt défendu de fe faire aucun avantage. Ainſi , confidérés comme concubins ou comme mariés , la ſtipulation avantageufe doit être déclarée nulle.

Ces confidérations ont été adoptées par plufieurs Arrêts , dont voici quelques efpeces.

Le fieur Dufay , après avoir pendant quelque temps entretenu la demoifelle Duhamel , s'étoit enfin déterminé à l'époufer.

Par le contrat de mariage il lui fit plusieurs avantages. Après la mort du mari, sa veuve se mettant en devoir de recueillir l'effet de son contrat, les héritiers du mari contestèrent la validité de la donation, sur le motif du concubinage qui avoit précédé le mariage.

La veuve se défendoit par la faveur du mariage qui avoit couvert l'irrégularité de sa conduite, & sur celle des contrats de mariage, qui donne aux Parties contractantes une entiere liberté sur les clauses.

Mais, par Arrêt du 16 Mars 1663, rendu sur les conclusions de M. l'Avocat-Général Bignon, les stipulations avantageuses contenues au contrat de mariage furent déclarées nulles.

Il en a été rendu un autre, en la Cour des Aides, le 20 Juin 1730, qui a reçu la preuve du concubinage du sieur Raffi Derchef, avec la demoiselle Hamelin du Chaise, avant leur contrat de mariage; & cette preuve ayant été faite, la donation portée au contrat de mariage a été déclarée nulle, par Arrêt de la même Cour du 27 Février 1731.

Les sieur & dame Dumoutier, dont la condition & la fortune étoient à-peu-près égales, après avoir vécu en concubinage, s'étoient mariés ensemble. Le contrat de

mariage contenoit une donation univerfelle & réciproque.

La dame Dumoutier mourut la premiere, en 1734, fans enfants, & laiffant
pour unique héritier préfomptif, un frere
qui étoit Curé.

Celui-ci, ayant été inftruit de la mort
de fa fœur & des claufes du contrat de
mariage, écrivit à fon beau-frere, qu'il
renonçoit à toute prétention fur la fucceffion de fa fœur.

Ce Curé étant décédé en 1742, fes
héritiers attaquerent le fieur Dumoutier,
auquel ils demanderent un compte de
communauté & la reftitution des biens de
la dame Dumoutier, fous le prétexte que
la donation portée au contrat de mariage
étoit nulle, par la circonftance du concubinage antérieur.

La caufe portée au Châtelet, la donation fut déclarée nulle; & la Sentence fut
confirmée par Arrêt du 13 Février 1750,
rendu fur les conclufions de M. d'Ormef-
fon, Avocat-Général.

On trouve plufieurs Arrêts femblables
au Journal des Audiences, & dans le Recueil de Louet.

Il femble donc, au premier abord, que
voilà une jurifprudence bien établie; cependant l'opinion contraire ne manque,

ni de raifons, ni d'autorités puiffantes.

En effet, l'incapacité qu'on fuppofe aux concubins, de s'avantager mutuellement, n'ayant lieu qu'en haine du commerce il-légitime auquel ils s'abandonnent ; cette incapacité doit ceffer au moment où le mariage vient effacer ce que cette liaifon avoit d'impur & de criminel.

Loin d'être odieufes aux yeux de la fo-ciété , les Parties contractantes méritent toute fa faveur, puifqu'elles abandonnent un état de fcandale & de défordre , pour une union précieufe à la Religion & à la Société ; au lieu de donner des entraves à cette heureufe converfion , il eft de la po-litique de la feconder par les meilleures conditions poffibles, puifqu'elle a pour ef-fet de reftituer à l'Etat une époufe au lieu d'une concubine , des enfants légitimes au lieu de malheureux bâtards.

Sans le fecours de ces confidérations , il fuffit des feuls principes de la matie-re , pour combattre la jurifprudence en queftion.

Ne fait-on pas que la faveur due au mariage a laiffé aux Parties contractan-tes la plus grande liberté dans les claufes & les conditions ; au point que de certai-nes difpofitions interdites par d'autres actes, deviennent permises par les contrats de mariage?

Ces clauses ont été regardées d'autant plus inviolables, que c'est sur la foi de leur exécution que le mariage est contracté, & que la moindre atteinte qui y seroit portée pourroit produire les plus grands inconvénients dans la Société.

Or, à quel titre s'écarteroit-on de ces principes vis-à-vis les concubins?

Dira-t'on qu'il seroit dangereux de leur laisser la libre disposition de leur bien, parce qu'ils useroient de cette liberté pour se faire des avantages considérables au préjudice des familles?

Cet inconvénient est commun à tous les contrats de mariage; mais la Loi y a pourvu en faveur des enfants.

La crainte ne seroit donc plus que pour des collatéraux, qui assurément n'ont pas assez de faveur pour être admis à gêner la liberté d'un propriétaire. Que deviendroient les mariages, s'il falloit prendre l'attache des collatéraux pour en régler les dispositions?

N'est-il pas d'ailleurs naturel que deux époux qui font vœu d'être unis pour jamais, de partager les travaux domestiques, les variations de la fortune, leurs peines & leurs infirmités

infirmités mutuelles, veillent l'un & l'autre au bonheur du furvivant, par préférence à des héritiers collatéraux, qui la plupart du temps leur font inconnus.

À l'égard de l'allégation, que ces libéralités font l'effet d'une paffion continuée, & qui ayant commencé par le crime ne peut devenir légitime, cette objection n'eft d'aucun mérite : quand le mariage eft fubftitué au commerce illicite, comment peut on dire que c'eft la même paffion qui fe proroge & fe continue, puifque la premiere affection étoit une affection déréglée, dominée par les fens, qui facrifioit à fa fatisfaction les devoirs de la Religion & ceux de la bienféance ; au lieu que celle qui lui fuccede, eft une affection timorée & fcrupuleufe, qui cherche à s'environner de la fanction des Loix & de l'aveu de la Religion?

Dire que les Parties contractantes doivent être confidérées comme étant déjà mariées, & qu'il faut leur appliquer la prohibition prononcée contre les gens mariés, c'eft une autre raifon qui n'a pas plus de valeur ; & l'on ne peut trop s'étonner qu'un pareil fophifme ait jamais fait la moindre impreffion.

L'effet rétroactif accordé au mariage, a été introduit en faveur des conjoints,

L

& ne doit pas tourner contr'eux. Cette
fiction falutaire pour la légitimation des
enfans nés avant le mariage , deviendroit
une abfurdité , fi on la portoit jufqu'aux
conventions matrimoniales ; puifqu'alors
il faudroit déclarer nulles , non feulement
les donations faites entre les concubins,
mais encore toutes les autres ftipulations du
contrat de mariage , lefquelles ne peuvent plus avoir lieu entre les Parties , dès
qu'on les fuppofe mariées à cette époque.

Ces inconféquences ont été fenties de
nos jours ; & plufieurs Arrêts , s'écartant de
l'ancienne jurifprudence , ont déclaré valables des donations univerfelles & confidérables , faites par contrat de mariage
entre perfonnes qui avoient vécu en concubinage.

Une fille mineure ayant , par contrat
de mariage , fait une donation univerfelle
à fon futur époux , dont elle avoit eu
deux enfans , la donation fut attaquée par
fes héritiers ; mais par Arrêt du 20 Mai
1740 , la donation fut confirmée.

L'efpece de l'Arrêt de 1769 eft trop
intéreffante pour n'être pas détaillée.

Un particulier avoit vécu en mauvais
commerce avec une fille pendant deux
années, fans cependant qu'il y eût des enfans
de cette cohabitation ; le mariage fuccéda

à ce désordre , & le contrat contenoit une donation universelle & réciproque.

Après la mort du mari décédé sans enfans, le frere attaque la donation , sur le fondement qu'elle avoit commencé *ab illicitis*.

Il articuloit *dix - huit* faits très-positifs de la fréquentation charnelle des deux époux avant leur mariage , & pendant l'espace de deux années , buvant , mangeant, couchant ensemble , sans même se cacher ; il demandoit à en faire preuve , & il rapportoit même des lettres qui prouvoient que la donataire avoit pris la qualité de *femme* avant son mariage.

Cependant , par Arrêt du Mardi 30 Mai 1769 , rendu en la Grand'Chambre, conformément aux conclusions de M. Joly de Fleury , Avocat-Général, & après quatre audiences , le frere fut débouté de ses demandes , & la donation fut confirmée.

Son intérêt , d'après ce qui fut exposé à l'Audience, paroissoit considérable ; car selon lui , il résultoit du dépouillement qu'il avoit fait de l'inventaire , que cette donation lui enlevoit plus de 100,000 l.

M. l'Avocat-Général observa que la donation n'avoit pas été faite *in extremis*, & que la sainteté du mariage , quand il avoit été régulierement contracté, devoit couvrir d'un voile impénétrable tout ce qui s'étoit passé avant sa célébration.

CHAPITRE XIII.

Des Bâtards.

IL manqueroit une partie essentielle à cet Ouvrage, si après avoir traité de la condition respective des concubins, nous ne portions pas un coup d'œil sur la destinée des malheureux fruits de leur union.

On peut considérer les enfans naturels, sous le rapport qu'ils ont avec la famille de leur pere & mere, & sous celui qu'ils ont avec la Société,

§. Iᵉʳ.

Des Bâtards considérés sous leurs rapports avec leur famille naturelle.

La tache civile imprimée à la naissance illégitime des enfans, ne les prive point des droits qu'ils tiennent de la nature : le premier de ces droits, c'est celui d'obtenir de leur pere les moyens de subsister.

Voyez ci-deſſus le Chap. XI, §. II, où il eſt amplement traité des bornes & de l'étendue de cette obligation.

Mais à défaut de ſecours de la part des pere & mere, le bâtard peut-il recourir contre ſes aïeux naturels ?

On trouve pluſieurs Arrêts qui ont diverſement jugé la queſtion. Boniface, au tom. 2 de ſon Recueil, Chorier ſur Guypape, Peleus en ſes Actions forenſes, Frain ſur Bretagne, en rapportent pluſieurs, qui ont condamné l'aïeul à donner des aliments à ſon petit-fils naturel. Néanmoins le principe contraire eſt bien établi aujourd'hui.

On trouve au Journal des Audiences un Arrêt du 5 Août 1689, qui l'a conſacré, contre les concluſions de M. l'Avocat-Général de Lamoignon. Voyez Lapeyrere, *verb.* Bâtard ; Bourjon, tom. 1, ch. 5, ſect. 6 ; Brillon, *verb.* Alimens.

Pour concilier ces Arrêts oppoſés, & fixer la juriſprudence en cette matiere, je penſe que le recours contre l'aïeul ne doit avoir lieu que dans le cas où il auroit favoriſé le commerce criminel entretenu par ſon fils. Voyez ci-deſſus le Chapitre III, art. II.

Le bâtard ne peut point demander des alimens à ſes freres & ſœurs naturels, enfans légitimes de son pere & de sa mere.

Le sieur Loin, homme veuf, vivoit en concubinage avec sa servante, dont il eut un enfant qu'il plaça en nourrice à ses frais. Quelque temps après le sieur Loin vint à décéder, laissant pour héritiere Catherine Loin, sa fille légitime, mariée au sieur Lorrain : mais les sieur & dame Lorrain ayant renoncé à la succession, la nourrice qui se trouvoit chargée de l'enfant, les fit assigner au Châtelet de Paris, pour être condamnés à reprendre l'enfant & à payer les mois de nourrice qui étoient échus. Sentence intervient au Châtelet, qui condamne les sieur & dame Lorrain à se charger de l'enfant.

Sur l'appel, M. l'Avocat-Général Talon observa que la dame Lorrain ayant renoncé à la succession de son pere, elle ne pouvoit plus être poursuivie pour les charges attachées à cette succession ; que la qualité de sœur naturelle du bâtard ne l'obligeoit point à prendre soin de lui, cette obligation se renfermant dans la personne des pere & mere, & ne passant point aux collatéraux ; que néanmoins dans l'espece, la situation de l'enfant étoit digne de la compassion de la Cour, qui devoit s'occuper à trouver des moyens de le secourir.

Par Arrêt du 13 Juillet 1628., rapporté par Bardet, tome 1, ch. 11, la Sentence du Châtelet fut infirmée : il fut ordonné que les frais dûs à la nourrice feroient payés par le Receveur-Général des Amendes, & pour l'avenir qu'il feroit nourri jufqu'à l'âge de fept ans, par le Receveur-Général du Grand-Bureau des Pauvres ; après lequel temps il feroit mis à la Trinité pour y apprendre un métier ; dépens compenfés.

Les parens naturels d'un bâtard, même adultérin, ne peuvent pas s'oppofer à ce qu'il porte le nom de fon pere ou celui de fa mere, fuivant qu'il lui plaira choifir entre les deux ; il peut même les joindre tous deux enfemble, pour n'en compofer qu'un feul & même nom.

Mais ils peuvent s'oppofer à ce qu'ils en portent les armes ; cette faculté ne lui eft accordée que dans le cas où il auroit été légitimé. Arrêt du 14 Février 1639, rapporté par Bardet, tome 2, liv. 8. Autre du 11 Juin 1707, par Augeard, tom. 1.

Dans ce dernier cas même, les parens de l'une ou de l'autre famille peuvent s'oppofer à ce que le bâtard porte les armes pleines ; il doit mettre une barre du côté feneftre, qui indique la bâtardife.

L 4

Le bâtard eſt recevable à pourſuivre la vengeance du meurtre de ſes pere & mere, ou la réhabilitation de leur mémoire, lorſqu'il n'y a point d'héritiers, ou que ceux-ci ont abandonné la pourſuite.

Tronçon, ſur l'article 158 de la Coutume de Paris, rapporte un Arrêt du 16 Décembre 1608 qui l'a jugé ainſi, ſur le motif que cette action dérive du droit naturel, & qu'elle ne fait point partie de la ſucceſſion du défunt ; *eſt extra bona & patrimonium defuncti.* Voyez Lapeyrere, *verbo* Bâtard, n. 15.

Par le droit commun de la France, le bâtard ne ſuccede ni à ſes pere & mere, aïeul & aïeule, ni à ſes parens naturels collatéraux, parce que le bâtard n'a point de famille : *Vulgò Quæſitus nullos habere poteſt agnatos manifeſtum eſt.* Inſt.

Néanmoins il y a pluſieurs provinces en France où cette juriſprudence n'eſt point reçue.

Dans tout le Dauphiné, les bâtards nés *ex ſoluto & ſolutâ,* ſont admis à la ſucceſſion de leur pere décédé ſans enfans légitimes, pour deux onces, c'eſt-à-dire, pour un ſixieme ; à la ſucceſſion de leur mere, par égale portion avec les enfans légitimes, ſans aucune diſtinction. Voyez Baſſet, tom. 1, liv. 4, tit. 2, ch. 5.

Dans la Flandre Françoife , les bâtards viennent à la fucceffion de leur mere, & c'eft la difpofition expreffe des Coutumes de Valenciennes & de Saint-Omer.

Autrefois cette jurifprudence étoit univerfelle dans le Royaume , ce qui eft conforme au Droit Romain ; mais plufieurs Parlemens ont cru devoir s'en écarter , par des confidérations qui n'ont point été adoptées par d'autres.

Si cependant la mere venoit à décéder fans aucun héritier, j'ai peine à croire que le fils naturel ne fût pas admis à fa fucceffion à l'exclufion du fifc. *Non eft tanti vectigal, ut parentes ac liberos extraneos faciat.*

Cette préférence accordée à l'enfant feroit d'une fouveraine équité, car il eft *pars vifcerum matris.* Voyez Henrys, tom. 3 , liv. 6 , ch. 3 , queft. 10.

Deux freres bâtards ne fuccedent pas l'un à l'autre , quand ils feroient iffus des mêmes pere & mere , parce qu'ils ne font pas unis par le lien civil , qui feul établit le droit aux fucceffions.

Mais deux freres bâtards peuvent faire des difpofitions univerfelles en faveur l'un de l'autre. Voyez l'Arrêt du 6 Août 1677, au Journal du Palais.

Les enfans légitimes de chacun de ces deux freres , quoique coufins-germains

L 5

dans l'ordre naturel, ne font pas davantage réputés parens dans l'ordre civil, & ils ne fe fuccedent pas.

Néanmoins le degré de parenté naturelle produit, quant au mariage, les mêmes empêchements que dans la parenté civile : *Nihil intereft ex juftis nuptiis cognatio defcendat vel non ; nam & vulgò quæfitam fororem quis vetatur uxorem ducere.* Liv. 24, *Dig. de rit. Nupt.*

Voyez M. Pothier, du Cont. de Mar., tom. 1.

Un bâtard peut fe marier fans le confentement de fes pere & mere. Les Ordonnances qui exigent, fous peine de nullité du mariage, le confentement des peres meres, ne s'appliquent qu'aux enfans légitimes. Ainfi jugé par Arrêt du 1er Février 1622, rapporté au Journal des Audiences, contre une mere naturelle qui s'étoit rendue appellante comme d'abus d'un mariage de fon fils mineur.

Le mariage que le bâtard contracte fans le confentement de fon tuteur, peut être déclaré nul, s'il eft prouvé qu'il y ait fubornation, violence ou inégalité.

Ce principe fut établi par M. l'Avocat-Général Bignon, dans l'affaire dont il vient d'être parlé. L'Appellante oppofoit fa double qualité de mere & de tutrice.

Mais d'une part, cette derniere qualité n'étoit pas juftifiée; & de l'autre, le mariage ne préfentoit pas d'inégalité, ni de féduction. Ce fut d'après cette confidération qu'il fut confirmé.

Le bâtard fuccede à fes enfans légitimes, parce qu'il y a entre lui & fes enfans une relation civile & naturelle.

A l'égard des libéralités que le bâtard peut recevoir de fes pere & mere, par difpofition entre-vifs, ou à caufe de mort, il faut diftinguer deux efpeces de bâtards :

Savoir, les bâtards adultérins ou inceftueux, & les bâtards qui font nés de perfonnes libres, *ex foluto & folutâ*.

Quant aux premiers, ils font févérement traités par le Droit Romain, qui les déclare incapables de recevoir même des aliments de leur pere & mere : *Omnis qui ex complexibus aut nefariis, aut inceftis, aut damnatis procefferit, ifte neque naturalis nominatur, neque alendus eft à parentibus, neque habet quamdam ad præfentem legum participationem.* Novel. 89, chap. dernier.

Cette doctrine barbare avoit été introduite par Conftantin, homme dur & farouche, qui, bâtard lui-même, cherchoit à déguifer le vice de fa naiffance, par une affectation de févérité contre les bâtards.

Quelle Loi peut tout à la fois être plus abfurde & plus cruelle, que celle qui défend à des peres & meres de veiller à la fubfiftance de leurs enfans ? Un Philofophe qui n'avoit pas l'avantage d'être éclairé comme Conftantin & Juftinien des lumieres du Chriftianifme, penfoit bien autrement.

« Comment, difoit-il, pourroit-on interdire aux peres & meres la liberté de nourrir leurs enfans naturels ? Ce font des hommes, voulez-vous laiffer périr des hommes ? Ce font des innocents, laifferez-vous périr des innocents ? Ce font des citoyens, laifferez-vous périr des citoyens ?

» Que fi vous n'ofez dire qu'ils font coupables, s'ils empêchent de mourir de faim & de mifere des hommes, des citoyens, des innocents, croyez-vous qu'ils le feront davantage, fi j'ajoute que ce font leurs enfans ? » *Homines funt, non vis ali homines ? Cives funt, non vis ali cives? Innocentes funt, non vis ali innocentes ? Sic pervenitur ad filios : homines funt, cives funt, innocentes funt ; ergo non erit vitium porrexiffe ftipem, nifi dixero,* FILII *funt.* Senec.

Cette morale bienfaifante a été adoptée par le Droit Canonique, fuivant le Chapitre *Cùm haberes*, aux Décrétales *De*

eo qui duxit in matrimon., & par la Jurifprudence Françoife.

Les bâtards adultérins ou inceftueux
font capables de recevoir de leurs pere &
mere, & des parents de ceux-ci, des libéralités par difpofition entre-vifs ou tef-
tamentaire, pourvu qu'elles n'excedent
point la valeur d'une penfion alimentaire.
Nos livres font remplis d'Arrêts qui ont
confacré cette maxime.

Il y a plus : fi les pere & mere de l'enfant adultérin ou inceftueux ont négligé
de pourvoir à fa fubfiftance, l'enfant peut
fe pourvoir contr'eux ou contre leurs héritiers.

Le fieur Florent Hébert étoit décédé
en 1688, laiffant un fils naturel, né pendant fon mariage.

Celui-ci, qui étoit déjà avancé en âge,
fe pourvut tant contre les héritiers de fon
pere, que contre la demoifelle D***,
fa mere naturelle, à l'effet d'obtenir des
aliments de part ou d'autre.

La demoifelle D*** fe défendoit en
rejettant cette charge fur la fucceffion du
pere.

Les héritiers de celui-ci oppofoient la
qualité de bâtard adultérin & la difpofition du Droit, qui le privoit du droit
d'obtenir des aliments; enfin, l'âge avancé

auquel il étoit déjà parvenu (plus que majeur).

Par Arrêt du 27 Février 1688, les héritiers du pere furent condamnés à 200 l. de penſion viagere.

Le ſieur Pierre Vayer avoit eu deux filles naturelles, de ſon commerce adultérin avec la femme du ſieur le Court, lequel étoit abſent depuis long-temps. Le ſieur Vayer laiſſa par teſtament 200 liv. à chacune de ces deux filles, payables par ſes héritiers, lorſqu'elles ſeroient en âge d'être mariées ; & juſqu'à ce, 50 liv. de penſion à chacune d'elles. Après la mort du ſieur Vayer, ſes héritiers conteſterent la validité de ce legs, ſur le motif de la bâtardiſe adultérine ; mais par Arrêt du 1er Août 1657 le legs fut confirmé, parce qu'il n'excédoit pas le taux d'une penſion alimentaire.

Mais des bâtards de cette eſpece ſont incapables de diſpoſitions univerſelles, ſoit entre-vifs, ſoit à cauſe de mort.

Jacques Charpentier, de la ville de Sens, avoit pendant ſon mariage entretenu un mauvais commerce avec ſa ſervante, de laquelle il avoit eu une fille, qu'il avoit fait élever à ſes frais. En 1623, il la maria à un artiſan de la même ville, & lui conſtitua 300 liv. de dot. Sept ans après, il lui fit une donation univerfelle de tous fes biens qui fe trouveroient à fon décès.

Charpentier étant mort quatre ans après, fa fille naturelle fe mit en difpofition de recueillir l'effet de cette donation univerfelle ; mais elle lui fut conteftée par un héritier collatéral du donateur, qui lui oppofa l'incapacité réfultante de la bâtardife adultérine.

M. l'Avocat-Général Talon conclut à réduire la donation à un taux qui n'excédât pas une penfion alimentaire, eu égard à ce que la fille avoit déjà reçu de fon pere naturel ; & par Arrêt du 26 Avril 1635, la donation fut réduite à la fomme de 300 livres une fois payée.

Voilà pour ce qui concerne les bâtards adultérins ou inceftueux : voyons à-préfent quelles libéralités peuvent être faites aux enfans nés *ex foluto & folutâ* par leurs peres & meres.

Par la difpofition du Droit, il eft permis au pere qui n'a point d'enfant légitime, ni d'afcendant, de donner, foit entre-vifs, foit à caufe de mort, tous fes biens à fes enfans naturels.

Cette jurifprudence eft encore obfervée dans quelques Parlements du Royaume , & singuliérement en Bourgogne, où le pere qui n'a point d'enfant légitime, peut appeller à sa succession ses enfans naturels, pour telle part & portion qu'il juge à propos, à ce qu'assure au moins Raviot , quest. 132 , n°. 4.

Cette jurisprudence a été pendant plusieurs siecles celle du Parlement de Paris , qui avoit pour principe de confirmer les donations universelles faites aux bâtards nés *ex soluto & solutâ* , par les peres & meres qui n'avoient pas d'enfans légitimes ; & en cas d'enfans légitimes , de réduire la donation ou le legs à la portion du moins prenant, conformément à la Loi *Communium*, §. *ult. Cod. de natur. lib.*; ce qui nous est attesté par une quantité d'Arrêts & par le témoignage uniforme des Auteurs du temps. Voyez le Bret, Tr. de la Souveraineté, liv. 2 , chap. 12; Anne Robert , *Rer. judicat. lib.* 2 , *cap.* 14 ; Brodeau sur Louet, lettr. O , n°. 1; Baquet , Traité de la bâtardise.

Ricard qui fait mention de cette jurisprudence, ajoute trois Arrêts dont il avoit une connoissance personnelle.

Espece du premier.

Le sieur Claude de Malleville avoit inf

titué sa sœur, légataire univerfelle de tous
ses biens quelconques, à la charge néanmoins de les conferver à deux bâtards qu'il
avoit eus d'une fervante.

Au décès du fieur de Malleville, sa
sœur étoit établie en Savoie, où elle avoit
même pris des Lettres de naturalité. Les
deux bâtards prétendirent que cette circonftance donnoit ouverture au fidéi-commis, sans attendre le décès de la sœur de
leur pere. La sœur foutenoit au contraire, d'une part, qu'elle étoit habile
à recueillir une fucceffion, étant libre de
reprendre sa qualité de Françoife, en ab-
diquant la qualité d'étrangere dont elle
s'étoit fait revêtir; & d'autre part, qu'il
n'y avoit pas lieu au fidéi-commis, vu
que les enfans naturels étoient incapables
de recevoir des difpofitions univerfelles.

Par Arrêt du 6 Mars 1648, conformément aux conclufions de M. Talon, la
sœur fut admife à recueillir l'effet du legs
univerfel, à la charge néanmoins du fi-
déi·commis en faveur des enfans naturels,
& en donnant caution.

Efpece du fecond Arrêt.

Le fieur de Spoix, de la Maifon de
Conflans, après avoir fait une donation

entre-vifs de 36,000 livres à une fille naturelle qu'il avoit eue d'une femme entretenue, la fit encore, par son testament, légataire de tous ses biens, meubles meu-
blants, outre un legs particulier de
24,000 livres, qu'il lui fit par le même
testament ; ce qui, suivant l'observation
de Ricard, emportoit la majeure partie
des biens du sieur de Spoix.

Après son décès, le testament fut dé-
battu par l'allégation de bâtardise. Mais
M. l'Avocat-Général Talon persista, dit
l'Auteur, dans son opinion, « que les
» bâtards nés *ex soluto & solutâ*, étoient
» capables de toute sorte de legs, encore
» même qu'ils n'eussent pas été légiti-
» més » ; & par Arrêt du Jeudi 8 Mars
1652, la délivrance du legs fut ordonnée.

Espece du troisieme Arrêt.

Me. Rivausant, Avocat au Conseil,
laisse par testament à ses freres 10,000 l.;
& le surplus de sa succession, consistant
en meubles & effets, & acquêts, qu'on
prétendoit excéder la somme de 40,000 l.,
est laissé, à titre de legs universel, à sa
fille naturelle.

Arrêt du 17 Juillet 1655, rendu sur
les conclusions de M. Bignon, Avocat-

Général, qui ordonne la délivrance du legs.

Une jurisprudence aussi hautement défendue, soit par les principes, soit par les autorités, sembloit devoir se soutenir invariablement. Cependant, si l'on en croit quelques Auteurs, elle touchoit au moment d'être anéantie, pour faire place à une jurisprudence toute opposée, & qui vaut beaucoup mieux, suivant Ricard. Voici comme il raconte l'histoire de cette prétendue révolution.

Le sieur de Bourges, quelque temps avant sa mort, avoit fait au profit de Jean Roussel, son fils naturel, une donation entre-vifs de tous ses biens présents & à venir, propres, paternels, maternels, meubles, actions, &c. avec rétention d'usufruit, à la charge par lui de donner 18,000 liv. à deux autres filles naturelles du sieur de Bourges.

Après la mort de celui-ci, ses héritiers contesterent la validité de la donation, qui fut effectivement déclarée nulle par Sentence du Châtelet, en donnant cependant par les héritiers la somme de 12,000 l. à Jean Roussel.

Ricard ne nous apprend pas les motifs qui porterent les Juges du Châtelet à rendre une Sentence aussi opposée à la jurifprudence reçue , & qui venoit d'être confacrée tout récemment par l'Arrêt rendu le 17 Juillet 1655 , contre les héritiers de Mᵉ Rivaufant.

Quoi qu'il en foit , il y eut appel ; comme la queftion avoit été appointée au Châtelet , l'appel fut devolu aux Enquêtes. Le procès ayant été diftribué à la premiere , au rapport de M. de Caman , il intervint Arrêt qui confirma la Sentence.

Jean Rouffel & fes fœurs (qui fe trouvoient intéreffées dans l'affaire) , fe pourvurent en requête civile , ce qui porta la queftion à la Grand'Chambre ; & ce fut à l'occafion de cette requête civile , qu'il intervint le 13 Mars 1656 , l'Arrêt furnommé l'Arrêt de Bourges , qui mit les Parties hors de Cour.

Voilà l'Arrêt perpétuellement cité de nos jours , comme l'époque de la révolution furvenue dans la jurifprudence. Ricard le comble d'éloges : à l'entendre , il a rétabli la faine jurifprudence ; les Arrêts multipliés qui avoient jugé autrement, *étoient autant de contraventions aux anciennes maximes , & autant d'erreurs invétérées.*

Mais fans partager l'allégreffe de Ricard , voyons ce qu'on doit penfer de cet Arrêt.

S'il étoit vrai qu'il ait proscrit les dispositions universelles faites par les peres & meres à leurs enfans naturels, cet Arrêt n'auroit point jugé suivant les *anciennes maximes*, puisque les monuments de notre Droit & de notre Histoire, nous apprennent que nos *anciennes maximes* étoient certainement favorables aux bâtards.

Sous la premiere & sous la seconde Race, les bâtards de nos Rois étoient admis à la succession de la Couronne, comme les enfans légitimes.

Ce ne fut que sous le regne de Hugues Capet, qu'ils en furent exclus par une Ordonnance expresse. Bientôt, les Comtes, les Barons voulurent aussi, à l'exemple des Rois, exclure leurs bâtards de leurs successions : disposition qui se trouve encore retracée dans quelques Coutumes (1) ; & ce qui avoit été réduit à la succession des fiefs, s'étendit par la suite des temps aux successions roturieres. Mais au milieu de ces variations relatives seulement aux successions *ab intestat*, la liberté d'avantager ses enfans bâtards, soit par des donations entre-vifs ou tes-

_____

(1) Nivernois, art. 20.
Bâtard ne succede en Fief, & ne le peut tenir.

tamentaires, univerfelles ou particulieres, refta fans atteinte dans la plus grande partie du Royaume. La preuve nous en eft fournie par les formules de Marculphe, qui indiquent le ftyle néceffaire à de pareils actes.

Pour établir que l'ancienne doctrine du Royaume étoit de rejetter les difpofitions univerfelles faites aux bâtards, Ricard prétend qu'il n'en faut pas d'autre preuve que la difpofition de la Coutume de Melun, comme fi la jurifprudence particuliere d'un petit pays devoit régler la jurifprudence de tout un Royaume.

La Coutume d'Auvergne, dont l'étendue eft bien autre que celle de Melun, contient une difpofition bien oppofée, puifqu'elle permet les donations univerfelles au profit des bâtards, même au préjudice des enfans légitimes : « En faveur de ma» riage, l'on peut faire toutes donations » & difpofitions, par convenance de fuc» céder ou autrement, au profit de fon » bâtard contractant mariage, *demptâ le*» *gitimâ liberis* ». Tit. 14, art. 47.

La Coutume de Bourbonnois, art. 219, contient la même liberté.

Affurément voilà des difpofitions bien étranges, qui permettent aux peres & meres de préférer leurs bâtards à leurs enfans lé-

gitimes. Je n'en parle point ici pour les
juſtifier, mais ſeulement pour réfuter l'aſſertion de Ricard ſur la défaveur des bâtards, qu'il prétend avoir été autrefois la
maxime univerſelle de la France. Il eſt vrai
que quelques provinces s'écartant peu-à-
peu de la diſpoſition du Droit, en ſont
venues juſqu'à interdire les diſpoſitions úni-
verſelles au profit des bâtards ; mais ce n'é-
toit qu'une juriſprudence locale, concen-
trée dans des endroits particuliers, & qui
n'a jamais fait la juriſprudence univerſelle.

Inutilement Ricard s'appuie-t-il, pour
établir ſa theſe, du témoignage de M.
Dolive, auquel il fait dire que l'incapacité
des bâtards à recevoir les diſpoſitions univerſelles de leurs peres & meres, *eſt une*
regle générale du Royaume.

Qu'importe ce que peut avoir dit
Dolive, contre un point de fait établi par
des preuves authentiques ? Quelle bizarre-
rie, de la part de Ricard, d'aller apprendre d'un Juriſconſulte Touloufain, ce
qui ſe pratique au Parlement de Paris ?
C'étoit à Ricard lui même, plus ſavant
que Dolive ſur la juriſprudence du Parlement de Paris, à relever ſon erreur, bien
loin de s'en faire une autorité.

On ne raiſonne point contre les faits.
Or, il eſt de fait, qu'à l'époque de 1656,

& de temps immémorial, la jurifprudence du Parlement de Paris étoit d'admettre les difpofitions univerfelles faites en faveur des enfans naturels, nés *ex foluto & folutâ*, par leurs peres & meres qui n'avoient point d'enfans légitimes.

Il eft encore de fait bien vérifié, qu'il n'y a jamais eu dans le Royaume aucune Loi qui établît une jurifprudence contraire.

D'après cela, comment Ricard a-t-il pu dire que tous les Arrêts émanés du Parlement de Paris, depuis plufieurs fiecles, fur les difpofitions univerfelles faites en faveur des bâtards, étoient autant de contraventions aux anciennes maximes du Royaume & à la faine jurifprudence ? Dans quels livres trouvons-nous ces *anciennes maximes* confignées ? Par quelle fatalité auroient-elles été inconnues ou dédaignées au premier Parlement du Royaume, qui a fourni un nombre fi confidérable de grands Magiftrats ?

Ricard ne réclamoit ainfi contre la jurifprudence du Parlement de Paris, que parce qu'il cherchoit à en introduire une autre, plus conforme à fes idées & à fon opinion particuliere. Il crut en avoir trouvé l'occafion favorable dans l'Arrêt rendu contre les enfans naturels du fieur de Bourges, qu'il a préfenté comme l'époque de la révolution. Il

Il y a réuſſi aſſez bien, puiſque ceux qui ont écrit après lui, entraînés par ſon autorité, & ſans approfondir le fait, ont répété ſucceſſivement dans leurs livres, que la juriſprudence du Parlement de Paris étoit changée par l'Arrêt de 1656. Ce préjugé s'eſt ſi bien impatroniſé au Palais, qu'il eſt parvenu juſques aux Magiſtrats qui l'ont quelquefois conſacré.

Mais comme on eſt d'accord que le principe de cette nouvelle juriſprudence ſe rencontre dans l'Arrêt du 13 Mars 1656, rapporté par Dufreſne & par Ricard, il eſt néceſſaire de vérifier cet Arrêt. Reprenons l'eſpece.

Le ſieur de Bourges fait une donation univerſelle à ſon fils naturel, à la charge d'en remettre 18,000 liv. à chacune de ſes ſœurs naturelles. Après la mort du donateur, le legs eſt conteſté par ſes héritiers ; Sentence du Châtelet, qui annulle la donation, & accorde ſeulement 12,000 livres au fils naturel. Arrêt de la premiere Chambre des Enquêtes, confirmatif ; & ſur la requête civile, Arrêt de la Grand'-Chambre qui met hors de Cour.

Il y a dans tout cela pluſieurs ſingulalarités, qui font ſoupçonner l'omiſſion de quelques circonſtances eſſentielles.

D'abord, qu'y a-t il de plus étrange

M

que de voir le Châtelet de Paris déclarer
nulle cette donation , contre la jurifprudence notoirement adoptée au Parlement,
ainfi que le reconnoît Ricard lui-même?
Cette jurifprudence étoit d'ailleurs particuliere au Châtelet , ainfi qu'on n'en peut
pas douter : or , pourquoi les Juges de ce
Tribunal fe feroient - ils écartés tout-
à - coup de leur propre jurifprudence &
de celle du Parlement , & auroient - ils
déclaré nulle une donation dont la
validité étoit affurée par tant de titres,
au rifque de voir leur Sentence infirmée
fur la feule expofition , & de donner une
opinion peu avantageufe de leur Jugement ? Cette feule réflexion fuffiroit pour
nous perfuader que l'efpece offroit aux Juges du Châtelet quelque circonftance particuliere , qui faifoit fortir cette donation
de la claffe ordinaire.

Ce qui vient accroître cette préfomption , c'eft la confirmation de cette Sentence prononcée aux Enquêtes ; en effet,
fi le Châtelet eût pris fur lui de choquer
auffi hautement la jurifprudence immé-
moriale du Parlement, eft-il vraifemblable que cette entreprife eût été confirmée
par un Arrêt ? N'eft-il pas au contraire
plus raifonnable de préfumer que le Parlement n'aura confirmé la Sentence , que

parce que les Magiſtrats ont rencontré,
comme le Châtelet, une circonſtance particuliere qui différencioit l'eſpece, de maniere que ni la Sentence, ni l'Arrêt, ne
ne changeoient rien à la juriſprudence de
cette matiere?

Un autre événement vient convertir nos
ſoupçons en certitude; c'eſt l'Arrêt de la
Grand'Chambre qui confirme la Sentence
du Châtelet, en ordonnant l'exécution de
l'Arrêt de la premiere des Enquêtes.

Cet Arrêt induit néceſſairement à croire
que l'eſpece préſentoit des circonſtances
particulieres; autrement on ne perſuadera
perſonne que les donations univerſelles
faites aux bâtards nés *ex ſoluto & ſolutâ*,
aient été déclarées prohibées, dans la même Chambre où, neuf mois auparavant,
le principe contraire avoit été proclamé &
conſacré. Voyons à-préſent ce que dit Ricard, pour juſtifier une variation ſi peu
vraiſemblable.

A l'entendre, M. Talon, Avocat-Général, trouva *heureuſement* l'occaſion
d'un Arrêt de la premiere des Enquêtes,
contre lequel on revenoit par la voie de
la requête civile, *pour changer la juriſprudence, détruire les erreurs invétérées, & en
détacher les eſprits qui s'y étoient accoutumés par une longue ſuite d'années.*

M 2

Le Rédacteur du Journal des Audiences s'exprime à-peu-près de même, en disant que M. l'Avocat-Général Talon observa *que l'occasion étoit belle pour réformer la jurisprudence*. . . .

Mais il faudroit une simplicité bien crédule, pour ajouter foi aux motifs que suppofent ces deux Auteurs. Ne semble-t'il pas, à les entendre, que la Grand'-Chambre attendoit depuis long-temps l'occasion de réformer une jurisprudence qui commençoit à lui déplaire, & que la requête civile en question fut une rencontre *heureuse* dont le Parlement s'empreffa de profiter ? A qui s'est-on flatté de faire croire une pareille fable ? Ricard nous fera-t-il oublier les Arrêts de Malleville, de Spoix & de Rivaufant, des 6 Mars 1648, 8 Mars 1652 & 17 Juillet 1655 ? Ces Arrêts ne démentent-ils pas cette prétendue réfolution du Parlement de Paris ? S'il fût entré dans fon intention de réformer fa jurifprudence, quelle occafion plus convenable en avoit-il, que celle qui lui étoit offerte en 1652 par l'affaire de Spoix, où il s'agiffoit de conferver les biens d'une Maifon illustre ? c'étoit affurément là le moment de confacrer cette révolution par un Arrêt: mais au lieu de faifir cette occafion de réformer

la jurifprudence , M. l'Avocat-Général
Talon (de l'aveu de Ricard) perfifte dans
le principe , que les bâtards nés *ex foluto
& folutâ*, » font capables de recevoir des
» difpofitions univerfelles de leurs peres
» & meres qui n'ont point d'enfans lé-
» gitimes » ; & cette doctrine reçoit une
nouvelle fanction par un Arêt folemnel.

Le 17 Juillet 1655 , autre Arrêt qui
confirme ce principe en faveur d'un bâtard de M. Rivaufant ; & c'eft neuf mois
après ce dernier Arrêt que l'on vient nous
dire que le Parlement a changé fa jurifprudence , à la perfuafion de M. l'Avocat-Général Talon , ce même Magiftrat
qui l'avoit préconifée & invoquée peu de
temps auparavant , comme la faine jurifprudence & la plus conforme aux principes. Ce qui avoit paru au favant Talon
une doctrine pleine de bon fens & de
raifon , par un coup de lumiere fubite , ne
lui offre plus qu'un fyftême abfurde , qu'un
amas d'erreurs & de contraventions , contraire aux bonnes mœurs & aux principes ,
dont il faut fe hâter de fe rétracter ; & par
une autre révolution non moins furprenan-
te , un Tribunal entier partageant la variation du Magiftrat , ne voit plus dans fes anciens Arrêts que des méprifes multipliées ,

M 3

& détruit en une seule audience & dans un instant l'ouvrage de plusieurs siecles.

Voilà cependant les absurdités que Ricard & l'Auteur du Journal des Audiences nous racontent sérieusement, & qui ont été répétées dans une multitude de Répertoires, Collections, Dictionnaires, &c.

Mais ceux qui réfléchissent sur l'invraisemblance d'une variation aussi subite, n'ont pas regardé cet Arrêt de 1656 comme étant capable d'opérer un changement dans la jurisprudence ; ils lui ont supposé des motifs qui ont échappé aux rédacteurs.

Si l'Arrêt de 1656 eût été rendu avec cette intention notoire de changer la jurisprudence, il seroit devenu pour le Barreau une époque remarquable, & il n'auroit été permis à aucun Jurisconsulte d'ignorer cette révolution.

Cependant après *quatre - vingts ans*, la nouvelle n'en étoit pas encore parvenue au savant Bretonnier, qui devoit sur ce point être mieux instruit que tout autre, soit parce qu'il avoit fréquenté ce qu'il y avoit de plus habiles Jurisconsultes au Barreau, soit parce qu'il avoit fait une étude particuliere des variations survenues dans la jurisprudence.

Bretonnier, dans l'édition qu'il a donnée des Œuvres de Henrys, y traite la question de savoir, si les peres & meres, sans enfans légitimes, peuvent faire des dispositions universelles au profit de leurs enfans bâtards nés *ex soluto & solutâ* ; & après avoir assuré que le *Parlement de Paris, depuis son établissement, avoit toujours confirmé* ces dispositions universelles, il ajoute ceci : « Mais depuis envi-
» ron *quatre-vingts ans*, l'on prétend que
» la jurisprudence a changé, & qu'il faut
» distinguer les donations universelles &
» particulieres ; les premieres sont inter-
» dites, & les secondes sont permises.
» Cette jurisprudence est fondée sur un
» Arrêt du 13 Mars 1656, que l'on ap-
» pelle communément l'Arrêt de Bour-
» ges, rapporté au Journal des Audien-
» ces, tom. 1, liv. 8, ch. 32 ; & par
» M. Ricard, Tr. des Don., part. 1, ch.
» 3, sect. 8 ».

» L'on prétend que la même chose a
» été jugée par deux Arrêts : le premier
» du 26 Mai de la même année, qui est
» rapporté dans le même livre, ch. 40 ;
» & le second, du 14 Juillet 1661, cité
» par M. Ricard, au même endroit, n°.
» 441.

» Mais ces deux Arrêts ont pour objet

» des difpofitions teftamentaires univer-
» felles. Ainfi la prohibition de donner
» entre-vifs aux enfans naturels, à titre
» univerfel, n'eft fondée que fur un feul
» Arrêt, qui ne me paroît pas fuffifant
» pour changer *l'ancienne jurifprudence*
» qui eft fondée fur *les vrais principes* ».

Faifons quelques obfervations fur ce paffage de Bretonnier.

D'abord, on voit qu'il révoque en doute le préjugé de l'Arrêt de 1656, & la prétendue révolution de la jurifprudence ; il n'en parle point affirmativement, mais feulement comme d'un fyftême qui feroit particulier à quelques Jurifconfultes. *L'on prétend que la jurifprudence a changé* : cependant depuis quatre-vingts ans que l'Arrêt de 1656 étoit intervenu, on avoit eu de fréquentes occafions de confolider cette révolution ; & fi, après cet efpace de temps, elle étoit encore problématique, cela s'accorde bien peu avec la révolution éclatante que Ricard fuppofe être arrivée en 1656 par l'Arrêt de Bourges.

En fecond lieu, Bretonnier, en admettant que la queftion ait été jugée par l'Arrêt de 1656, eft bien éloigné de regarder cet Arrêt comme une Loi générale ; ce n'eft, fuivant lui, qu'un Arrêt folitaire, qui ne doit rien changer à l'ancienne ju-

rifprudence , fondée fur *les vrais princi-*
pes : or, Bretonnier auroit-il ainfi parlé,
fi de fon temps (en 1718) la jurifprudence de Ricard eût prévalu ? Se feroit-
il permis de dire qu'elle n'étoit fondée
que fur un Arrêt qui ne devoit point faire
fléchir *les vrais principes?* Bretonnier étoit
trop inftruit & trop judicieux pour être
foupçonné d'une pareille inconféquence.
Le point de fait doit donc demeurer pour
inconteftable, 1°. qu'en 1718 , la liberté
accordée aux peres & meres fans enfans
légitimes , de faire des donations univerfelles en faveur de bâtards nés *ex foluto &*
folutâ , étoit tenue pour une jurifprudence fondée fur *les vrais principes.*

2°. Qu'à cette époque on ne connoiffoit d'autre préjugé contre de pareilles
donations , que l'Arrêt du 13 Mai 1656.

3°. Que cet Arrêt n'étoit point regardé
généralement comme ayant opéré une
réformation dans la jurifprudence ; mais
que ce n'étoit qu'une prétention particuliere à quelques-uns.

Or, comme il a été établi ci-deffus
que l'Arrêt de 1656 avoit été rendu dans
des circonftances particulieres , il réfulte
que la jurifprudenc: qui tend à fupprimer la faculté de difpofer univerfelle-
ment en faveur des bâtards , n'eft ap-

puyée fur aucune autorité quelconque,
puifque le feul Arrêt par lequel on cherchoit à l'établir, fe trouve détruit par
le droit & par le fait.

Mais, dira-t-on, Ricard cite deux autres
Arrêts rendus vers le même temps, qui
annullent des difpofitions teftamentaires
univerfelles faites en faveur de bâtards.
Ces deux Arrêts ne peuvent - ils point
fe joindre à celui du 13 Mai 1656, pour
former un corps de jurifprudence?

Je réponds 1°. que Bretonnier ne paroît pas avoir eu plus de foi à ces deux
Arrêts qu'à celui du 13 Mai 1656, fe
fervant des mêmes expreffions qui an-
noncent de l'incertitude fur la véritable
efpece de ces deux Arrêts.

2°. Qu'ils ne décideroient rien contre
les donations univerfelles entre-vifs, n'é-
tant relatifs qu'à des difpofitions teftamentaires, différence obfervée par Bretonnier,

3°. Si Bretonnier a confenti par hypothefe d'admettre l'exactitude de ces Arrêts,
il s'en faut bien que tout le monde foit
tenu d'ufer de la même indulgence ; &
en mon particulier je vais établir que
celui du 26 Mai 1656 (rendu treize
jours après l'Arrêt de Bourges), loin de
confirmer la jurifprudence prétendue ré-

formée, a jugé conformément à l'ancienne.
Il fuffit pour cela de rapporter l'efpece,
comme on la trouve au Journal des Audiences, tom. 1er, liv. 8, chap. 40.

Madelaine Fouré, après avoir eu de
fon commerce avec le fieur Stifept une
fille naturelle, appellée Hélene Stifept,
avoit époufé le fieur de Vieuxpont, qui
la laiffa veuve fans enfans.

La dame de Vieuxpont, qui avoit une
fortune très-modique, laiffa par fon teftament à Hélene Stifept, fa fille naturelle,
la fomme de 18,000 livres, ce qui ab-
forboit bien au-delà tout ce qu'elle pof-
fédoit ; avec fubftitution néanmoins de
cette même fomme au profit de Marie
Fouré, une des fœurs de la teftatrice, au
cas où Hélene Stifept viendroit à décéder
fans enfans.

La teftatrice avoit une autre fœur,
Françoife Fouré, dont elle n'avoit point
parlé au teftament. Celle-ci attaqua le
teftament de la dame de Vieuxpont, qui,
fous l'apparence d'un legs particulier,
faifoit vraiment un legs univerfel, puifque d'après l'inventaire la fucceffion entiere ne montoit qu'à 12,000 livres.

Elle invoquoit fa pauvreté & fa qualité
de fœur de la teftatrice ; enfin elle accufoit
Hélene Stifept de fuggeftion. Ces con-

M 6

fidérations réunies avoient fait impreſſion fur les Juges du Châtelet, qui, fans avoir égard au teſtament, avoient feulement accordé 400 livres de penſion viagere à Hélene Stiſept.

Sur l'appel en la Cour, Hélene Stiſept invoqua la juriſprudence uniforme, « qui permettoit de léguer aux enfans » naturels tout ce que l'on pouvoit don- » ner à une étrange, c'eſt-à-dire, tous » fes meubles, acquêts, conquêts, im- » meubles & quint des propres ».

Et par Arrêt du 26 Mai 1656 (re- marquez bien la date), conformément aux concluſions de M. l'Avocat-Général Bignon, la Sentence eſt infirmée, *le teſta- ment déclaré bon & valable.*

Et néanmoins, attendu la modicité de la fucceſſion, l'Arrêt réduiſit le legs à la fomme de 8000 livres.

Or, cette derniere réduction ne porte aucune atteinte au principe confacré par cet Arrêt ; c'eſt une affaire de pure con- fidération, une reſtriction puiſée dans l'équité naturelle qui follicitoit quelque indulgence pour cette ſœur délaiſſée. Mais remarquez 1°. que la Sentence des pre- miers Juges eſt infirmée, ce qui n'auroit pas eu lieu, fi l'intention de la Cour eût été feulement d'augmenter la pen-

fion viagere accordée à Hélene Stifept ;
2°. l'Arrêt déclare le teftament *bon &*
valable, difpofition importante, qui con-
facre la validité *du legs univerfel*; 3°. obfervez la faveur notoire accordée à la
légataire par la réduction modique qu'on
lui fait éprouver en lui laiffant les deux
tiers de la fucceffion, au lieu de la fomme
de 400 livres de penfion viagere que
la Sentence du Châtelet lui avoit adjugée ; ce qui annonce affez que l'Arrêt
ne jugeoit point Hélene Stifept par fa
qualité de fille naturelle , mais feulement par fa qualité de légataire univerfelle.

C'eft donc bien mal-à-propos qu'on
chercheroit dans cet Arrêt le germe d'une
jurifprudence nouvelle.

Il me refte à parler de celui du 14
Juillet 1661, cité par Ricard.

Il s'agiffoit d'un legs univerfel fait par
une mere à fa fille, avec fubftitution de
la tierce partie en faveur de l'Hôpital.

Une Sentence des Requêtes du Palais
avoit confirmé le legs , qui néanmoins
fut réduit par l'Arrêt en queftion à la
fomme de 12,000 livres.

Sur cet Arrêt j'obferve :

1°. Qu'on reprochoit à la légataire d'être
bâtarde *adultérine* , circonftance impor-

tante, dont Ricard ne fait pas mention.

Il eſt vrai que le point de fait n'étoit pas juſtifié dans la Cauſe , mais nous ignorons juſqu'à quel point cette allégation fit impreſſion ſur les Juges.

2°. Comment pourroit-on le regarder comme une ſuite de l'Arrêt du 13 Mai 1656 , lorſqu'on voit entre ces deux Arrêts un autre Arrêt intermédiaire (celui du 26 Mai 1656), qui confirme la juriſprudence contraire ?

De tout cela il réſulte que Ricard s'applaudiſſoit mal-à-propos d'une réformation chimérique, qui auroit été conforme à ſes vœux plutôt qu'aux principes. A force de publier cette révolution, il eſt parvenu à la faire croire ; & d'après ſon autorité, des Auteurs graves, induits en erreur par les exemples prétendus qui leur étoient allégués, l'ont annoncée dans leurs écrits, & des Magiſtrats l'ont quelquefois adoptée.

Mais en même temps l'effet de ce conflit d'Arrêts oppoſés, ſe réduit à jetter de l'incertitude ſur cette partie de notre juriſprudence. Il y auroit de la légéreté à ſoutenir qu'elle admet invariablement les diſpoſitions univerſelles en faveur des bâtards , après l'exemple de pluſieurs Arrêts qui les rejettent : mais il n'y auroit pas moins d'imprudence à décider qu'elle rejette absolument ces dispositions, après une si grande quantité d'Arrêts célebres qui les confacrent.

Difons donc que la matiere attend encore aujourd'hui une décifion folemnelle qui fixe l'état actuel de notre jurifprudence, & qui faffe ceffer ce choc étrange d'opinions, de fyftêmes, d'avis & de décifions.

En attendant ces événemens, les circonftances, le plus ou moins de confidérations, détermineront le fort des difpofitions univerfelles faites en faveur des bâtards.

Tout ce qui vient d'être dit ne s'applique point aux donations univerfelles qui feroient faites par les contrats de mariage. « Une pareille donation, dit M. » Bretonnier, doit être inviolable ; autre- » ment, ajoute-t-il, ce feroit tromper » la foi publique, & donner atteinte à » l'établiffement des familles ».

La Coutume d'Auvergne, art. 47, & celle de Bourbonnois, en portent une difpofition expreffe, & qui doit faire le droit commun (bien entendu pour les cas où il n'y a pas d'enfans légitimes).

Nous connoiffons même fur cela un Arrêt célebre rendu pour la Coutume de

Paris, le 13 Juin 1651, en faveur de M. le Duc de Vendôme, rapporté au Journal des Audiences.

Il en faut dire autant des difpofitions univerfelles qui ne feroient conteftées que par le fifc, qui n'eft jamais Partie capable de contrebalancer les droits d'un enfant naturel, fuivant cette maxime : *Fifcus poft omnes.*

On trouve la propofition contraire avancée dans plufieurs de nos livres de Droit, & chacun de ces Auteurs ne manque pas de s'appuyer fur l'Arrêt du 26 Mars 1683, lequel a adjugé la fucceffion du fieur Vanelli au donataire du Roi, préférablement aux enfans naturels du teftateur, qui avoient été inftitués légataires univerfels.

Mais cet Arrêt n'eft d'aucune confidération dans l'efpece, puifque les enfans Vanelli *étoient adultérins.*

Lacombe, *verbo* Bâtard, fect. 3, nomb. 5, avertit même qu'il a été rendu par expédient ; nouvelle raifon pour ne point s'en faire une autorité.

C'eft d'après ces circonftances que Lacombe, *loco citato*, nonobftant cet Arrêt, établit pour principe que le pere peut faire fon bâtard héritier *definentibus omnibus hæredibus, ad excludendum fifcum ;*

& il cite Dumoulin sur Bourbonnois,
art. 184 : Lebrun, Traité des Successions,
liv. 1, chap. 2.

Bretonnier sur Henrys, tom. 121, liv. 6,
chap. 3, quest. 10, enseigne la même
doctrine, qu'il assure être observée au Parlement de Toulouse, suivant le témoignage d'Albert, *verbo* Bâtard, art. 2. Bretonnier rejette également l'Arrêt de Vanelli, comme étranger à la question.

Quelle que soit la maniere d'envisager
les dispositions universelles, soit que l'on
se fixe à l'ancienne jurisprudence, soit
que l'on songe à s'en écarter, cette opinion ne doit influer en aucune façon
sur les dispositions particulieres faites au
profit des enfans naturels *ex soluto &
solutâ*, par leurs peres & meres sans enfans légitimes. De pareilles dispositions
sont à l'abri de toute atteinte ; soit qu'elles
aient été faites entre - vifs, ou qu'elles
aient été faites par testament, ou de quelque valeur qu'elles puissent être, si d'ailleurs elles n'absorbent la succession entiere (1).

_____

(1) C'est en cela que la condition des bâtards
simples est bien plus favorable que celle des adul-
terins ou incestueux, ceux-ci ne pouvant recevoir
que des dispositions modérées ou proportionnées
à leurs besoins.

C'eſt la juriſprudence conſtante du Parlement de Paris, & qui eſt appuyée ſur les vrais principes & les autorités les plus reſpectables.

Le ſieur Hinſelin , Contrôleur de la Chambre aux Deniers, avoit légué à ſon fils naturel la ſomme de 600,000 liv. : ſes héritiers débattoient la délivrance d'un legs auſſi conſidérable, qu'ils prétendoient excéder de beaucoup ce qu'un bâtard pouvoit recevoir de ſon pere ; ils ajoutoient que le teſtament étoit ſuggéré , & ils s'étoient procuré la preuve par la voie d'une enquête.

M. Bignon, Avocat-Général, obſerva que cette enquête étoit illégale, ayant été faite au préjudice d'un Arrêt de défenſe ; que d'ailleurs elle étoit ſuſpecte par la qualité des témoins.

Qu'au fond le legs , quoique conſidérable, n'avoit rien d'exceſſif, eu égard à la fortune du teſtateur , & qu'ainſi il devoit être confirmé.

Et par Arrêt du 19 Mai 1663, la délivrance du legs fut ordonnée , déduction néanmoins faite de 30,000 livres au profit de l'Hôpital-Général.

Ce n'eſt pas le ſeul Arrêt qui ait confirmé un legs de cette importance.

Le sieur Antoine Casse, qui avoit fait une grosse fortune dans les Isles de l'Amérique, fit le 3 Octobre 1775 son testament, par lequel il légua à son fils naturel 600,000 livres, le surplus de sa succession distribué entre tous ses parens, par la voie de legs particuliers & de legs universels.

Après la mort du sieur Casse, ses héritiers présomptifs, institués légataires particuliers, renoncerent à la succession, pour s'en tenir à leurs legs : mais les légataires universels attaquerent le legs fait à l'enfant naturel, pensant que s'ils parvenoient à le faire réduire, la partie retranchée retourneroit au profit du legs universel, vu la renonciation faite par les héritiers plus prochains.

Quoique la succession fût considérable, il est certain que le legs fait à l'enfant naturel, en absorboit plus des deux tiers ; néanmoins par Arrêt du... 1779, le testament fut confirmé, & la délivrance du legs ordonnée pour son entier.

Les pere & mere d'un bâtard adultérin ou incestueux, peuvent-ils faire une disposition universelle en faveur des enfans légitimes issus du bâtard ? Denisart, *verb.* Bâtard, n°. 29, assure « qu'on tient uni-

» verſellement que l'incapacité paſſe en
» la perſonne des petics enfans de l'adul-
» terc ou de l'inceſte, quoique nés d'un
» mariage légitime, & qu'ils ne peuvent
» rien recevoir de leur aïeul ou de leur
» aïeule en propriété, parce que ces li-
» béralités, dit il, partent d'une ſource
» corrompuc ».

Cet Auteur ne parle avec cette confiance que d'après Ricard, qui embraſſe cette doctrine, dans ſon Traité des Donations, part. 1ᵉʳᵉ, ch. 3, ſect. 8, & qui aſſure qu'elle eſt fondée ſur la juriſprudence de pluſieurs Parlements.

Mais rien n'eſt plus équivoque que cette juriſprudence prétendue univerſelle ; & les Arrêts que Ricard invoque pour l'établir, ne ſont d'aucune application à la queſtion. Le premier dont il s'appuie eſt celui du 14 Août 1570, rapporté par Pierre Pithou ſur l'art. 117 de la Coutume de Troyes, par Louis Charondas en ſes Réponſes, liv. 10, ch. 75, & par Bacquet, Traité de Bâtardiſe, ch. 4.

Charondas, copié par Ricard, ne rapporte pas bien l'eſpece de cet Arrêt. La voici mieux détaillée, & telle qu'on la trouve dans le Recueil de le Veſt, ch. 108.

Mᵉ. Denis le Cointe, Curé de Saint-Pujet près Sens, avoit vécu en concubinage

avec la nommée Guillemette. De ce commerce il étoit issu une fille dont il avoit
pris soin, & qu'il avoit ensuite mariée à
un nommé Denis, en lui constituant une
dot de cent écus d'or, sans compter un
trousseau considérable qu'il avoit fourni.

Depuis ce mariage, Me. le Cointe avoit
dénaturé ses propres, pour les convertir
en biens disponibles ; & immédiatement
après cette aliénation, il avoit fait une
donation universelle de tous ses biens à
la femme Denis, sa fille naturelle (incestueuse), & aux enfans nés & à naître
de celle-ci, se réservant néanmoins l'u-
sufruit.

Après la mort de Me. le Cointe, ses héritiers attaquerent cette donation universelle, qui fut déclarée valable par Sentence
du Bailliage de Sens du 26 Août 1568.

Mais par Arrêt du 14 Août 1570, la
Sentence fut infirmée, & la donation déclarée nulle.

Or, remarquez cette particularité dans
l'espece ; c'est que la donation étoit faite
premierement à la *fille bâtarde*, c'étoit
l'objection des héritiers du sieur le Cointe,
*joinct que pour les mots de ladite donation,
il est dit qu'elle a été faite en faveur & contemplation de la mere*, & accessoirement
seulement à ses enfans nés & à naître,

Cette difpofition opéroit un double vice dans la donation.

D'abord il y avoit donation univerfelle au profit d'une bâtarde inceftueufe, contre les principes de la matiere, qui rendent le bâtard adultérin ou inceftueux incapable de difpofitions univerfelles.

En fecond lieu, le Curé établiffoit une fubftitution au profit des enfans de fa bâtarde, contre le principe qui ne permet point de donner la propriété des immeubles aux bâtards adultérins ou inceftueux, mais qui ne leur accorde que l'ufufruit, le retour de la chofe donnée confervé aux héritiers du donateur.

Voilà deux confidérations effentielles qui n'ont point été obfervées par Ricard, & qui auroient dû l'empêcher de citer cet Arrêt comme une autorité pour fon opinion.

Auffi Bacquet qui parle de cet Arrêt, a faifi la différence, en remarquant que la donation avoit été déclarée nulle, parce qu'elle avoit commencé par une perfonne incapable, *quia incœperat à matre incapace, & ejus contemplatione facta cenfebatur*, dit-il; ajoutant *que la difficulté auroit été plus grande*, fi la donation eût été faite directement aux enfans légitimes de la bâtarde, *in quibus nulla erat ma-*

cula, & qui neque paterno neque materno vitio laborabant.

Voilà donc un Arrêt qu'il faut écarter, comme étant étranger à la question.

Ricard ajoute qu'on trouve dans Bacquet un autre Arrêt semblable daté du 14 Août 1579 : mais il n'y a pas dans Bacquet, à l'endroit cité par Ricard, d'Arrêt du 14 Août 1579 ; on en trouve seulement un du 14 Avril 1579, rendu dans une espece qui n'est point applicable à la question : d'ailleurs, Ricard ne dit pas un mot de l'espece de cet Arrêt prétendu ; & puisque, de son aveu, cet Arrêt est semblable à celui de 1570, il résulte qu'il ne lui seroit d'aucun avantage.

Ricard invoque ensuite la jurisprudence du Parlement de Bordeaux ; mais je trouve dans Lapeyrere, qui a recueilli les décisions de ce Parlement, une doctrine absolument opposée à l'assertion de Ricard.

La Décision 93, lettre D, est ainsi conçue :

« L'aïeul peut faire donation à ses pe-
» tits-fils nés d'une fille *adultérine.* C'est
» ainsi que la Cour l'a jugé par un Ar-
» rêt célebre donné dans l'espece qui
» suit ».

Vient enfuite l'efpece de cet Arrêt, dont voici la fubftance.

Un fieur Laumonerie, qui avoit une fille adultérine, l'avoit mariée au nommé Chéfi. De ce mariage étoit iffu un enfant que le fieur Laumonerie inftitue par fon teftament légataire univerfel de fes meubles & acquêts, & du tiers de fon patrimoine. Conteftation de la part des héritiers du teftateur, fur le prétexte que l'enfant inftitué légataire univerfel, quoique né en légitime mariage, participoit néanmoins à l'incapacité de fa mere.

Mais par Arrêt rendu en la premiere des Enquêtes le 18 Mars 1679, « il » paffa tout d'une voix, dit l'Auteur, que » ledit legs étoit valable; & il fut foute- « nu qu'on n'avoit plus d'égard à cette « diftinction, non plus qu'à l'authentique » *ex complexu*, *Cod. de Inceft. Nupt.*; fi » bien, ajoute-t'il, que dorénavant il faut » tenir cette doctrine pour conftante ».

Si Ricard a fi mal rencontré en invoquant la jurifprudence du Parlement de Bordeaux, il n'eft pas plus heureux fur celle du Parlement de Touloufe.

« Nous voyons, dit-il, que le Parle- » ment de Touloufe a eu la même rigueur » pour l'obfervation des Loix qui vont à » maintenir

» maintenir l'honnêteté des mœurs dans
» la vie civile , en jugeant pareillement la
» nullité des donations faites aux enfans
» légitimes des bâtards incestueux ou adul-
» térins , quoique faites en faveur de ma-
» riage ou autrement , par Arrêts des 1er
» Juin 1571 , 4 Février 1572 , 23 Dé-
» cembre 1583 & 14 Avril 1620 » ;
rapportés par M. Mainard , liv. 6 , ch.
13 ; M. de la Rocheflavin , liv. 6 , tit.
40 , art. 16 , & liv. 8 , tit. 61 , art. 7 ; &
par M. de Cambolas , liv. 1 , ch. 1.

Il est inutile de reprendre en détail chacun de ces Arrêts , pour en combattre
l'application.

Il y a un moyen plus simple de réfuter l'assertion de Ricard sur la prétendue
sévérité du Parlement de Toulouse. M.
Dolive , Conseiller au Parlement de
Toulouse , & qui a écrit sur la jurisprudence de ce Parlement , bien postérieurement aux Auteurs cités par Ricard , traite
dans le ch. 24 du liv. 5 de ses *Questions
notables* , la question de savoir , si l'enfant
légitime d'un bâtard doit venir à la succession de son aïeul ; & après avoir établi la négative , il tombe naturellement
sur la question de savoir si le fils légitime du bâtard peut être institué héritier par son aïeul , & il décide « *qu'il n'y*

N

» *a rien qui empêche* que les enfans légiti-
» mes des bâtards, *exempts de la tache*
» *de leur pere*, ne puiſſent être inſtitués
» héritiers par leur aïeul, comme d'au-
» tres perſonnes étrangeres ; & c'eſt ainſi,
» ajoute-t-il, que cette queſtion fut jugée
» à mon rapport, en la premiere Cham-
» bre des Énquêtes, le 23 Avril 1663,
» au procès d'Anne Chamberte & Barthe-
» lemi Clavelle ».

Voilà donc la reſſource du Parlement
de Touloufe enlevée auſſi à Ricard.

Cet Auteur s'eſt mépris dans toutes les
citations relatives à cette queſtion. Les
Arrêts qu'il invoque ont été rendus dans
des eſpeces particulieres qui dénaturoient
la queſtion, ou que différentes circonſtances rendoient infiniment odieuſes ; ce
qui eſt aiſé à vérifier, en conſultant les
Auteurs dont il les a recueillis.

Enfin, Ricard eſt obligé d'en venir à
un Arrêt célebre du Parlement de Paris,
rendu le 21 Avril 1637, qui conſacre *in*
terminis les donations faites par l'aïeul
aux enfans légitimes des bâtards adultérins : en voici l'eſpece, comme elle eſt
rapportée au Journal des Audiences.

M. Paſquier le Cocq, Référendaire en
la Chancellerie du Palais, avoit une fille
adultérine, mariée à M. Pretre de Ver-

dûn, Avocat en la Cour; de ce mariage il naquit plusieurs enfans. Me Pasquier le Cocq laissa à l'aîné par testament, une maison située à Paris, & son cabinet de médailles, faisant les autres enfans légataires de tous ses meubles & acquêts. Au décès de Me Pasquier le Cocq, ses héritiers collatéraux contesterent la validité du legs, sur le motif de la bâtardise adultérine dont la mere étoit entachée, prétendant que ce vice influoit sur les enfans, & les rendoit inhabiles à recueillir une disposition universelle.

Les héritiers avoient succombé aux Requêtes du Palais, & par Arrêt du 21 Avril 1637, rendu contre les conclusions de M. l'Avocat-Général Bignon, la Sentence fut confirmée, & le legs fut déclaré valable pour le tout.

Ricard cherche à atténuer l'effet de cet Arrêt, en alléguant quelques particularités qui se rencontroient dans l'espece.

D'abord, dit-il, la bâtarde adultérine avoit été légitimée par Lettres du Prince, vérifiées en la Chambre des Comptes, à la poursuite de Me Pasquier le Cocq, son pere naturel, du consentement de sa sœur utérine qui étoit son héritiere apparente.

Une autre circonstance, c'est que la

fille adultérine avoit été qualifiée de fille légitime par le contrat de mariage, & qu'en cette qualité elle avoit été dotée par son pere de 15,000 liv.

« Ceſſant quoi, ajoute t-il, il y a appa-
» rence que le Parlement de Paris n'au-
» roit pas moins maintenu *la cauſe pu-*
» *blique* que les autres Parlements du
» Royaume ».

Mais, quoi qu'en diſe Ricard, il eſt certain que ces particularités n'ont dû influer en aucune maniere ſur l'Arrêt en queſtion.

La légitimation de la fille adultérine n'étoit d'aucune conſidération pour la ſolution de la difficulté, puiſque la légitimation ne donne point à l'enfant naturel capacité pour ſuccéder; elle ne frappe que ſur la tache de ſa naiſſance, ſans pouvoir préjudicier aux droits des familles. L'enfant légitimé ne devient habile à ſuccéder, qu'autant que tous les parents de ſes pere & mere ont conſenti à la légitimation; & dans l'eſpece dont il s'agit, il n'y avoit pas un ſeul parent paternel de Mᶜ Paſquier le Cocq, qui eût donné ſon conſentement, quoique ce fût du côté paternel que vînt toute la fortune de Mᶜ Paſquier.

En ce qui concerne la qualification de

fille légitime, inférée au contrat de mariage de la fille bâtarde, c'étoit une circonstance incapable, sans contredit, de changer l'état de la bâtarde, ni de nuire aux droits de la famille.

Ricard oppose que, lors de cet Arrêt, celui de 1570 ne fut point cité ; mais on eut raison : ce n'est pas sans doute qu'il fût bien connu, mais ce fut parce qu'il n'étoit d'aucun préjugé pour l'espece.

Henrys, qui assistoit aux plaidoieries de cette cause, & qui en rapporte aussi l'espece, tom. 3, chap. 6, quest. 10, assure que, discussion faite de tous les Arrêts rendus en différentes Cours sur cette matiere, *on demeura d'accord qu'il n'y avoit point d'Arrêt qui eût précisément jugé la question.*

On peut donc dire que cet Arrêt a jugé la question en faveur des enfans légitimes des bâtards.

Ce qui a rendu Ricard si opposé à cette jurisprudence, c'est qu'il s'étoit persuadé que la proscription des bâtards & de tous ceux qui descendent d'eux, touchoit *à la cause publique & à la conservation des bonnes mœurs :* opinion vraiment déraisonnable, & qu'il a cherché à consacrer par de prétendues décisions qui n'y ont aucun rapport. La jurisprudence des Parlements n'a jamais adopté un pareil fyftême, qui, d'un côté, feroit d'une extrême injuftice envers de malheureux enfans qui ne font pas refponfables de la faute de leurs parents ; d'une autre part, cette haine que Ricard & fes partifans cherchent à infpirer contre des citoyens, feroit d'autant moins judicieufe, qu'elle peut tomber fur des citoyens précieux, capables de bien fervir la patrie, & de devenir eux-mêmes la tige de familles vertueufes.

Si l'aïeul peut faire une difpofition univerfelle au profit des enfans légitimes nés de fon bâtard adultérin, à plus forte raifon le peut-il faire en faveur d'un bâtard né *ex foluto & folutâ* ; ce dernier point ne peut pas faire queftion.

Mais que doit-on dire d'une donation univerfelle, faite par un aïeul au profit d'un bâtard de fon fils légitime ?

Je ne conçois pas que cela puiffe faire la moindre difficulté. S'il eft permis de donner à fes bâtards, à plus forte raifon doit-il être permis de difpofer en faveur des bâtards d'autrui.

Néanmoins l'Auteur d'un nouveau Recueil de caufes intéreffantes, rapporte tom. 9, cenf. 25, l'efpece d'un Arrêt qui a déclaré nulle une pareille difpofition.

Le fieur de Saubrecourt étoit né de

l'union illégitime de Marie-Louise Guédé & du sieur de Saubrecourt, Officier dans les armées du Roi.

La demoiselle Guédé étant décédée, le jeune Saubrecourt devint précieux à son aïeule maternelle, qui le fit élever avec soin, & le combla de bienfaits. Enfin, elle couronna sa générosité en l'instituant son légataire universel, par son testament du 6 Novembre 1724.

Les collatéraux de la testatrice attaquerent ce testament, sur le motif qu'il n'étoit point permis à l'aïeul de faire aux bâtards de ses enfans légitimes, une condition meilleure qu'il ne pourroit faire à ses propres bâtards; & par Arrêt du 19 Février 1731, confirmatif d'une Sentence du Châtelet, le legs fut réduit à 300 l. de pension viagere.

Les moyens employés de part & d'autre, se trouvent rappellés dans l'extrait de cette affaire; & cela suffit seul pour nous convaincre que le défenseur du sieur de Saubrecourt n'a pas donné à sa défense toute l'énergie dont elle étoit susceptible.

Cet Arrêt solitaire ne peut donc servir de préjugé, & il n'en demeure pas moins certain qu'un aïeul peut instituer son légataire universel, le bâtard de son fils légitime.

Après avoir confidéré le bâtard fous fes différents rapports avec fa famille naturelle, il eft temps de le confidérer fous un autre point de vue.

§. II.

Des Bâtards confidérés fous leur rapport avec la Société.

Les Romains avoient différens tetmes pour exprimer les différentes efpeces d'enfans naturels dont l'illégitimité étoit plus ou moins défavorable.

Chez nous, toutes les efpeces font confondues fous la même expreffion de *bâtards*, dont nous ne connoiffons pas encore la véritable étymologie. Voyez le Gloffaire du Droit François. Ce terme n'a pas toujours porté l'acception injurieufe qui en eft inféparable aujourd'hui. Il fut un temps où cette qualification fe concilioit avec les titres les plus honorables; les bâtards des familles illuftres participoient à la nobleffe de leurs peres ; ils en portoient le nom & les armes, & étoient admis, à la faveur de cette origine, aux emplois les plus diftingués.

Mais il n'appartenoit qu'aux nobles, de communiquer tant d'avantages au fruit de leur incontinence.

'A l'égard des bâtards des *vilains*, ou roturiers, leur condition étoit bien différente, puifque par le feul vice de leur naiffance, ils devenoient *ferfs* de la Seigneurie dans laquelle ils étoient nés, & les bâtards d'Evêques & de Prêtres, Diacres & Sous-diacres, étoient ferfs de l'Eglife à laquelle leur pere naturel étoit attaché.

C'étoit par une fuite de cette condition *ferve*, que les bâtards de cette efpece ne pouvoient fe marier qu'à des perfonnes de la même condition & de la même Seigneurie, fous peine d'une amende confidérable ; ce qu'on appelloit le droit de *formariage*, dont il eft fait mention dans quelques Coutumes, comme *Laon, Rheims, Châlons, &c.*

Indépendamment de ce droit, les bâtards mariés ou veufs, en payoient un autre appellé le droit de *chevage*, dont il eft auffi parlé dans quelques Coutumes.

Par une fuite de la fervitude impofée aux bâtards, leur fucceffion, lorfqu'ils décédoient fans enfans, étoit dévolue au Seigneur, fauf *cinq fols* dont il étoit permis au bâtard de difpofer par teftament.

Mais cette immenfe diftance qui féparoit les bâtards nobles des bâtards roturiers s'altéra infenfiblement, de maniere

qu'il n'y a plus aujourd'hui aucune différence ; exceptons en néanmoins les enfans
naturels , dont l'origine augufte couvre
l'irrégularité de la naiffance : tels font les
enfans de nos Rois qui naiffent Princes,
& les enfans des Princes qui naiffent Gentilshommes.

A l'égard des bâtards des autres Gentilshommes, quelque grands Seigneurs
qu'ils puiffent être , ils ne participent point
à l'illuftration de leurs peres, & ils naiffent auffi *roturiers* que le bâtard du dernier roturier.

C'eft Henri IV , qui , le premier de nos
Rois , a privé de la nobleffe les enfans
naturels des nobles d'extraction.

« Pour le regard des bâtards , encore
» qu'ils foient iffus de peres nobles , ils
» ne fe pourront attribuer le titre & qua-
» lité de Gentilhomme , s'ils n'obtien-
» nent nos Lettres d'annobliffement, fon-
» dées fur quelques grandes confidéra-
» tions de leurs mérites ou de leurs peres,
» vérifiées où il appartiendra ». Edit de
1560 , art. 26.

Cet Edit a été confirmé par un autre
Edit de Louis XIII , du 15 Janvier 1629,
enregiftré au Parlement ; & enfin il y a
celui du mois de Janvier 1634 , concernant les tailles , qui renouvelle ces difpo-

fitions par l'art. V : » *Les bâtards , quoi-*
» *qu'ils foient iffus de peres nobles , ne fe*
» *pourront attribuer la qualité de Gentil-*
» *homme* ».

Depuis cette abrogation de la qualité de
nobles , les bâtards des Gentilshommes
ne peuvent plus prendre la qualité d'*E-*
cuyer, ni porter les armes de leur famille
naturelle.

Le fieur Antoine de Meaux , fils naturel & adultérin du Baron de Meaux ,
avoit porté, pendant la vie de fon pere ,
& le nom & les armes de la Maifon de
Meaux , avec la qualité d'Ecuyer.

Après la mort du Baron de Meaux ,
les parens firent affigner Antoine de
Meaux (âgé de foixante-dix ans) pour
fe voir condamner à quitter le nom &
les armes de Meaux. Antoine de Meaux
fe défendoit fur la poffeffion de foixante
& dix années, autorifée du confentement
de fon pere ; fes enfans intervenoient dans
la conteftation, pour fe maintenir dans
cette poffeffion.

M. Talon , Avocat-Général, obferva
que le fieur Antoine de Meaux étant le
fils naturel du Baron de Meaux , il avoit
bien le droit de porter le nom , mais
que le droit ne s'étendoit pas jufqu'à porter fes armes , ni à prendre la qualité

d'*Ecuyer*, vu qu'il étoit simple roturier, quoique fils naturel d'un noble d'extraction; sur quoi il conclut à ce qu'il fût fait défense à Antoine de Meaux de porter les armes de la Maison de Meaux, comme aussi de prendre la qualité d'Ecuyer.

Et par Arrêt du 14 Février 1639, Antoine de Meaux fut maintenu dans le droit de porter le nom de Meaux, avec défenses néanmoins de porter les armes & de prendre la qualité d'Ecuyer.

Voyez Bardet, tome 2, liv. 8, ch. 8.

Par la même raison que les bâtards de nobles ne peuvent pas prendre la qualité de Gentilhomme ni d'Ecuyer, ils ne peuvent point prétendre aux exemptions & privileges qui ne concernent que les nobles, comme celle des tailles, des francs-fiefs, &c.

Autrefois les bâtards ne pouvoient pas acquérir des fonds, sans une permission expresse du Roi. La Roque a extrait des regiftres de la Chancellerie quelques permissions de cette espece, données dans le quatorzieme siecle. Mais aujourd'hui, à l'exception du droit de succéder, ils jouissent de toutes les facultés qui dérivent du droit des gens & du droit civil: dégagés des entraves humiliantes qui les retenoient autrefois, ils peuvent acquérir, vendre, aliéner, échanger, &c. sans être asservis à prendre aucune permission du Roi ni des Seigneurs; ils peuvent posséder toutes sortes de charges, emplois, offices & dignités, dans les armes, dans la magistrature & dans la finance, sans avoir besoin d'obtenir des Lettres de légitimation ni de dispense : traitement plus favorable que celui qui leur est accordé par le droit civil, qui les exclut de toutes les charges publiques, leur permettant seulement d'exercer l'emploi de *Décurion*, dans les cas d'urgente nécessité.

Les bâtards ne sont point admis aux ordres sacrés, ni à posséder des bénéfices: *non ingredietur Manzer in Ecclesiam Domini, usque ad decimam generationem ;* ils ne sont pas non plus admis aux degrés, ni aux dignités des Facultés de Théologie.

Mais cette inhabileté se leve aisément par des dispenses du Pape ou des Evêques.

Il est bon ici de remarquer que si cette exclusion a été introduite contre les bâtards, ce n'est point à raison d'incapacité civile, puisqu'ils n'ont point cette espece d'incapacité, & qu'il leur suffit d'être nés François pour posséder en France toutes sortes d'Offices & de Bénéfices;

d'ailleurs, fi cette incapacité légale exif-
toit, ce ne feroit point au Pape qu'il ap-
partiendroit de la lever, mais au Roi.

L'exclufion dont il s'agit n'eft donc
autre chofe qu'une affaire de difcipline
canonique, fondée fur l'extrême pureté
qu'exige le fervice de l'Eglife; & fous ce
point de vue, la difpenfe du Pape eft autant qu'il en faut pour purger l'irrégularité.

Néanmoins, le bâtard peut faire profeffion religieufe, & prendre enfuite les
Ordres facrés, & poffeder des Bénéfices
fans difpenfe; l'Eglife fuppofe que l'état
de retraite & d'auftérité que le bâtard a
embraffé, a fuffifamment purifié le vice de
fa naiffance.

Les bâtards fuccedent à leurs enfans
légitimes décédés fans enfans.

Ils jouiffent même du bénéfice de la
Loi *Undè vir & uxor*, qui confifte à tranf-
mettre, à l'exclufion du fifc, au conjoint
furvivant la fucceffion du conjoint décédé
fans héritiers, ce qui a lieu même dans
le cas où tous les deux conjoints feroient
bâtards.

Nous n'en dirons pas davantage fur les
bâtards, parce qu'on ne manque pas de
livres qui ont amplement traité de cette
matiere; & nous finirons en cet endroit
notre première Partie.

SECONDE PARTIE,

Où il est traité des Séductions qui donnent lieu à des peines afflictives.

Nous n'avons jusqu'à préfent confidéré la *Séduction* que fous l'afpect d'un écart de tempérament entre deux perfonnes libres, qui pourroient en réparer les fuites par le mariage fubféquent ; & il a été fuffifamment établi qu'une pareille féduction ne donnoit lieu qu'à une action civile.

Mais il eft des féductions d'une autre efpece, qui font foumifes aux peines les plus rigoureufes, parce qu'elles bleffent l'ordre de la fociété, le droit des familles, le refpect dû à la religion, ou parce qu'elles offrent un abus coupable de confiance ou d'autorité.

CHAPITRE PREMIER.

Du Rapt de Séduction.

Le rapt de séduction est une espece de crime inconnu chez les Romains, & sur lequel notre ancienne jurisprudence n'offre pas de notions bien claires & bien assurées. La plupart de nos livres, antérieurs à 1730, confondent le rapt de séduction avec la séduction simple, & cette méprise a opéré des conséquences funestes.

Depuis l'Ordonnance de 1730, nous trouvons encore des Auteurs qui copiant servilement les livres qui les ont précédés, confondent le simple commerce illicite avec le rapt de séduction; ce qui est d'autant plus révoltant, que la différence des peines établies entre ces deux especes, exige qu'on apporte sur cet article la plus scrupuleuse attention.

Le rapt de séduction est un attentat à l'autorité des parens, qui a pour objet de contracter avec un enfant de famille un mariage avantageux contre le gré ou à l'insçu de la famille; d'où il résulte que le rapt de séduction est le crime de l'ambition & de la cupidité plutôt que celui de la paffion ou du tempérament.

Le ravieur, plus occupé de fes intérêts que de la fatisfaction des fens, vife à la fortune plutôt qu'à fa pudeur. Le *féducteur* au contraire, uniquement conduit par les fens, attaque la pudeur, en dédaignant fouvent l'alliance de celle qu'il a féduite.

Le *rapt de féduction* n'a rien d'inconciliable avec la fageffe d'une fille ; au contraire, la féduction entraîne néceffairement la défaite de fa vertu.

En fait de féduction, c'eft la famille de la fille féduite qui réclame l'alliance du féducteur, comme une jufte fatisfaction du mal qu'il a caufé. Dans le rapt de féduction, c'eft la famille du ravieur qui follicite le mariage ; & c'eft la famille de la perfonne ravie qui repouffe le coupable, comme indigne de fon alliance.

Le *rapt de féduction* n'admet aucune diftinction de fexe, pouvant être commis par une fille ou par une veuve ; au lieu que l'allégation de féduction ne peut jamais appartenir qu'aux femmes.

Enfin, la féduction eft une injure faite à la perfonne féduite, plutôt qu'à fa famille ; mais le *rapt de féduction* eft une

injure qui frappe directement sur la famille dont elle blesse l'autorité ; de sorte
qu'un enfant sans famille & sans tuteur,
n'est pas susceptible de *rapt de séduction*.

De ces différences bien établies, il résulte que nous ne connoîtrions pas le
rapt de séduction en France , si nous
n'avions pas de Loix qui soumissent les
mariages des enfans de famille à la volonté & au consentement de leurs parens,
tuteurs ou curateurs , puisque c'est le mépris de cette autorité qui caractérise le
rapt de séduction ; & comme les suites de
cette violence , faite à la volonté des peres
& meres , tuteurs ou curateurs , entraînent
des conséquences fâcheuses pour les familles , & même pour les mineurs qui
ont été l'objet de la séduction, nos Loix,
en déclarant nuls les mariages contractés
par les mineurs sans le consentement des
peres & meres , tuteurs ou curateurs, ont
cru qu'il étoit nécessaire de punir rigou-
reusement ceux qui auroient manœuvré ou
favorisé cette coupable démarche, qui a
été qualifiée de *rapt*.

L'Ordonnance de Blois, art. 40 , après
avoir établi les formalités nécessaires à
la validité des mariages , » *défend très-*

» étroitement aux Curés, Vicaires & au-
» tres de passer à la célébration de ma-
» riages des enfans de famille , ou étant
» en la puissance d'autrui, s'il ne leur
» apparoît du consentement des peres &
» meres, tuteurs ou curateurs, à peine
» d'être punis comme *fauteurs du crime de*
» *rapt* ».

L'article suivant prononce la nullité des
mariages qui auroient été contractés au
préjudice de la disposition précédente ; &
l'article 42 ajoute : « Et néanmoins vou-
» lons que ceux qui se trouveront avoir
» suborné *fils* ou filles mineurs de vingt-
» cinq ans, sous prétexte de mariage ou
» autres couleurs, sans le gré, su, vou-
» loir & consentement des peres & meres
» & tuteurs, soient punis de mort, sans
» espérance de grace ni pardon, nonobs-
» tant tout consentement que lesdits mi-
» neurs pourroient alléguer par après
» avoir donné audit *rapt*, lors d'icelui ou
» auparavant ».

Quoique l'Ordonnance , après ces mots,
sous pretexte de mariage , ajoute, *ou sous*
autres couleurs, il n'en faut pas conclure
qu'il peut y avoir subornation ou rapt
de séduction, même sans la spéculation
du mariage; & que tout commerce criminel, entretenu avec un enfant mineur,

peut être qualifié de rapt de féduction & de fubornation.

Cette conféquence répugne abfolument à l'efprit de cette Ordonnance, & est mentie par tout fon contexte.

La preuve que, par ces mots, *fous autres couleurs*, l'Ordonnance n'entend pas le commerce charnel, qui n'auroit pour objet que le plaifir des fens, c'est que l'Ordonnance comprend dans fa difpo-fition pénale les femmes aufſi bien que les hommes. Or, il ne feroit pas raifon-nable d'avancer qu'une fille qui s'aban-donne au defir d'un jeune homme mineur, est irrémifſiblement coupable de mort. Ce fyftême, qui feroit ridicule aujourd'hui, ne l'eût pas moins été dans le feizieme fiecle, époque de l'Ordonnance de Blois; & puifque l'Ordonnance prononce irré-mifſiblement la peine de mort contre toute fille qui fera coupable de fuborna-tion, cette fubornation ne fe peut en-tendre que de celle qui a pour objet de faire contracter au mineur un mariage con-traire à la volonté de fes parens.

A l'égard de ces termes, *ou fous autres couleurs*, au lieu de chercher, comme ont fait plufieurs Jurifconfultes, à leur don-ner un fens efficace, & qui puiffe fe con-cilier avec l'efprit de l'Ordonnance, il me paroît plus simple & de meilleure foi d'avouer que ces termes sont l'effet d'un vice de rédaction, comme il s'en rencontre souvent dans les Loix d'une certaine étendue.

Nous devons d'autant moins nous arrêter à cette énonciation fautive, qu'elle a été pleinement corrigée par les Ordonnances postérieures, qui ne permettent aucun doute sur les caracteres nécessaires au rapt de séduction.

L'Ordonnance de 1629 (1), art. 169, en renouvellant les dispositions de l'Ordonnance de Blois sur le rapt de séduction, « veut que tous ceux lesquels com- » mettront rapt & enlevement de veuves, » fils ou filles étant sous la puissance des » peres & meres, tuteurs & parens, ou » entreprendront de les *suborner pour se* » *marier*, feront punis, &c. ».

Ces termes, *pour se marier*, ne laissent plus subsister d'équivoque; d'ailleurs, le préambule de l'Edit suffiroit seul pour lever toute incertitude, puisqu'il annonce

---

(1) Quoique cette Ordonnance n'ait pas force de Loi, n'ayant pas été vérifiée, elle peut cependant être citée quant aux articles qui servent à jetter quelques lumieres sur les Ordonnances précédentes, & en développer l'esprit.

que l'objet de la nouvelle Loi « eſt de » conſerver l'autorité des peres & meres » ſur leurs enfans, l'honneur & la liberté » des mariages, & la révérence due à un » auſſi ſaint Sacrement, & empêcher qu'à » l'avenir pluſieurs familles de qualité ne » ſoient alliées avec perſonnes indignes & » de mœurs diſſemblables ».

Les diſpoſitions de l'Edit de 1629 ont été renouvellées par la Déclaration de 1639, qui établit encore d'une maniere préciſe les circonſtances qui donnent lieu au *rapt de ſéduction.* Le Légiſlateur y voit *la violation de l'honneur & de la naturelle révérence qui eſt due aux parens, & la flétriſſure des familles par des alliances inégales, & ſouvent honteuſes & infames.*

Pour qu'il ne ſoit plus poſſible de douter que le rapt de ſéduction ne puiſſe s'entendre d'autre choſe que des ſubornations, qui ont pour objet de parvenir à une alliance diſproportionnée, le Prince termine ſon préambule en ces termes : « N'ayant en cela d'autre deſſein que de » ſanctifier le mariage, régler les mœurs » de nos Sujets, & empêcher que les » crimes de rapt ne ſervent plus à l'avenir » de moyens & de degrés *pour parvenir à* » *des mariages avantageux.*

D'après ces expreffions, le rapt de féduction pourroit fe définir, *l'ufage de quelques manœuvres pour engager un fils ou une fille de famille à contracter mariage à l'infçu & contre le confentement de fes parens.*

Nous voyons dans nos livres plufieurs exemples de condamnations prononcées contre des filles coupables de cette efpece de rapt.

Une intrigante avoit engagé un mineur, & Secrétaire du Roi, à l'époufer. Les parens du mineur rendent plainte en rapt de féduction. Par Arrêt du 30 Août 1602, le mariage eft déclaré nul, la femme privée de tous les droits qu'elle auroit pu prétendre en conféquence, & bannie pour neuf ans de la Prévôté de Paris ;

Le jeune homme condamné à demander, nue tête & à genoux, pardon à fon pere, d'avoir, comme mal-avifé & au defçu de fondit pere, contracté & exécuté ledit mariage, & condamné en outre en vingt-cinq écus d'aumône envers les Pauvres de la Conciergerie ;

Le Notaire qui avoit paffé le contrat interdit de fon état pour trois mois ; & le Curé qui avoit fait la célébration, renvoyé devant fon Official, pour lui être fon procès fait & parfait, fur l'abus par lui commis en célébrant le mariage fans le confentement & hors la préfence des parens & fans publication de bans, auquel procès le Lieutenant-Criminel affifteroit pour le cas privilégié. Papon, liv. 22, tit. 21.

Le fieur de Bapeaume, Moufquetaire, âgé de vingt-trois ans, épris des charmes de Marie Ida Cabeo, fille majeure, & Liégeoife, s'étoit déterminé à l'époufer à l'infçu de fes parens.

La mere du jeune homme ayant rendu plainte en *rapt de féduction* contre Marie Ida Cabeo, par Sentence du Châtelet le mariage fut déclaré nul, & Marie Ida Cabeo condamnée *au blâme*. Appel de la part de Marie Cabeo. Autre appel *à minimâ* de la part de M. le Procureur-Général. La Cabeo fe défendoit du rapt dont on l'accufoit, 1°. par fa qualité d'Etrangere, qui lui avoit laiffé ignorer les Loix de France ; 2°. par la qualité du fieur de Bapeaume, n'étant pas préfumable qu'un Officier Moufquetaire, âgé de vingt-trois ans, fût fufceptible de féduction ; 3°. elle repréfentoit plufieurs lettres du fieur de Bapeaume, qui annonçoient que Marie Cabeo n'avoit confenti à ce mariage qu'après une longue réfiftance & les plus vives follicitations du fieur de Bapeaume. Cependant

pendant la Cour n'eut point égard à ces moyens ; & , par Arrêt du 19 Juillet 1706, la Sentence du Châtelet fut infirmée, en ce qu'elle n'avoit condamné qu'au *blâme* Marie Cabeo, qui fut, sur l'appel, bannie pour trois ans de la Prévôté de Paris.

Le Mémoire pour Marie-Ida Cabeo, & la note de l'Arrêt, est à la Bibliotheque des Avocats, au Recueil, cote 9, fol. 216.

Souvent même la jurisprudence n'exigeoit pas que le mariage eût été contracté ; il suffisoit qu'il y eût preuve que ce mariage étoit machiné, de sorte qu'avant la célébration on recevoit la plainte en rapt de séduction.

Esprit Negrel, Bourgeois de Roquevaire, présenta en 1670 Requète au Parlement d'Aix, pour qu'il fût fait défenses à Claude Alexis, Boucher dans le même lieu, à sa femme & à sa fille, de suborner Ange Negrel son fils, & il obtint un Arrêt qui fit ces défenses qu'il demandoit.

Jacques le Clerc & son fils avoient attiré le nommé Chenard, âgé de seize ans, & l'avoient engagé à souscrire une promesse de mariage à la fille de le Clerc : le tuteur de Chenard & sa mere, regardant cet acte comme la preuve d'un

rapt de séduction commencé, rendirent
plainte en rapt ; & , par Arrêt du 11
Juillet 1671 , du Parlement de Dijon,
le Clerc pere & fils furent condamnés
chacun en 150 livres d'amende , avec
défenses de fréquenter Chenard & de le
recevoir dans la maison, à peine d'être
poursuivis extraordinairement. Voyez Raviot sur Perrier, quest. 188 , n°. 18.

Jusques-là la jurisprudence n'a rien
que d'assez conforme aux Ordonnances ;
mais où nous la voyons commencer à s'en
écarter, ce fut quand elle mit la grossesse
d'une fille mineure au nombre des preuves
de subornation & de rapt de séduction.

Le motif qui introduisit cette doctrine
avoit cependant quelque chose d'assez spé-
cieux. Une fille mineure, riche & de
bonne condition , séduite par un aventu-
rier , doit nécessairement devenir sa
femme ou être dévouée à l'ignominie le
reste de sa vie ; il n'y a pas d'apparence
que les parens choisissent ce dernier parti
qui répugne à l'humanité. Ils se trouvent
donc obligés de couronner l'ambition du
séducteur, qui a obtenu , par son artifice ,
une alliance à laquelle il ne seroit jamais
parvenu. Or, disoit-on , une séduction
de cette nature peut être considérée
comme une des manœuvres prévues par

les Ordonnances , puifqu'autrement les fuborneurs ne manqueroient pas de s'introduire dans les familles par le déshonneur des filles.

Mais cette objection étoit fufceptible d'une réfutation facile. En effet, celui qui emploie la féduction pour parvenir au facrement n'eft pas, à beaucoup près, fi coupable que celui qui abufe du facrement pour parvenir à la féduction. Dans le premier cas, l'autorité des parens refte fans atteinte, puifque la fille, en oubliant le foin de fon honneur, n'offenfe pas au moins le refpect dû à fes parens, fous la main defquels elle ne ceffe pas de réfider; mais, dans le fecond cas, la démarche du mineur eft une infraction des premiers devoirs de la Nature, & une révolte contre l'autorité paternelle.

En fecond lieu , le ravifleur joint l'hypocrifie à la féduction ; fous l'ombre d'une union confacrée par l'Eglife , il reçoit des embraffemens qui ne font adreffés qu'à l'époux, & prépare de fang-froid les plus affreux regrets à fa trop crédule victime.

Le féducteur, au contraire, n'a point à fe reprocher cette perfidie; il n'a point cherché , à l'aide d'un titre illufoire, à induire en erreur l'objet de fa paffion; en

O 2

attaquant fa vertu, il lui a laiffé la liberté de repouffer fes efforts, & la victime, en fuccombant, a dû connoître toutes les conféquences de fa foibleffe.

Ce n'eft pas que fon procédé ne foit digne de punition par les fuites fâcheufes qu'il entraîne : mais au moins faut-il reconnoître que ce n'eft point un *rapt;* & qu'en méritant une punition rigoureufe, il ne mérite pas celle prononcée contre ce dernier crime.

Je reviens donc à dire, que lorfqu'on a regardé la féduction d'une fille mineure comme un rapt de féduction,& quand on a traité l'auteur de cette groffeffe comme un raviffeur, on a donné une extenfion aux Loix de cette matiere ; extenfion qu'on peut regarder comme la premiere caufe des abus qui fe font introduits dans cette partie de la jurifprudence.

En effet, quand il eut été une fois admis que la féduction d'une fille pouvoit être affimilée à un *rapt*, l'accufation en crime de rapt devint l'accufation bannale de toutes les filles féduites.

Un pere rendoit plainte en crime de rapt contre un jeune homme qui avoit abufé de fa fille, *majeure.*

Une fille mineure, féduite par un

homme marié, rendoit plainte en crime de rapt.

Une fervante, qui s'étoit abandonnée à fon maître, rendoit plainte en rapt & fubornation; & les peines les plus rigoureufes, fouvent même le dernier fupplice, étoient le réfultat de cette étrange confufion.

Il eft vrai que, pour corriger ce qu'il y avoit de révoltant dans une pareille févérité, les Tribunaux avoient imaginé de donner au coupable l'alternative de fouffrir la peine prononcée, ou d'époufer la fille féduite.

Ces mariages judiciaires n'exigeoient pas de grandes cérémonies; il ne falloit ni confentement des parens, ni publication de bans, ni fiançailles, ni préfence du Curé des Parties: l'accufé, encore chargé de chaînes, étoit conduit de fa prifon à l'églife où il rencontroit fon adverfaire, & on dreffoit un procès-verbal de la bénédiction nuptiale qui leur étoit adminiftrée.

C'eft ce qui nous eft attefté par la Déclaration de 1730, qui s'exprime ainfi:

» Sur la requête de la fille, qui de-
» mande à époufer celui qu'elle appelle
» fon fuborneur, & fur le confentement

» que la crainte de la mort arrache tou-
» jours au condamné, un Commiſſaire
» au Parlement le conduit à l'égliſe les
» fers aux pieds, pendant que la fille eſt
» en liberté; & c'eſt-là que, ſans publi-
» cation de bans, ſans le conſentement
» du propre Curé, ſans la permiſſion de
» l'Evêque, & par la ſeule autorité du
» Juge Séculier, ſe conſomme un enga-
» gement dont la débauche a été le prin-
» cipe, & dont les ſuites, preſque tou-
» jours triſtes, ont rendu cette juriſpru-
» dence odieuſe à ceux qui la ſuivent ſur
» la foi de leurs peres (1) «.

Il arrivoit quelquefois que l'accuſé ne
ſe trouvoit pas à portée de profiter de
l'alternative; par exemple, lorſque l'accuſé étoit marié, ou qu'il étoit dans les
Ordres, ou lorſqu'il étoit pourſuivi par
deux filles à la fois, qui, ſe prétendant
toutes deux ſéduites par lui, demandoient
toutes deux à être épouſées; dans tous ces

_____

(1) L'Egliſe de Saint - Bartheloini étant à Paris
la Paroiſſe du Palais, c'étoit dans cette Egliſe que
ſe célébroient tous les mariages contractés en vertu
d'Arrêts du Parlement, ſans aucune conſidération
pour le domicile des Parties.

cas, il y a des exemples de coupables condamnés à mort.

Mais, en suppofant le coupable à
portée de fe racheter de la mort par le
mariage, il eft aifé de reconnoître que
cette modification étoit d'une inconféquence extrême.

1°. Dès l'inftant que l'accufé étoit jugé
coupable de *rapt de féduction*, la peine
de mort ayant été prononcée contre ce
crime, il n'étoit pas au pouvoir des Magiftrats de propofer au condamné la rémiffion de la peine à telle ou telle condition.

2°. Cette rémiffion étoit d'autant plus
irréguliere, que les Ordonnances plaçoient
le rapt de féduction au nombre des crimes *irrémiffibles*.

3°. Les Ordonnances concernant le
rapt ayant pour objet d'empêcher les
mariages inégaux, l'alternative qui permettoit au fuborneur d'échapper à la
peine, en époufant la perfonne ravie,
étoit en contradiction avec les Ordonnances ; puifqu'en lui accordant d'époufer
la perfonne féduite, c'étoit précifément
lui donner ce qu'il defiroit, & couronner
fon projet.

4°. Une autre contradiction attachée à

ce procédé étoit de rendre inutile le
confentement des parens, tuteurs ou curateurs, lorfqu'au contraire l'objet des
Ordonnances avoit été de faire de ce
confentement une formalité effentielle à
la validité du mariage.

Une jurifprudence vicieufe par tant
d'endroits, avoit cependant trouvé le
moyen de fe maintenir jufques vers le
milieu de notre fiecle ; ce n'étoit pas
qu'on n'en reconnût les défauts : mais
quand un ufage compte une poffeffion
d'un certain nombre d'années, on fait
combien il faut d'efforts & de courage
pour l'abolir.

Enfin, nous avons vu paroître, en
1730, une Déclaration qui a réformé
une jurifprudence *que des fuites funeftes
avoient rendue odieufe à ceux mêmes qui
la pratiquoient fur la foi de leurs peres.*

Le préambule de cette Loi rétablit les
principes fi long-temps perdus de vue
en matiere de rapt de féduction.

Il y eft dit » que la fevérité des pré-
» cédentes Ordonnances a eu principale-
» ment en vue d'affermir l'autorité des
» peres & meres fur leurs enfans, d'af-
» furer l'honneur & la *liberté des maria-*
» *ges,* & d'empêcher que *des alliances in-*

» dignes flétriſſent l'honneur de pluſieurs
» familles illuſtres, & ne devinſſent ſouvent
» la cauſe de leur ruine «.

Après avoir ainſi indiqué le trait eſſentiel qui caractériſe le rapt de ſéduction,
le Souverain ſe plaint amérement de l'u-
ſage abuſif qui s'étoit introduit dans pluſieurs Provinces, de *confondre tout commerce criminel avec le rapt de ſéduction*,
& de ce que, par un excès de rigueur
abſolument *contraire au véritable objet des
Ordonnances, la preuve d'une ſimple fréquentation étoit regardée comme ſuffiſante
pour condamner l'accuſé au dernier ſupplice.*

Le Prince parle enſuite de l'alternative
imaginée pour corriger la ſévérité d'une
pareille condamnation; il en retrace les
inconſéquences & les contradictions, &
finit par reconnoître la néceſſité de remettre ſous les yeux des Juges les vrais
caracteres du rapt de ſéduction; & c'eſt,
en effet, à quoi ſont employés les trois
premiers articles de la Déclaration de
1730.

L'article 1er confirme *les Edits & Déclarations qui concernent le rapt de ſéduction*, notamment *l'article* 42 *de l'Ordonnance de Blois*, & *la Déclaration du* 26
Novembre 1639 . . . .

En conſéquence, ordonne que le *procès*

sera fait & parfait à tous ceux OU CELLES qui seront accusés d'avoir séduit & suborné par artifices, intrigues, ou autres mauvaises voies, des fils ou filles, même des veuves, mineurs de vingt-cinq ans, pour PARVENIR A UN MARIAGE, à l'insu ou sans le consentement des peres & meres, tuteurs ou curateurs & parens, sous la puissance & autorité desquels ils sont.

L'article 2 défend aux Juges d'offrir aux coupables de rapt, l'alternative de la mort ou du mariage, & de permettre la célébration du mariage avant ou après la condamnation, pour exempter l'accusé des peines prononcées par les Ordonnances; ce qui aura lieu, ajoute l'article, *quand même la personne ravie, & ses pere & mere, tuteur ou curateur, requerroient expressément le mariage.*

Enfin, pour ôter à l'avenir toute confusion du rapt de séduction avec la séduction simple, l'article 3 en contient la distinction en ces termes:

» *Les personnes majeures ou mineures,*
» *qui, n'étant point dans les circonstances*
» *ci-dessus marquées, se trouveront seu-*
» *lement coupables d'un commerce illicite,*
» *seront condamnées à telles peines qu'il*
» *appartiendra, selon l'exigence des cas,*
» *sans néanmoins que les Juges puissent*

» prononcer la peine de mort «.

Ces dernieres difpofitions ne laiffent plus aucun prétexte de confondre l'un & l'autre délit.

Pour que la féduction foit qualifiée de *rapt*, il faut qu'elle foit intervenue entre perfonnes qui feront dans les circonftances marquées par l'article premier ; c'eft-à-dire, qu'*elles foient accufées d'avoir féduit & fuborné par artifices , intrigues & autres mauvaifes voies , des FILS ou filles, même des veuves , mineurs DE VINGT-CINQ ANS , pour* PARVENIR A UN MARIAGE *à l'infu ou fans le confentement des peres & meres, tuteurs ou curateurs , fous la puiffance & autorité defquels ils font.*

Deux conditions font donc néceffaires pour qualifier le rapt , projet de mariage & minorité. Sans la *minorité*, il n'y a point de *rapt*, puifque la perfonne prétendue ravie , étant *fui juris*, n'a point été fouftraite à l'autorité de fes parens; & fans *l'intervention du mariage*, la féduction même d'une fille *mineure* n'eft plus qu'un fimple *commerce illicite* , qui engendre des condamnations plus ou moins rigoureufes, fuivant le plus ou le moins de gravité des circonftances.

Il réfulte de ce qui vient d'être dit, qu'il ne peut point intervenir de rapt de féduction entre deux perfonnes qui ne peuvent point s'époufer. Ainfi , un homme marié , un Prêtre , un Religieux , ne peuvent point être accufés de rapt de fé-duction. En un mot , toutes les fois qu'on ne voit pas le mariage pour principe d'une féduction, il n'y a *pas de rapt* de féduction.

Quelqu'un qui eft bien pénétré de cette diftinction ne peut fupporter fur cette matiere la lecture de nos anciens Auteurs, où l'on voit toute efpece de fréquentation charnelle confondue avec le rapt, fans aucune confidération de l'âge des Parties, de leurs qualités ni de leur état ; mais où la patience échappe, c'eft de voir cette méprife reparoître dans nos livres moder-nes, d'ailleurs fort eftimables.

Qui pourroit, par exemple, tenir à la lecture de Denifart , *verbo* Rapt ? Cet Auteur annonce qu'on diftingue deux for-tes de rapt, l'un de violence , & l'autre de féduction.

Or, fuivant lui , le rapt de féduction s'opere, *lorfqu'ayant trouvé le fecret de plaire (aux filles) par des foins artifi-cieux, l'on fe prévaut enfin, dans une occa-fion favorable, de ces momens de foibleffe où le cœur n'a plus la force de foutenir la vertu contre les appas de la volupté.*

Affurément on ne reconnoît pas dans cette définition, celle qui eft établie dans nos Ordonnances ; les expreffions de l'Auteur ne peuvent s'appliquer qu'à la fimple *féduction*, & il eft vifible qu'il a confondu l'une & l'autre efpeces.

Ce qu'il y a de fingulier, c'eft que, dix lignes après, l'Auteur reconnoît que la fubornation eft un crime commun aux deux fexes, qui font à cet égard foumis aux mêmes peines ; l'Auteur a raifon : mais cette confidération-là même devoit lui faire appercevoir toute l'abfurdité de fa définition, étant ridicule d'adapter aux deux fexes les expreffions dont il s'eft fervi dans cette définition.

Denifart ajoute que le crime de rapt de féduction ne fe préfume pas de la part d'un mineur à l'égard d'une fille majeure; ne fembleroit-il pas, d'après ces expreffions, que c'eft la qualité de mineur qui détruit le foupçon de *rapt*, & qu'il y auroit lieu à l'accufation de ce crime, fi les deux Parties étoient majeures ? Il n'eft cependant rien de cela. C'eft un principe certain, qu'une fille majeure, par cela feul qu'elle eft majeure, n'eft plus fufceptible de rapt *de féduction ;* & il ne faut pas dire, comme Denifart, que le rapt *ne fe préfume pas :* mais il faut dire qu'il

eſt impoſſible , & que l'imputation en ſeroit abſurde & inconſéquente. Deniſart
n'avoit pas beſoin de citer Papon pour
autoriſer ſon opinion; ce qu'il ne prend
que pour une opinion eſt un principe in-
conteſtable; & , au lieu de Papon, il étoit
plus ſimple de citer l'article premier de
la Déclaration de 1730.

Au ſurplus , quand le rapt de ſéduction ſe trouve une fois établi, le dernier
ſupplice en eſt la peine , & il y a des
exemples de cette ſévérité.

Néanmoins il faut avouer, pour l'honneur de notre ſiecle, que ces exemples ne
ſont pas fréquens ; & les familles offen-
ſées par l'attentat d'un ſuborneur préferent
ordinairement le parti de ratifier un mariage inégal , à la ſtérile ſatisfaction de livrer le coupable au ſupplice.

L'article premier du tit. 2 de l'Ordonnance de 1670 place le rapt au nombre des cas Royaux , interdits aux Juges
des Seigneurs : cependant cette diſpoſition
ne s'applique qu'au rapt de violence ; &
la juriſprudence des Cours eſt de laiſſer
aux Juges hauts-Juſticiers la connoiſſance
du rapt de ſéduction.

Quoique la haine du *rapt de ſéduction*
retombe preſque toute ſur le ſuborneur,
il n'en eſt pas moins vrai que c'eſt le crime

de deux, & que la personne subornée n'est pas à l'abri de reproche, ainsi qu'on a pu le voir par l'Arrêt du 30 Août 1602, ci-dessus rapporté, page 311.

C'est par une suite de cette doctrine, que les enfans qui se sont laissés suborner sont soumis à l'exhérédation.

Un Arrêt du 16 Mai 1741, rendu sur les conclusions de M. l'Avocat-Général Joly de Fleury, a confirmé l'exhérédation de la demoiselle de M***, qui, à l'âge de treize ans, s'étoit mariée sans le consentement de sa mere.

Un autre Arrêt, du 23 Janvier 1755, a de même confirmé le testament de la Marquise de Brun, qui prononçoit l'exhérédation de la demoiselle de Brun sa fille, pour avoir épousé contre le gré de ses parens le Marquis de Taranne.

CHAPITRE II.

Du Rapt in parentes.

IL n'est pas question dans ce Chapitre du rapt commis à main-armée, & contre le consentement de la personne ravie ; un rapt de cette espece n'étant point le ré-

fultat de la féduction, n'entre point dans
le plan de cet Ouvrage.

Nous ne parlons que du rapt ou de
l'enlévement concerté avec l'enfant de famille, & qui a pour objet de le fouftraire de l'autorité de fes parens, tuteurs
ou curateurs.

Comme un pareil rapt entraîne des
peines rigoureufes contre les coupables,
il eft bien important d'en indiquer les caracteres.

On peut définir le rapt *in parentes*,
l'action de conduire d'un endroit à un autre
un enfant de famille, contre le gré ou à
l'infu de ceux dont il dépend, dans la vue
de s'en procurer la jouiffance.

On va bientôt voir que cette définition renferme toutes les circonftances néceffaires pour qualifier le rapt.

D'abord il faut *la déduction d'un en-*
droit à un autre ; & c'eft en effet cette
circonftance qui donne à ce crime la dénomination de rapt, & qui le rend commun aux deux fexes. Otez cette circonftance, le commerce illicite de deux perfonnes fera un adultere, un ftupre, un
rapt de féduction, un viol, ou toute autre efpece de crime que vous voudrez fup-
pofer, mais ce ne fera jamais un *rapt*
proprement dit.

Pour conftituer *le rapt*, il eft néceffaire que la déduction de la perfonne ravie ait pour objet de la retenir dans l'endroit où elle eft tranfportée : d'où il réfulte qu'il ne faut pas regarder comme un rapt, une tranfpofition momentanée comme celle d'une chambre, ou d'une maifon en une autre ; parce que ce feroit abufer des termes, que d'appeller *enlévement* une précaution naturelle que les coupables doivent prendre pour dérober leur commerce aux regards publics. Rebuffe, fur la Loi *Marcellus*, au digefte *de Verb. fig.*, eft le feul qui ait tenu pour l'opinion contraire, & il eft unanimement contredit par les plus célebres Criminaliftes. *Non fufficit*, dit Raynald, *quòd puella traducatur de uno ad alium locum vicinum per paucos paffus, ex causâ commodioris coïtûs.*

Julius Clarus affure que la tranfpofition doit avoir pour objet de retenir dans l'endroit la perfonne ravie : *Et hæc conductio de loco ad locum debet effe ad effectum abducendi, non autem commodioris coïtûs.* Il donne pour exemple l'abduction d'une chambre dans une autre : *Et ideò, fi quis puellam ex unâ camerâ ad aliam conduxerit, & fuper lectum projecerit, non eft tanquam raptor puniendus.*

Par la même raifon, fi, dans une

campagne, un homme conduit une jeune
fille à quelque diftance, pour rencontrer
un endroit plus favorable à fon projet,
il n'y a pas de *rapt*, parce qu'il eft vifible
qu'il n'a pas eu intention de retenir la
fille dans cet endroit. C'eft encore la décifion de tous les Auteurs : *Qui rapiens
puellam repertam in campis, per aliquot
paffus abducit & cognofcit, non dicitur raptor.* Voyez *Raynald*, *Farinac.*, *Mafcard.*,
Bertrand, *Vela*, *Math.* de Afflict., *Julius
Clarus*, *&c.*

Un enfant de famille. Cette qualité eft
effentielle pour opérer le *rapt* dont il s'a-
git ici.

On conçoit qu'il ne peut y avoir d'*é-
vafion* de la part de quelqu'un qui jouit
de la libre difpofition de fa perfonne ;
d'où il réfulte que le crime de rapt n'a pas
lieu pour un enfant mineur, qui feroit
fans famille & fans tuteur, par exemple,
une *bâtarde.*

C'eft le fentiment unanime des Docteurs, qui décident : *Nullam intrare pœnam, quandò fœmina non habet parentes
nec propinquos, feu alios fub quorum cuſto-
diâ exiſtat.* Bald. *in Leg. unic. de Rapt.*,
Jul. Clar., &c.

De l'un ou de l'autre fexe. Le rapt *in
parentes* n'admet point la diftinction des

fexes , & il peut fe commettre par une femme auffi-bien que par un homme.

Contre le gré de ceux dont il dépend. *Raptus eft , invitis iis fub quorum poteftate & cuftodiâ eft , mulierem abducere.* Math. *de Afflict.*

Si le confentement détruit l'idée du rapt dans une perfonne *fui juris ,* & qui a la libre difpofition de foi-même , ce confentement n'eft d'aucune confidération de la part d'une perfonne en puiffance d'autrui, comme de pere & mere, tuteur ou curateur. L'enlévement de pareilles perfonnes , quoique revêtu de leur confentement , conferve fa qualification de rapt par deux raifons.

1°. Parce que ce confentement eft préfumé furpris à leur inexpérience & à leur foibleffe , & l'effet d'une captation criminelle *: Hoc ipfum velle mulierem ab infidiis nequiffimi hominis , qui meditatur rapinam, inducitur ; nifi etenim eam follicitaverit , nifi odiofis artibus circumvenerit , non facit eam velle in tantum dedecus fe prodere.* L. unic. *de Rapt.Virg.* Alod.

2°. Parce que la perfonne ravie étant fous la puiffance de fes pere & mere., tuteur ou curateur, c'eft contr'eux que le rapt eft commis. C'eft fur eux que retombe principalement l'injure d'une pareille entreprife, puifqu'on leur enleve un dépôt précieux, dont ils font les gardiens, & dont la fouftraction alarme tout-à-la-fois leur honneur & leur tendreffe.

Il importe donc peu, qu'un enfant féduit ait donné fon confentement à une démarche indifcrete ; ce confentement n'a pas pu porter atteinte au droit d'autrui, ni priver la famille de l'autorité que la Nature & les Loix lui donnoient fur la perfonne du mineur.

C'eft en conféquence de ce principe, que, par Arrêt du 10 Février 1730, le Parlement de Dijon a condamné au dernier fupplice le Marquis de Taranne - Mirebel, pour avoir ravi & enlevé la demoifelle de Brun, fa coufine, du *confentement d'icelle* ; & l'avoir enfuite conduite hors du Royaume, auffi de fon confentement (1).

---

(1) Le Marquis de Mirebel & la demoifelle de Brun s'étoient refugiés dans le Comté de Naffau dans la Lorraine Allemande ; & là, un jour de Fête, vers la fin de la Meffe à laquelle ils avoient affifté, ils s'avancerent au pied de l'autel, en fe tenant par la main, & ils déclarerent publiquement qu'ils fe prenoient pour époux, & fe donnerent réciproquement l'anneau nuptial en préfence de toute l'affiftance ; ayant enfuite pris l'affemblée pour témoin de leur union,

Un jeune homme ayant enlevé une fille mineure de la maifon de fes pere & mere, ceux-ci rendirent plainte en crime de rapt; &, fur leur réclamation, le jeune homme fut condamné à être pendu, par Sentence du Bailliage de Noyon.

Sur l'appel au Parlement, l'accufé propofoit, pour fa juftification, le confentement de la fille, de laquelle il avoit eu deux enfans, & qu'il offroit d'époufer; la fille intervenoit au procès, pour déclarer que l'enlévement s'étoit exécuté à fa follicitation, & qu'elle étoit prête d'époufer l'accufé; enfin, les parens de la fille, revenant fur leurs pas, déclaroient fe défifter de leurs pourfuites & confentir au mariage de l'accufé avec leur fille, ajoutant que leur plainte avoit été occafionnée par une méprife, & que ce qu'ils avoient regardé comme un enlévement n'avoit été qu'une retraite volontaire de la part de leur fille, de laquélle le jeune homme étoit innocent: mais le mal étoit fait; & l'Arrêt qui intervint, en donnant acte aux parens de leur défiftement, ren-

_____

ils firent dreffer du tout un acte devant Notaires.

Le Marquis de Mirebel obtint des Lettres d'abolition, qui furent entérinées au Parlement de Dijon le 5 Août 1746.

voya l'accufé dans les prifons de Noyon,
pour être fon procès fait & parfait à la
requête du Miniftere public.

Cet Arrêt, quoique rigoureux, étoit
dans les principes. Le rapt étoit conftant,
les parens en avoient eux-mêmes follicité
la vengeance ; leur défiftement pouvoit
avoir l'effet de remettre leur injure perfonnelle, mais non pas l'injure faite à
l'ordre public par une violation ouverte
des premiers devoirs de la Société. Le
confentement des parens au mariage de
leur fille avec fon ravifleur n'étoit d'aucune confidération, parce que ce confentement tardif étoit vifiblement l'effet de
la néceflité, & que les filles ne doivent
pas s'obtenir à main armée (1).

Puifque c'eft la violation de l'autorité
des parens qui fait en pareil cas la gravité
du rapt, il réfulte qu'il n'y a point de
crime, fi le prétendu ravifleur eft en état
de juftifier qu'il n'a rien fait que du confentement des parens, ou de toute autre

---

(5) *Cur aufus ? cur in Civitate pacatâ hoftili
more matrimonium quæfivifti? an morem geftum
oportuit puellæ furenti? etfi ipfi injuriam non fe-
ceris tanquam volenti, fecifti tamen parentibus,
fecifti confanguineis, imò toti Reipublicæ.* Math.
de afflic.

perfonne dont dépendoit la perfonne ravie.

Un riche Anglois, de concert avec
une jeune fille, l'avoit enlevée de la maifon de fes parens, pour l'entretenir &
vivre avec elle en concubinage.

Les parens ayant rendu plainte contre
le ravifleur, celui-ci propofa, pour
moyens de défenfes, que fa démarche ne
pouvoit pas être qualifiée de rapt, attendu qu'elle avoit été prévue, approuvée &
favorifée par les pere & mere de la fille,
en confidération des grands avantages
qui devoient en réfulter tant envers eux
qu'envers leur fille.

D'après ce genre de juftification, les
parens furent eux-mêmes pourfuivis à la
requête du Miniftere public, comme fauteurs du rapt de leur fille; &, par Arrêt
rendu le 4 Mai 1735, les Parties furent
mifes hors de Cour fur l'accufation de
rapt. Voyez Denifart, *verb.* Rapt, *in fin.*

*Dans la vue de jouir de la perfonne ra-
vie.* L'intention de jouir charnellement de
la perfonne ravie eft une condition effentielle au rapt.

La Loi unique *de Rapt. Virg.*, ainfi
que nos Ordonnances fur cette matiere,
n'ont eu pour objet que la chafteté des
femmes, l'honneur des familles, & l'au-

totité des parens fur le choix de leurs alliances ; fi donc aucune de ces confidé- rations n'étoit bleffée par l'enlévement d'une perfonne , ce ne feroit plus le cas d'invoquer les Ordonnances rendues fur le fait de rapt.

Par exemple, fi une jeune fille s'éva- doit d'une maifon où elle feroit maltraitée pour fe réfugier dans une autre , ceux qui auroient prêté la main à l'enlévement de la premiere , & accompagné la fe- conde dans fa fuite, ne feroient point fou- mis à l'accufation de rapt.

Il en feroit de même d'un Particulier qui retiendroit en chartre privée une fille ou une veuve, à l'effet de lui faire fouf- crire, foit un teftament, foit tous autres actes favorables à fes intérêts; ce feroit une entreprife criminelle digne d'une pu- nition rigoureufe, mais ce ne feroit pas par les Loix du rapt que cette affaire fe- roit décidée : *Omnes Leges five Statuta vel Decreta totius orbis, punientia rapientes mulieres, vel eis vim inferentes, etiamfi copula non fequatur, procedunt contra eos qui libidinis caufâ rapiunt, vel vim mulie- ribus inferunt, fecùs fi, ex aliâ caufâ, quia tum non puniuntur, ipfâ pœnâ rapien- tis mulierem vel vim inferentis.* Voyez Jul. Clar. *de Rapt.* , Mafcard. *de Prob.*

Puifque

Puifque l'intention du ravifſeur eſt d'une auſſi grande importance, il reſtera la difficulté de favoir par quels moyens cette intention fe fera reconnoître.

Je réponds qu'entre perſonnes de diffé-rens fexes, le rapt eſt de droit préſumé *libidinis cauſâ*, juſqu'à ce que le ravifſeur ait fuffifamment établi le contraire ; & c'eſt ordinairement par les circonſtances & les préfomptions que de pareilles queſtions fe décident. Par exemple, s'il paroît que le ravifſeur avoit un intérêt eſſentiel à s'emparer de la perſonne dont il s'agit ; s'il eſt bien établi qu'il n'a, par aucune propoſition, ni par aucun effort, attenté à l'honneur de celle qu'il tenoit en ſon pouvoir, les Docteurs aſſurent que ce font des préfomptions fuffifantes pour écarter l'accuſation de rapt : *Et in caſu quo puella rapta à raptore non fuit carnaliter cognita, licet omnem commoditatem & libertatem comprimendi habuiſſet, tum debet dici, quòd raptus fuit factus ex aliâ cauſâ.* Voyez Dec. Maſcard., Plat., Boyard.

Au reſte, quand l'intention du ravifſeur *ex libidinis cauſâ* eſt fuffifamment établie, eſt-il néceſſaire que cette intention ait été fuivie de l'effet, pour que le ravifſeur ait encouru la peine du rapt ?

Les Criminaliſtes font bien partagés

P.

fur cette queftion ; mais elle ne peut avoir lieu parmi nous que fur le rapt fait *avec violence*, & à main armée, d'une fille majeure.

Car, à l'égard du rapt exercé par *fé-duction* vis-à-vis d'une fille mineure & de fon aveu, le feul fait de la fouftraire à l'autorité de fes parens conftitue le crime de *rapt*.

Inutilement le raviffeur diroit-il, pour fa juftification, qu'il fe propofoit d'épou-fer la fille ravie ; cette intention ajoute-roit encore à la gravité du délit, puifqu'il y auroit alors *rapt de féduction*.

A l'exemple du Droit Romain, nos Ordonnances ont prononcé la peine de mort contre le *rapt*.

Ce qui a provoqué la rigueur des Loix contre ce crime, c'eft qu'il renferme une complication de plufieurs autres crimes, & que tout-à-la-fois il attaque la liberté & l'honneur de la perfonne ravie, l'au-torité & la tendreffe des parens, la fûreté publique ; qu'il entraîne le meurtre, le carnage & l'homicide. C'eft l'obfervation des Loix, qui juftifient, par ces confidé-rations, la peine de mort qu'elles pro-noncent contre le rapt : *Et meritò mortis damnatur fupplicio, cùm nec ab homicidii crimine hujufmodi raptores fint vacui.* L.

unic. de Rapt. *Quoniam multa facinora sub uno violentiæ nomine continentur, cùm alii vim inferre certantibus, alii cum indignatione resistentibus, verbera, cædesque crebrò deteguntur admissæ.* L. 6, au Cod. *de vi pub. & priv.*

La peine du rapt s'étend à tous ceux qui ont directement ou indirectement favorisé cette entreprise criminelle ; c'est la disposition de la Loi *de Raptu*, adoptée par nos Ordonnances : *Et pareillement seront punis extraordinairement tous ceux qui auront participé au rapt, & qui y auront prêté conseil, confort & aide en aucune maniere que ce soit.* Ordonnance de Blois, art. 42.

Il est permis aux pere & mere, tuteur ou curateur, maîtres & gardiens de la personne ravie, de la défendre contre les efforts du ravisseur, & de l'arracher de ses mains par des voies violentes ; de sorte que si le ravisseur ou ses complices viennent à être tués dans la chaleur du combat, ce meurtre ne leur est point imputé à crime : *Ubi inventi fuerint in ipsâ rapinâ, & adhuc flagranti crimine comprehensi, & à parentibus virginum, vel ingenuarum, vel viduarum, vel quarumlibet fœminarum aut earum consanguineis, aut à tutoribus vel curatoribus, vel*

P 2

patronis, vel dominis convicti, interficiantur.
L. unic. *de Rapt.*

Le Concile de Nîmes défend de
donner la sépulture à ceux qui viendront à
mourir dans une pareille expédition, &
même de dire des Messes pour le salut
de leurs ames. *Raptores qui in rapiendo
mortui fuerint absque canonicâ pænitentiâ,
non sepeliantur, nec pro eis Missa celebre-
tur.* Concil. Nemausens., habit. ann.
1096.

Il faut mettre au nombre des complices du rapt, non-seulement ceux qui prê-
tent assistance & main-forte à son exécution, mais ceux qui en ont ouvert le
conseil & disposé les moyens, ou qui
même recelent la personne ravie.

Il y a même un cas, où, sans avoir
prêté aucun secours au ravisseur, on peut
se trouver complice de son crime ; ce
seroit le cas où un homme abuseroit
d'une femme qu'il sauroit être ravie : car
de même que c'est se rendre complice
d'un vol que d'en partager le profit en
connoissance de cause, de même aussi c'est
se rendre complice de rapt que de s'en
appliquer le bénéfice. Il importe même
peu, que la femme ait donné son consentement à la débauche exercée sur sa
personne, parce que sa situation la tient

dans un état de contrainte qui peut avoir déterminé fa docilité ; & tout ce qu'elle fait, dit, foufcrit dans cet état, eft préfumé une fuite de la violence qu'elle a foufferte : *Etenim puella rapta ad quemcumque perveniat, femper pervenit cum qualitate criminis, donec in priftinâ libertate fuerit pofita ; & qui interim violat, incidit in pœnam, & videtur quodammodo continuare crimen quod alius incœperat, quafi crimini ultimam manum imponat.* Raynald.

Nous ne fuivons pas rigoureufement la Loi *unic. de Rapt.* ; en ce qui concerne la confifcation des biens du coupable ou de fes complices, au profit de la perfonne ravie, les Cours fe contentent de lui adjuger des dommages & intérêts, à raifon du préjudice qu'elle peut avoir fouffert de ces outrages.

A l'égard des empêchemens au mariage entre la perfonne ravie & l'auteur du rapt, cette difcuffion fort de l'objet de cet Ouvrage, & l'on ne manque pas de livres où cette matiere eft traitée amplement.

Le rapt eft un cas Royal, dont la connoiffance appartient aux Baillis, Sénéchaux & Préfidiaux, exclufivement aux autres Juges & à ceux des Seigneurs, même aux Prévôts des Maréchaux. Ordonnance de 1670, titre 1, article 11.

Chopin, liv. 2 *de Dom.*, cap. 6, rapporte que lorfque le Parlement de Paris procéda à la vérification des Lettres du premier apanage d'Anjou & du Maine, accordé par le Roi Saint Louis à Charles fon frére en 1249, il y eut réfervation des cas Royaux, & fpécialement du crime de rapt.

Mais le rapt n'eft un cas Royal qu'autant qu'il fera exécuté à main armée, avec violence & attroupement. Voyez Bornier fur l'art. 1 du tit. 11 de l'Ordonnance de 1670, & le Code Criminel de Serpillon fur le même article.

Toute efpece de rapt eft un cas *privilégié*, dont la connoiffance eft interdite aux Officiaux.

La fille mineure, qui a donné les mains à fon enlevement, eft expofée à l'exhérédation de fes pere & mere; mais elle n'auroit point à craindre cette exhérédation, fi cette adhéfion n'étoit pas bien établie, parce que dans ce cas le rapt ne feroit que le crime d'un feul, dont il feroit injufte de lui faire partager la peine.

CHAPITRE III.

De l'Incefte.

ON entend par incefte le commerce criminel de deux perfonnes auxquelles il n'eft pas permis de s'époufer ; d'où il réfulte que l'incefte eft plus ou moins grave fuivant qu'il y a plus ou moins de diftance entre le mariage des deux coupables.

Il y a deux efpeces d'*inceftes* ; l'incefte *naturel* & l'incefte *fpirituel*.

ARTICLE PREMIER.

De l'Incefte naturel.

On diftingue l'incefte naturel, commis en *ligne directe*, & celui commis en *collatéral*.

§. Ier.

De l'incefte en ligne directe.

Toutes les Nations fe font accordées à regarder comme un crime abominable l'incefte en *ligne directe*, tel que celui de la mere & du fils, du pere avec fa fille; & fi l'Hiftoire nous a confervé quelques exemples de l'opinion contraire, il faut les confidérer plutôt comme l'effet d'une corruption paffagere & momentanée, que comme une doctrine générale à la Nation (1).

Il y a cela de fingulier dans notre Légiflation criminelle, qu'il ne s'y rencontre aucune Loi qui prononce une peine quelconque contre le crime d'incefte; de maniere que cette peine eft laiffée à la difpofition des Juges.

Plufieurs Auteurs ont même été jufqu'à prétendre que ce filence de la part de nos Loix fur cet article ne permettoit pas aux Juges de prononcer la peine de mort pour le crime d'incefte, étant de principe

_____

(1) Suivant le témoignage d'Orofius, la Reine Sémiramis, voyant que fon incefte avec fon fils étoit venu à la connoiffance de fes Sujets, ne trouva pas de meilleur expédient, pour fe fouftraire à l'infamie de fon crime, que de faire une Loi qui portât qu'à l'avenir les mariages entre les peres & meres & leurs enfans cefferoient d'être regardés comme contraires à l'ordre de la Nature; & qu'il feroit permis à tous fes Sujets de contracter de pareils mariages toutes les fois qu'ils le jugeroient à propos.

que la peine de mort ne peut être in-
fligée qu'en conféquence d'une Loi formelle.

Mais les Cours, fans être arrêtées par
cette difficulté, font en poffeffion de
condamner au dernier fupplice les peres
& meres & les enfans coupables d'incefte.

Par un Arrêt du 12 Février 1503, la
mere & le fils ont été condamnés à être
brûlés vifs, pour crime d'incefte ; &,
comme la mere étoit morte, il fut ordonné que fes os feroient *décharnés &*
brûlés.

On pourroit citer une multitude d'autres Arrêts qui ont admis la même jurifprudence ; & depuis la Déclaration du
22 Novembre 1730, la difficulté élevée
par les Auteurs au fujet du défaut de
Loi précife, me femble ne pouvoir plus
avoir lieu.

En effet, l'article 3 de cette Déclaration laiffe aux Juges le droit de prononcer la peine de mort contre ceux qui feront coupables *d'un commerce illicite,*
lorfque par l'atrocité des circonftances, par
la qualité & l'indignité des coupables, le
crime paroîtra mériter le dernier fupplice.

On regarde encore comme un incefte
en ligne directe, le commerce qui auroit
lieu entre un beau-pere & fa bru ; ou bien

entre le fils & la femme de son pere, entre une fille & le mari de sa mere, un gendre & sa belle-mere.

Quelques Auteurs appellent encore inceste en ligne directe le commerce qu'un homme entretient avec la mere & la fille, ou celui qu'une femme entretient avec le pere & le fils ; & ils citent un Arrêt du Parlement de Toulouse du 9 Octobre 1548, rapporté par Papon, qui condamna au dernier supplice un Notaire des Bannets en Gévaudan, pour avoir eu connoissance charnelle avec la mere & la fille.

Enfin, il y a des Docteurs qui décident que la peine de l'inceste en ligne directe a lieu quand la parenté ne seroit que naturelle ; par exemple, entre un pere & sa fille bâtarde ; mais ces décisions sont trop vigoureuses.

§. II.

De l'inceste en ligne collatérale.

L'inceste entre freres & sœurs n'offense point la Nature au même degré que celui commis entre le pere & la fille, la mere & le fils ; & l'on en supporte l'idée avec moins de répugnance.

Effectivement, dans l'origine de la

Société , les mariages entre freres & fœurs ont dû être néceffaires , jufqu'à ce qu'une plus grande population eût permis aux Citoyens de chercher des époufes hors de leur famille.

Mais comme il n'y a jamais eu que l'extrême néceffité qui a pu faire tolérer de pareilles unions , le commerce entre freres & fœurs eft regardé comme un crime affreux , & il expofe les coupables à la peine de mort. Je dis qu'il les *expofe*, parce qu'il n'y a pas fur ce point une jurifprudence bien affurée , & qu'en vérifiant tous les Arrêts rendus en pareil cas, on n'en trouve aucun qui ait prononcé la peine de mort pour le crime d'incefte entre freres & fœurs.

Tous les Auteurs qui ont dit le contraire , & qui fe font vantés d'avoir trouvé un exemple de la peine de mort prononcée contre l'incefte en ligne collatérale, fe font abufés. Il n'y en a point, au moins dans nos livres ; & ceux que l'on cite ont été rendus dans des efpeces où l'incefte étoit accompagné de quelque circonftance qui ajoutoit à l'incefte un degré de gravité , tel que l'adultere, le viol, le rapt , &c (1).

_____

(1) Tel eft entr'autres l'Arrêt de Bermonder du

A mesure que la distance s'agrandit, l'inceste devient moins criminel ; ainsi, la peine seroit moins rigoureuse pour l'inceste commis entre l'oncle & la niece, la tante & le neveu, parce qu'ils pourroient se marier ensemble avec des dispenses, ce dont il y a une quantité d'exemples.

Néanmoins cet inceste seroit puni de peines afflictives & infamantes, telles que les galeres, le bannissement, l'amende honorable, &c.

La même sévérité a lieu contre les incestes commis entre personnes alliées : telles que le mari & la sœur de sa femme ; la femme & le frere de son mari ; le neveu & la femme de son oncle, la niece & le mari de sa tante ; ou bien même si un homme voyoit les deux sœurs : si une femme avoit affaire aux deux freres.

A l'égard des incestes commis entre parens plus éloignés, & qui se rapprochent du cinquieme degré, comme ils obtiendroient facilement des dispenses pour s'épouser, le délit perd infiniment

_____

31 Juillet 1585, dont on trouve l'espece rapportée dans les Causes Célebres rédigées par M. Richer, Tom. 4.

de fa gravité, & la peine fe réduit à des condamnations pécuniaires, comme une aumône ou une amende.

Les Loix eccléfiaftiques fe font réunies aux Loix civiles pour punir les inceftes ; & lorfque les coupables ont échappé aux peines publiques des Tribunaux féculiers, l'Eglife y fupplée par de certaines peines fecretes qu'elle impofe aux coupables, & dont elle charge leur confcience.

» Si un homme, difent les Canons, » eft affez peu réglé pour avoir un mau- » vais commerce avec la fœur de fa » femme, ou quelqu'autre de la parenté » de fa femme dans le fecond degré, le » mariage n'eft pas réfolu, parce que » c'eft un lien indiffoluble : . . . mais l'u- » *fage du mariage* lui eft interdit, jufqu'à » ce qu'il ait obtenu une difpenfe de fon » Evêque ; en forte qu'avant d'avoir ob- » tenu cette difpenfe, il ne peut en » confcience demander à fa femme *le de-* » *voir conjugal*, quoiqu'il foit obligé de » le lui rendre, la femme ne devant pas » être privée de fon droit pour un crime » auquel elle n'a pas de part «. *Voyez les Loix Eccléfiaft.* de *d'Héricourt, & les Cas de Confcience de Sainte-Beuve,* 48ᵉ *Cas.*

ARTICLE II.

De l'Incefte fpirituel.

On connoît une autre efpece d'incefte fous le nom d'incefte fpirituel ; tel eft celui d'un parrain avec fa filleule , d'une marraine avec fon filleul , ou bien celui d'un parrain avec la mere de fon filleul , d'une marraine avec le pere du filleul (ou de la filleule).

La fonction du parrain & de la marraine a établi une affinité fpirituelle qui empêche le mariage entre ces différentes perfonnes, & qui donne par conféquent la qualité d'incefte au commerce charnel qu'elles auroient enfemble. Mais comme cet empêchement eft très-léger, & que les difpenfes font auffi-tôt obtenues que demandées, cette forte d'incefte n'engendre que des peines pécuniaires. Obfervez que le commerce charnel du parrain avec la marraine n'eft point qualifié d'incefte fpirituel ; ce n'eft qu'une féduction fimple.

Mais un incefte fpirituel bien caractérifé, c'eft celui qui fe commet entre deux perfonnes confacrées à Dieu par des vœux folemnels, ou feulement entre un Séculier & une Religieuse, ou enfin entre un Confesseur & fa pénitente.

La Rocheflavin rapporte un Arrêt du 11 Janvier 1535, qui a condamné le nommé Faleffe, convaincu de commerce inceftueux avec une Religieuse du Monaftere de Moneftier, *à être décapité, & fes membres affichés en pali fur le chemin dudit Monaftere.*

A l'égard de la Religieuse, l'Arrêt la renvoie pardevant fon Évêque, pour être par lui châtiée ainfi qu'il appartiendra. Notre jurifprudence a emprunté cette févérité du Droit Romain, qui puniffoit de mort, non-feulement la féduction d'une Religieuse, mais même la fimple tentative. *L. 5, Si quis, Cod. de Epifc. & Cleric.*

Le Paganifme avoit également fes Religieufes, & des Loix propres à maintenir leur virginité, à laquelle les Romains avoient imaginé d'attacher leur falut. La faute d'une Veftale occafionnoit un deuil général dans la Nation; la coupable étoit condamnée au fupplice affreux d'être enterrée toute vivante. Néanmoins il faut avouer que notre jurifprudence eft bien plus favorable au fexe que celle des Romains, puifque ceux-ci faifoient tomber tout le poids de leur févérité fur la femme coupable, & qu'au contraire en France la Religieufe n'eft punie que de peines canoniques, lorfque le complice de fa faute eft conduit à la mort, ainfi que nous en avons vu un exemple par l'Arrêt du 11 Janvier 1535. La raifon de cette inégalité dans la peine des deux coupables, c'eft qu'on fuppofe toujours que la féduction a été employée contre la Religieufe de la part de l'homme, & que celui-ci a pu aifément faire fuccomber une vierge, à laquelle fon inexpérience & fa fimplicité ne fournifloient qu'une foible défenfe.

Il en faut dire autant des inceftes commis entre les Confefleurs & leurs pénitentes ; c'eft toujours du côté du Confefleur que l'on fuppofe la féduction, & c'eft fur cette préfomption qu'ils font punis beaucoup plus févérement que les femmes.

Un Arrêt du Parlement de Grenoble du 31 Janvier 1660, rapporté par Brillon, condamne un Prêtre à *être pendu, pour avoir abufé du Sacrement de Confeffion, & porté fes mains fur le fein & autres parties de plus de cent femmes, pendant qu'il les confeffoit.* Voyez aufli Baflet, tome 1, liv. 6, tit. 19, ch. 6.

On trouve au Journal du Palais un autre Arrêt du 22 Juin 1673, confirmatif d'une Sentence du Châtelet, qui condamne un Prêtre, *Directeur de Religieuses*, à faire *amende-honorable à Notre-Dame*, *& ensuite à être pendu & brûlé*, *avec son procès*, *dans la place Maubert*. Ce qui fut exécuté.

Mais la jurisprudence s'est relâchée de cette sévérité, & l'on ne condamne plus à la mort les Confesseurs impudiques.

Un Curé du Diocese de Bourges, convaincu d'avoir attenté à la pudicité de ses Paroissiennes, & d'avoir abusé du Tribunal de la Pénitence pour les séduire, a été condamné à un bannissement pour un an du ressort de Montmorillon & de la Vicomté de Paris, par Arrêt du 6 Mars 1714.

Il y a un autre Arrêt du 12 Juin 1707, qui condamne Baptiste Normand, Curé de Saint-Sauveur de Péronne, au bannissement pour neuf ans, pour commerce charnel avec une Religieuse sa pénitente.

(Remarquez qu'il se trouvoit un double inceste dans cette derniere espece.)

Le sieur Beugnet, Curé de Saint-Pol en Artois, convaincu *de paillardise incestueuse avec Marie-Jeanne Dupuis sa Pa-*

roiſſienne & ſa pénitente, a été condamné, par Arrêt du Conſeil d'Artois du
21 Décembre 1693, *à faire amende-
honorable la torche au poing, & au banniſſement perpétuel.*

Une Sentence de l'Officialité de Be-
ſançon, du 11 Août 1698, condamne
un Curé à faire aménde-honorable, & à
être enfermé le reſte de ſes jours dans
une maiſon de force,.... *pour avoir commis inceſte ſpirituel avec aucunes de ſes pénitentes & Paroiſſiennes, & en avoir fréquenté pluſieurs avec une familiarité criminelle & un attachement ſcandaleux.*

Comme le premier pas vers la ſéduction d'une femme eſt de lui tenir des propos équivoques, & que d'ailleurs le Tribunal de la Pénitence doit être l'aſyle
de la pudeur & non pas l'écueil, un Arrêt
du Parlement de Paris, du 24 Mai 1741,
condamna au banniſlement un Curé du
Dioceſe d'Orléans, convaincu, par la
dépoſition de pluſieurs de ſes pénitentes,
*d'avoir fait des queſtions indécentes à plu-
ſieurs femmes dans le Tribunal de la Pénitence.* Voyez le Recueil de Juriſp.

On ne regarde point comme un inceſte
ſpirituel le commerce d'un Curé avec ſa
Paroiſſienne, lorſqu'il n'en eſt pas le

Confesseur. Néanmoins ce délit ne laisse pas que d'être fort grave, par la considération de l'autorité que lui donne sa qualité de Curé, & par le scandale qui résulte d'un pareil désordre de la part de celui qui doit donner l'exemple des bonnes mœurs.

Mais jamais la peine de mort, & encore bien moins celle du feu, n'a été ordonnée pour ce délit, qui rentre dans la classe des séductions simples, & qui n'est le plus souvent puni que de peines canoniques.

CHAPITRE IV.

De l'Adultere.

LORSQUE la séduction s'est opérée vis-à-vis d'une femme mariée, elle prend le nom d'adultere, & expose les deux coupables à des peines rigoureuses. Je n'entrerai dans aucun détail sur cet article, qui a mérité de faire la matiere d'un Traité particulier auquel je renvoie le Lecteur (1).

(1) Traité de l'Adultere, Considéré dans l'ordre judiciaire. Paris, 1778, chez Bastien.

CHAPITRE V.

De la Séduction des Pupilles par leurs Tuteurs ou Curateurs.

LÈ s Tribunaux puniffent févérement les tuteurs qui abufent de leur pouvoir fur l'efprit de leurs pupilles, & qui travaillent à détruire dans le cœur d'une jeune vierge la pudeur dont ils doivent être eux-mêmes les gardiens.

Les Loix Romaines portoient bien loin la rigueur fur cet article, puifqu'elles puniffoient par la déportation & la confifcation celui qui entretenoit un mauvais commerce avec une fille dont il avoit été autrefois le tuteur, par la préfomption qu'après la tutele finie, le tuteur confervoit encore un refte d'autorité fur fon ancienne pupille.

Si tutor pupillam, quondam fuam, violatâ caftitate ftupraverit, deportationi fubjugatur, atque univerfæ ejus facultates fifci. L. 1, Cod. *fi quis, eam cuj. tut.* Voyez Valere Maxime, liv. 6, ch. 1.

Je ne connois pas d'Arrêt qui ait été rendu dans l'efpece de cette Loi. Mais, quant aux tuteurs qui, durant le cours de leur tutele, abufent de leurs pupilles, c'eft une jurifprudence reçue de les condamner au dernier fupplice.

Un tuteur ayant été trouvé couché avec fa pupille, âgée de onze ans environ, il fut condamné, par Sentence des Capitouls de Touloufe, à être mis en *quatre quartiers*. Il eft vrai que, fur l'appel au Parlement, la Sentence fut infirmée, & le tuteur feulement condamné à l'amende-honorable, aux galeres pour dix ans, & en des dommages & intérêts confidérables envers fa pupille. Mais la Rocheflavin, qui rapporte cet Arrêt, obferve que le tuteur n'échappa à la peine de mort, que parce qu'il fut vérifié, par un rapport de Matrones, que la jeune fille étoit intacte; de maniere qu'il y avoit de la part du tuteur plus d'imprudence que de malignité.

CHAPITRE VI.

De la Séduction exercée par les Maîtres envers leurs Ecolieres.

LA peine de mort a lieu également contre les Maîtres de Langues, de Musique, de Deſſin, & autres, qui auroient ſéduit leurs Eleves ou leurs Ecolieres, ou qui ſeulement ſeroient convaincus de les avoir ſollicitées : une ſéduction de cette nature renferme un criminel abus de confiance ; c'eſt une eſpece de vol domeſtique.

La facilité laiſſée à de pareilles perſonnes de ſe trouver fréquemment tête à tête avec de jeunes filles, la familiarité que leur profeſſion autoriſe auprès d'elles, & la facilité d'en abuſer, ſont autant de motifs pour veiller à ce que les Maîtres ne ſoient pas tentés d'employer à la ſéduction de leurs Ecolieres les momens deſtinés à leur inſtruction.

Louis la Bruyere de Maillac, dit Dubois, convaincu de ſéduction en la perſonne d'une fille mineure ſon Ecoliere, a été condamné, par Arrêt du Parlement de Paris du 20 Avril 1758, à être pendu. Ce qui a été exécuté.

CHAPITRE VII.

De la Séduction exercée par les Serviteurs, Domestiques & Gardiens.

LA distance qui sépare les domestiques de leurs maîtres, le respect qu'ils leur doivent, & la confiance qu'on est souvent obligé de leur donner, ne permettent pas qu'on envisage sans indignation le commerce qu'un valet entretiendroit avec la fille de son maître; la peine de mort est la suite infaillible d'une pareille audace. La Coutume de Bordeaux place cet attentat au nombre des vols domestiques, qui sont punis de mort sans rémission.

» Quand aucun, soit facteur ou autre » serviteur, étant avec son seigneur, maî- » tre ou maîtresse en son service, ou au- » tres gens de quelque condition qu'ils » soient, auront dérobé ou soustrait sa » femme, épouse, sa fille, niece, ou

» fille baillée en garde, foit fous couleur
» de mariage ou autrement, comme faux
» & déloyal à fon maître, doit perdre la
» tête fans merci «. Ch. 10, art. 6.

La demoifelle Elifabeth de Regnonval, fille majeure du fieur de Regnonval, Lieutenant de Robe-courte à Beau-
vais, s'étoit abandonnée au nommé
Claude Boulet, valet-charretier du fieur
de Régnonval, dans la maifon duquel
ils demeuroient tous deux.

Étant devenue enceinte à la fuite de
ce commerce, le pere rendit plainte
contre Claude Boulet; &, par Arrêt du
30 Janvier 1664, il fut ordonné que le
procès feroit fait & parfait à Claude
Boulet en état de prife-de-corps.

Il y avoit cela de particulier dans l'efpece, que la demoifelle de Regnonval
avoit fignifié une Requête, par laquelle
elle déclaroit « qu'elle avoit elle même
» follicité le valet à la copulation, &
» qu'elle avoit eu & avoit encore la vo-
» lonté de l'époufer; concluant à ce qu'il
» leur fût permis de paffer à la célébra-
» tion du mariage ».

Mais, ni la majorité de la demoifelle
de Regnonval, ni fa déclaration d'avoir
follicité le valet, ni fes offres de l'époufer, ne parurent des confidérations affez

puiffantes

puiſſantes pour abſoudre le valet de l'abus de confiance & du larcin domeſtique dont il s'étoit rendu coupable.

Cette ſévérité ne ſe borne point aux valets & ſerviteurs ; elle s'applique à tous ceux qui demeurent dans la maiſon du pere, & qui ſont à ſes gages, quelle que ſoit la fonction du coupable, comme ſeroient les Secrétaires, Commis, Clercs, Intendans, Bibliothécaires, &c, &c.

Il en faut dire autant des Géoliers, Huiſſiers, ou de tous autres qui abuſeroient d'une fille qui ſeroit commiſe à leur garde. Voyez ce que j'ai dit ſur cela, dans mon *Traité de l'Adultere*, partie 2, ch. 4, p. 353 & ſuiv.

CHAPITRE VIII.

De la Séduction, accompagnée de manœuvres criminelles.

LORSQUE, dans la premiere Partie de cet Ouvrage, j'ai préſenté le ſimple commerce illicite comme une affaire de convention, qui n'opéroit aucun délit ni privé, ni public, & qui n'ouvroit qu'une action purement civile, j'ai eu ſoin d'ex-

Q

cepter les séductions qui seroient accompagnées de fraude, d'abus de confiance, & qui se seroient consommées par des pratiques & des manœuvres criminelles ; la saine raison suffit pour apprendre que cette derniere espece de séduction forme une classe à part, & qu'elle peut exposer le coupable à des peines rigoureuses.

Il ne faut donc pas raisonner en pareil cas d'après les principes que nous avons établis pour la simple séduction, ni invoquer les mêmes exceptions.

A l'égard des caracteres qui distinguent la séduction proprement dite d'avec le *commerce illicite*, cela dépend entiérement de la prudence des Juges ; & il peut se rencontrer tant de variétés dans les circonstances, qu'il semble inutile d'entrer dans un pareil détail. Ce qu'il y a de certain, c'est que la *séduction* étant une fois bien établie, les dommages & intérêts s'estiment en raison de la gravité du délit, & de la haine qu'il inspire, soit par la qualité du coupable, soit par celle de la fille abusée, soit enfin par les moyens employés par le séducteur.

On peut voir plusieurs especes de cette séduction dans le Recueil des *Causes intéressantes* de M. Desessarts, & dans la Gazette des Tribunaux, années 1775, 1776 & 1777.

TROISIEME PARTIE.

APRÈS avoir confidéré dans les deux précédentes Parties la féduction des filles fous fon rapport avec l'auteur de la féduction, il eft à propos de confidérer auffi la féduction dans les effets qu'elle peut produire chez celle qui en a été l'objet, dans les obligations qu'elle lui impofe, & dans les fuites funeftes qui en peuvent réfulter.

CHAPITRE PREMIER.

De la déclaration de Groffeffe ; fon objet, fes formalités, fes confé-quences.

L'ENFANT que la femme porte dans fon fein ne lui appartient pas. C'eft un dépôt dont elle eft comptable envers l'Etat.

Si la groffeffe des femmes mariées n'eft pas foumife à l'infpection directe des Tri-

bunaux, c'eſt parce que la femme mariée eſt elle-même ſous la garde de ſon
époux & ſous les yeux de deux familles
intéreſſées, qui ſont autant de protecteurs
nés du nouveau Citoyen. D'ailleurs, à
qui ſa conſervation ſeroit-elle plus précieuſe qu'à ſa propre mere? Une femme
mariée ne voit dans ſon enfantement
qu'un ſujet de joie & de tranſports. Elle
produit avec orgueil ce qu'elle a conçu
ſans honte ; & elle s'applaudit d'une heu-
reuſe fécondité, qui doit lui donner un
ſucceſſeur de ſon nom & de ſes biens.

Mais il s'en faut bien que l'on ait la
même confiance dans la fille imprudente,
devenue mere par l'effet d'une union illégitime.

La fécondité, qui fait la gloire & le
deſir des femmes mariées, fait la crainte
& l'humiliation des filles : elles voient
avec déſeſpoir qu'un témoignage irrécu-
ſable va trahir leur foibleſſe, & les livrer
à l'ignominie ou à la raillerie publique ;
& telle eſt la force de pareilles alarmes,
qu'elles ont étouffé ſouvent la voix de la
Nature, & plus d'une fois la vie de l'enfant a été ſacrifiée à la réputation de la
mere.

C'eſt pour prévenir les barbares effets
de cette délicateſſe dénaturée, que la for-

malité de la *déclaration de grossesse* a été
introduite par le fameux Edit de Henri II,
du mois de Février 1556, enregistré le
4 Mars.

Les dispositions de cet Edit, renouvellées par d'autres Loix subséquentes, sont
assez importantes, soit par leur nature,
soit par les suites attachées à leur omission, pour mériter toute notre attention.

§. Ier.

Dispositions de l'Edit du mois de Février
1556.

Le préambule de l'Edit en contient les
motifs.

Il y est exposé, » que plusieurs fem-
» mes ayant conçu enfans par moyens
» déshonnêtes ou autrement, persuadées
» par mauvais vouloir & conseil, dégui-
» sent, recelent & cachent leurs grossesses
» sans en rien découvrir & déclarer ; &
» avenant le temps de leur part & déli-
» vrance de leurs fruits, occultement s'en
» délivrent, puis les suffoquent, meur-
» trissent & autrement suppriment, sans
» leur avoir fait impartir le saint Sacre-
» ment de baptême ; ce fait, les jettent
» en lieux secrets & immondes, ou en-

» fouissent en terre profane, les privant
» par tel moyen de la sépulture coutu-
» miere des Chrétiens.

» De quoi étant prévenues & accusées
» pardevant nos Juges, s'excusent, disant
» avoir eu honte de déclarer leur vice,
» & que leurs enfans sont sortis de leurs
» ventres morts, & sans aucune appa-
» rence de vie ; tellement que , par faute
» d'autre preuve, les Gens tenans tant les
» Cours de Parlement , qu'autres nos
» Juges, voulant procéder au jugement
» de procès criminels faits à l'encontre de
» telles femmes, font tombés & entrés
» en diverses opinions ; les uns concluant
» au supplice de mort, les autres à la
» question extraordinaire à fin de savoir &
» entendre par leur bouche si à la vé-
» rité le fruit issu de leurs ventres étoit
» mort ou vif. Après laquelle question en-
» durée, pour n'avoir aucune chose voulu
» confesser, leur sont les prisons le plus
» souvent ouvertes ; qui a été & est
» cause de les faire retomber, récidiver
» & commettre tels & semblables délits ».

· A quoi voulant pourvoir, &c, il est
ordonné,

» Que toute femme qui se trouvera
» duement atteinte & convaincue d'avoir
» celé, couvert & occulté, *tant sa gros-*

» *feſſe que ſon enfantement*, ſans avoir
» déclaré *l'un ou l'autre*, & avoir pris de
» l'un ou de l'autre *témoignage ſuffiſant*,
» même de la vie ou mort de ſon enfant;
» & qu'après ſe trouve l'enfant avoir été
» privé, *tant du ſaint Sacrement de bap-*
» *tême que ſépulture publique & accoutu-*
» *mée*, ſoit telle femme tenue & réputée
» avoir homicidé ſon enfant, & pour ré-
» paration *punie de mort & dernier ſup-*
» *plice* «.

Un Edit de 1585 enjoignit aux Curés
de publier cette Loi aux Prônes des Meſſes
paroiſſiales de trois mois en trois mois, &
aux Procureurs du Roi & à ceux des
Seigneurs de veiller à cette publication.

Une Déclaration du 25 Février 1708,
en ajoutant aux diſpoſitions de l'Edit de
1585, enjoint aux Curés & Vicaires
d'envoyer tous les trois mois aux Procureurs du Roi des Bailliages & Séné-
chauſſées dans l'étendue deſquels leurs
Paroiſſes ſont ſituées, un certificat ſigné
d'eux, qui atteſte qu'ils ont fait la publication de l'Edit de 1556.

Cette même Déclaration ordonne qu'en
cas de refus par leſdits Curés ou Vicaires,
ils puiſſent y être contraints par la ſaiſie
de leur temporel à la requête des Procureurs-généraux des Parlemens, pourſuite

& diligence de leurs Subſtituts, chacun en leur reſſort.

Ces diſpoſitions ont été renouvellées par une multitude d'Arrêts, & ſinguliérement par ceux des 21 Mars 1712, 23 & 28 Avril 1717, 6 Mai 1718, 27 Avril 1730, 12 Février 1731, 16 Mars 1731, 27 Avril 1735 & 17 Juin 1740, qu'on trouve pour la plupart dans le Code de Louis XV. Obſervons que preſque tous ces Arrêts contiennent des injonctions particulieres à différens Juges de Province, de veiller par eux-mêmes à ce que la publication de l'Edit de 1556 ſoit faite tous les trois mois par les Curés ou les Vicaires; comme auſſi, lorſqu'ils jugeront des procès ſur ce ſujet, d'y joindre un certificat ſigné d'eux, contenant la derniere publication qui aura été faite de l'Ordonnance de Henri II.

La publication réitérée de cette Ordonnance forme une exception à la maxime générale du Royaume, ſuivant laquelle une Loi eſt cenſée ſuffiſamment connue de tous, lorſque l'enregiſtrement & la promulgation en ont été faits; la forme de cette publication eſt encore une autre exception à l'Edit du mois d'Avril 1695 & à la Déclaration du 16 Décembre 1698, qui diſpenſent les Curés de faire dans leurs Prônes les publications qui font relatives aux intérêts temporels, foit du Roi, foit des Particuliers.

Il ne faut chercher la caufe de cette publication infolite, que dans la nature même de l'Edit de 1556, dont les difpofitions rigoureufes femblent répugner à la douceur & à l'humanité de nos mœurs, & aux principes du Droit.

En effet, qu'y a-t-il de plus dur que d'exiger d'une malheureufe fille, qui a mal défendu fa vertu, qu'elle aille elle-même déceler le fecret de fon cœur à des hommes qui ne paieront fa confidence que par le mépris ou l'ironie, & qu'elle cherche des témoins d'une foibleffe humiliante qu'elle voudroit pouvoir cacher à tous les yeux?

D'un autre côté, la préfomption légale d'*homicide*, établie contre celle qui néglige cette *déclaration*, eft encore oppofée aux principes du droit, qui veulent que, dans le cas d'un homme trouvé mort, on ne fuppofe point qu'il ait été homicidé, fi d'ailleurs le fait n'eft établi par des preuves authentiques, & que, dans le doute, on décide pour la mort naturelle. *L. 25, ad Leg. Aquil., dig.* Bodin, qui fe déclare en faveur de cette Loi, eft obligé d'avouer qu'elle expofe

Q 5

à faire périr une fille innocente : *Et néanmoins il peut se faire*, dit-il, *que la femme,
pour conserver son honneur, aura celé son
fruit & sa grossesse & son enfantement, &
que l'enfant qu'elle eût volontiers nourri,
soit mort en sa délivrance.* Bodin, *Démon.
des Sorc.*, liv. 4, ch. 5.

Au surplus, dès que la Loi existe,
nous devons la respecter, quels que soient
les inconvéniens qu'elle présente, & laisser
à la sagesse des Cours le soin d'en tem-
pérer la rigueur par une application conforme à leur humanité & à leurs lumieres.

§. I I.

De quelle maniere doit s'exécuter l'Edit de 1556.

L'Edit indique deux moyens pour se
mettre à l'abri de la présomption d'infanticide.

Savoir, la déclaration pendant la grossesse & la publicité de l'enfantement.

L'Edit n'exige que l'une ou l'autre de
ces précautions. Celle qui a pris des témoignages suffisans de sa grossesse, a rempli le vœu de la Loi; de telle sorte que si
elle accouche d'un enfant mort-né, la présomption légale d'infanticide n'a plus lieu.

Et tout de même si, n'ayant pas pris de témoignage suffisant de sa grossesse, la fille en prend de son accouchement, la présomption d'homicide cesse d'avoir lieu, parce que dans l'un & l'autre cas il est visible que la mere de l'enfant n'a point cherché à dérober sa foiblesse à la connoissance du Public. La Loi n'est faite que contre les filles qui *occultement se délivrent de leur fruit, dans la vue de le suffoquer, meurtrir, & autrement supprimer sans leur avoir fait impartir le baptême.* Or, cette intention criminelle est incompatible avec la déclaration que fait une fille de sa grossesse, ou avec le témoignage qu'elle prend de son enfantement, puisque, par l'une ou l'autre de ces précautions, elle se soumet à l'inspection des Magistrats & du Public, & qu'elle contracte l'obligation de rendre compte de l'enfant.

Aussi voilà pourquoi l'Edit ne demande que l'une ou l'autre de ces formalités. *Toute femme qui sera atteinte & convaincue d'avoir celé, couvert & occulté* TANT *sa grossesse* QUE *son enfantement, sans avoir déclaré l'un* OU *l'autre.*

Mais l'Edit ne s'explique point assez clairement sur les moyens de donner de la publicité à la grossesse ou à l'enfantement. Une peine capitale est prononcée contre celles qui n'auront point *déclaré* leur grossesse ou leur enfantement, sans *avoir pris de l'un ou de l'autre témoignage suffisant.* Or, que faut-il entendre par cette *déclaration*, qui est indiquée par l'Edit, sans aucun autre renseignement sur la forme de cette déclaration, ni sur les personnes qui ont caractere pour la recevoir? Qu'est-ce qu'un *témoignage suffisant* de l'enfantement? Quelles formalités seront nécessaires pour opérer ce témoignage? A quoi reconnoîtra-t-on qu'il est *suffisant?*

Cette obscurité qu'on rencontre dans l'Edit de 1556, a donné lieu à plusieurs opinions. Quelques-uns ont pensé que la déclaration de grossesse devoit se faire devant Notaires; d'autres ont décidé pour le Greffier de la Justice du lieu où la fille enceinte étoit domiciliée. Plusieurs ont prétendu qu'elle pouvoit être reçue par des particuliers; & ce dernier avis a été adopté par plusieurs Parlemens. Celui de Dijon a admis des filles à prouver qu'elles avoient révélé leur grossesse à des *femmes* ou à leur *Confesseur;* voyez Raviot.

Serpillon assure « que l'Edit de Henri II » n'obligeant pas les filles à faire leurs dé- » clarations en *Justice* ni pardevant *Notaires*

» ou *autres perfonnes publiques*, on ne peut » les y forcer ; & qu'elles peuvent, fuivant » cet Edit, *fe contenter de les faire à des gens* » *de probité*, qui, en cas de befoin, pour- » ront en rendre témoignage ».

La maniere la plus en ufage, dans le reffort du Parlement de Paris pour faire cette déclaration, eft de fe tranfporter, en Province, chez le Procureur du Roi, à Paris, chez un Commiffaire, qui reçoivent la déclaration de groffeffe qui leur eft faire, & l'infcrivent fur le regiftre deftiné à cet objet.

Ces déclarations fe font fans aucuns frais, à moins que la fille n'exige une expédition de fa déclaration, auquel cas le Greffier ou le Commiffaire font auto- rifés à faire payer le coût de cette expé- dition.

M. le Chancelier a donné fur cela des ordres très-précis en 1747.

Le regiftre qui contient les déclarations de groffeffe, doit être fermé à la curiofité publique, & les Officiers qui font dépo- fitaires de la confidence de la fille, ne doivent pas la divulguer. Une fille, en déclarant fa groffeffe, n'eft pas obligée d'en déclarer l'auteur : c'eft fon fecret; & il importe peu au bien public que ce fecret foit pénétré.

Sauvageau & Dufail rapportent un Arrêt du Parlement de Bretagne du 28 Mars 1637, qui a déclaré bien intimés & pris à partie des Officiers qui avoient décrété une fille enceinte, parce qu'en leur déclarant sa groffeffe, elle avoit refufé d'en nommer l'auteur.

§. I I I.

Des fuites de l'omiffion de déclaration de groffeffe ou de publicité d'enfantement.

Une fille qui n'a point déclaré fa groffeffe ni manifefté fon accouchement, n'eft pas pour cela dans le cas de l'Edit de 1556, fi d'ailleurs elle eft en état de repréfenter l'enfant dont elle eft accouchée, ou de donner des renfeignemens fuffifans de fa deftinée.

En effet, l'objet de l'Edit n'a été que de veiller à la confervation des enfans, & de prévenir les homicides qui pourroient être infpirés par une honte dénaturée. La préfomption d'homicide, introduite par l'Edit, ne peut avoir lieu que contre les meres qui ne repréfentent point leur enfant, & qui font hors d'état d'en rendre compte. Mais on conçoit combien il feroit abfurde de réputer ho-

micide de son enfant & de punir comme
telle, la mere qui le représenteroit vivant.
Il y a plus ; si l'enfant étoit mort, & que
la mere fût en état de justifier de son
extrait baptistaire & de son extrait mor-
tuaire, il n'y auroit rien à craindre pour
la mere, car l'Edit excepte expressément
de la présomption d'homicide les meres
qui font baptiser leur enfant, ou qui le
font inhumer en terre sainte.

Pour que la présomption d'homicide
ait lieu, il est nécessaire, aux termes de
l'Edit, que la clandestinité de la grossesse & de l'accouchement soit suivie de
deux autres circonstances ; savoir, la privation de baptême, & la privation de
sépulture publique :

*Et qu'après, se trouve l'enfant avoir été
privé tant du saint Sacrement de baptême,
que sépulture publique & accoutumée.*

La raison de cela est sensible ; c'est que
le baptême administré à l'enfant, est une
cérémonie publique incompatible avec la
clandestinité criminelle dont parle l'Edit ;
& cette cérémonie opere tout à la fois
*la déclaration de grossesse & le témoignage
suffisant de l'enfantement.* Si donc, après
la cérémonie du baptême ou même pendant l'administration du Sacrement, l'en-

fant venoit à mourir, il n'y auroit rien à reprocher à la mere.

Marie Chevalier, fille d'un Laboureur de Saint-Arnoud près de Chartres, s'étant abandonnée à Maximilien Dubouchet, elle devint groffe, & fa groffeffe ne fut connue du Public que par l'accouchement, qui arriva le 14 Février 1714. L'enfant fut ondoyé le jour même, & baptifé le lendemain par le Curé de la Paroiffe, fous la qualité d'enfant de Marie Chevalier & de Maximilien Dubouchet; après quoi il fut mis en nourrice dans un endroit voifin. Marie Chevalier n'avoit fait aucune déclaration de groffeffe; mais on voit que la publicité de fon accouchement fuppléoit fuffifamment à cette formalité. Cependant le Procureur-Fifcal du lieu, qui avoit lui-même une connoiffance particuliere de l'exiftence de l'enfant, qui l'avoit vu entre les bras de fa nourrice, s'avifa de rendre plainte contre la fille Chevalier, non pas en fuppreffion de part, puifque le contraire étoit évident, mais en *recelé de groffeffe*, *de l'un ou de l'autre fuffifant témoignage*, & prétendant que le feul défaut de déclaration de groffeffe foumettoit une fille aux peines portées par l'Edit de Henri II; & il comprit dans sa plainte les pere & mere de la fille comme complices de cette dissimulation.

Quelque monstrueuse que fût cette doctrine, elle fut adoptée par le Juge de Saint-Arnoud, qui lança deux décrets de prise-de-corps contre Marie Chevalier & ses pere & mere.

Appel de la part des trois accusés au Bailliage de Chartres, où ils obtiennent des défenses contre les décrets.

Autre appel au Parlement, de la part du Procureur-Fiscal de Saint-Arnoud, des défenses accordées au Bailliage de Chartres. Marie Chevalier & ses pere & mere, traduits au Parlement, obtiennent la permission de prendre à partie le Juge & le Procureur - Fiscal de Saint-Arnoud.

Pendant l'instruction, Marie Chevalier, qui avoit épousé Maximilien Dubouchet, vient à mourir. Dubouchet, son mari, reprend l'instance en sa qualité de tuteur de leur enfant commun.

Les moyens des accusés étoient que les filles & les femmes ne peuvent être poursuivies pour défaut de déclaration de grossesse que lorsque l'accouchement a été tenu secret, & que l'enfant s'est trouvé privé du Sacrement de baptême & de la sépulture chrétienne, parce que la réunion de ces circonstances annonçoit un homi-

cide ; mais que l'Edit de Henri II n'étoit
pas applicable aux cas où la présomption
d'homicide n'avoit pas lieu ; que dans
l'espece, cette présomption étoit inadmissible, puisque l'enfant étoit représenté
vivant ; que cette derniere circonstance
ayant été parfaitement connue du Procureur - Fiscal & du Juge de Saint - Arnoud, la procédure qu'ils avoient tenue
contre Marie Chevalier & ses pere &
mere étoit tout à la fois le comble de
l'ineptie & de la vexation; & que de ces
deux reproches, l'un devoit servir à faire
annuller la procédure, & l'autre à faire
admettre la prise à partie. Ces moyens ne
pouvoient pas manquer d'être adoptés ;
&, par Arrêt du 2 Juillet 1716, rendu en
la Tournelle, au rapport de M. de Vertha-
mond, les Parties ont été mises hors de
Cour sur l'accusation, le Procureur-
Fiscal & le Bailli déclarés *bien intimés &*
pris à partie, condamnés en 200 livres
de dommages & intérêts, & en tous les
dépens.

L'inhumation de l'enfant en terre sainte
avec les cérémonies de l'Eglise, opere en
faveur de la mere le même effet que le
baptême.

Supposons qu'une fille qui n'a point fait
de *déclaration de grossesse*, & qui a tenu son

accouchement secret, présente à l'Eglise un enfant mort pour le faire inhumer en terre sainte ; dans cette espece, la fille a-t-elle encouru la peine de l'Edit ?

Cette fille a contr'elle trois des circonstances que l'Edit désigne comme des présomptions d'homicide, défaut de déclaration pendant la grosseſſe, clandeſtinité de l'accouchement, privation du Sacrement de baptême. Cependant ſi rien d'ailleurs ne fait ſoupçonner le meurtre de l'enfant, cette fille n'a point encouru la peine de l'Edit, qui ne répute la femme homicide de ſon enfant, que lorſqu'à la ſuite de la clandeſtinité de l'accouchement, *ſe trouve l'enfant privé tant du Sacrement de baptême, que de ſépulture publique & accoutumée.*

On voit que l'Edit exige la réunion des deux circonſtances, *privation de baptême & de ſépulture publique*; le défaut de l'une de ces circonſtances détruit l'application de l'Edit, puiſqu'une fille, qui requiert pour ſon enfant la ſépulture publique & ordinaire des Chrétiens, *déclare* ſuffiſamment le myſtere de ſa grosſeſſe & de ſon enfantement ; & que, d'un autre côté, la repréſentation qu'elle fait du corps de l'enfant, met le Miniſtere public à portée de s'aſſurer de la véritable cauſe de ſa mort.

Quoique la déclaration de groſſeſſe ne ſoit pas eſſentielle, ainſi que nous l'avons établi ci-deſſus, & que d'ailleurs une fille ait tout le temps de ſa groſſeſſe pour remplir cette formalité, néanmoins il eſt plus prudent, de la part des filles qui ſe trouvent dans l'état de groſſeſſe, de s'empreſſer de faire leur déclaration.

Il eſt poſſible que, ſans avoir fait aucune tentative criminelle pour détruire le fruit, l'enfant ne vienne point à terme ; & cet événement, accompagné du défaut de déclaration de groſſeſſe, expoſeroit la mere à des procédures fâcheuſes.

Au ſurplus, quelques précautions que les Officiers de Juſtice ſoient autoriſés à prendre pour prévenir les ſuppreſſions de *part*, leur diligence ne doit pas dégénérer en une ardeur inquiete, qui compromette la réputation des filles & le repos des familles ; & lorſqu'une fille, ſoupçonnée d'être enceinte, n'a point fait de déclaration, il n'eſt pas permis aux Juges de la faire viſiter, ſous le prétexte de vérifier ſon état, & de prévenir la ſuppreſſion de ſon fruit.

On a pluſieurs exemples de cet abus d'autorité, qui a toujours été ſévérement réprimé,

Le Procureur d'Office de la Juſtice de

Saint-Seine, soupçonnant une fille d'être enceinte, avoit requis le Juge de se transporter chez elle pour l'interroger & la faire visiter, en cas de dénégation ; ce qui avoit été exécuté. Sur l'appel de cette procédure, le Procureur d'Office & le Juge furent pris à partie ; & par Arrêt du Parlement de Dijon du 2 Mai 1705, condamnés chacun en 100 liv. de dommages & intérêts, avec des défenses de plus à l'avenir se permettre de pareille visite.

Le sieur Frisol de Courcelles, ayant ouï dire que la fille d'un Meûnier, nommé Morand, étoit enceinte, demanda au Juge du lieu la permission de la faire assigner pour déclarer son état, & en cas de dénégation pour être visitée. Le Juge le lui permit ; & la fille ayant été assignée, elle déclara n'être point grosse.

Sur la dénégation, le Juge ordonna qu'elle seroit visitée par un Chirurgien & une Sage-femme ; & de leur rapport, il résulta qu'elle n'étoit point grosse.

Les pere & mere de la fille interjetterent appel au Parlement de cette procédure ; ils prirent à partie le Juge & le Procureur - Fiscal, demanderent réparation de l'injure faite à leur fille par une inquisition aussi contraire aux Ordonnances qu'aux bonnes mœurs.

Sur l'appel, M. l'Avocat-Général s'éleva avec force contre la conduite des Officiers de Courcelles ; & sur ses conclusions, il intervint, le 16 Décembre 1761, Arrêt, par lequel toute la procédure faite à Courcelles fut déclarée nulle, le Juge & le Procureur-Fiscal condamnés à rendre les vacations par eux perçues, à mettre un acte au Greffe, &c., & solidairement en 100 livres de dommages & intérêts.

Le même Arrêt fait défenses aux Officiers de la Justice de Courcelles de faire à l'avenir de pareils réquisitoires & de rendre de pareilles Ordonnances , sauf auxdits Officiers, dans le cas où par des informations juridiquement faites , des femmes veuves ou des filles seroient chargées d'avoir celé leur grossesse, & d'être accouchées sans l'avoir déclarée , à les décréter, les interroger, même les faire visiter, s'il y échoit, &c.; l'Arrêt imprimé , publié & envoyé à tous les Bailliages.

Ces Arrêts n'ont point empêché d'autres Officiers de Justice de commettre la même faute, si cependant on peut donner ce nom à une démarche où l'on voit encore plus de malice que d'ignorance.

Florimonde Poulain, fille d'un riche

Laboureur à Marly près Guife, étoit fur le point de fe marier. L'importance de fa dot, qui étoit de 50,000 liv., avoit multiplié les concurrens. Ceux d'entre ces derniers, dont la recherche avoit été mal accueillie, s'en vengerent par des propos malins contre la demoifelle Poulain; ils répandirent fourdement le bruit que la demoifelle Poulain étoit groffe, & que ce n'étoit fans doute que par cette circonftance que le fieur Poulain fe déterminoit à donner une dot auffi confidérable. Le bruit de la prétendue groffeffe de là demoifelle Poulain s'étant accrédité, bientôt les Maire & Echevins de Marly, comme chargés de la Police, imaginerent qu'il étoit de l'intérêt public de vérifier cette imputation. En conféquence, une des Fêtes de Pâques 1776, ils fe tranfportent chez le fieur Poulain, accompagnés d'une Sage-femme; & ayant trouvé la demoifelle Poulain toute feule dans la maifon, ils lui déclarent quel eft l'objet de leur tranfport. La demoifelle Poulain fe révolte inutilement contre une opération auffi infolente, & d'ailleurs injurieufe à fa vertu. Elle étoit feule; il fallut céder & fe foumettre à l'infpection de la Matrone, dont le réfultat fut à l'avantage de la demoifelle Poulain. Le pere, de retour dans ſa maiſon, apprit avec indignation l'inſulte faire à ſa fille; & le lendemain, le pere & la fille rendent plainte devant les Juges de Guiſe contre les Officiers de Marly.

Ceux-ci ayant interjetté appel de cette procédure au Parlement, il y eſt intervenu, le 2 Octobre 1776, Arrêt contradictoire, qui « fait défenſes aux Maire » & Echevins de Marly de récidiver; or- » donne qu'ils ſeront tenus de reconnoître » la fille Poulain pour fille d'honneur & » vertueuſe, & d'en paſſer acte au Greffe » du Bailliage Royal de Guiſe, ſinon » que l'Arrêt vaudroit ledit acte: con- » damne Nicolas - Pierre Hutin, & » Alexandre Fayola, en 600 livres de » dommages & intérêts, par forme de » réparations civiles, envers la fille Pou- » lain : faiſant droit ſur les concluſions » du Procureur-Général, fait défenſes » aux Juges de ſe tranſporter pour faire » des viſites ſans ordonnance préalable ; » enjoint à Nicolas-Pierre Hutin, Lieu- » tenant de Maire de la Juſtice de Marly, » & à Alexandre Fayola, Echevin en la » même Juſtice, d'être plus circonſpects » à l'avenir, & de ne plus, de leur ſeule » volonté, en qualifiant leur démarche » d'acte judiciaire, ordonner & faire exé-
» cuter

» cuter la visite des veuves ou filles que
» le bruit public annonceroit être encein-
» tes, & de se transporter chez elles;
» sauf, dans le cas où par des informa-
» tions juridiquement faites des veuves
» ou filles seroient chargées d'avoir celé
» leur grossesse, & d'être accouchées sans
» l'avoir déclarée, à les poursuivre ex-
» traordinairement, & à les faire visiter
» s'il y échet ; & , pour l'avoir induement
» fait & fait faire envers la personne de
» la fille Poulain, ordonne que Nicolas-
» Pierre Hutin & Alexandre Fayola de-
» meureront interdits de toutes fonctions
» pendant six mois. Ordonne que le
» présent Arrêt leur sera signifié à la di-
» ligence du Substitut du Procureur-
» Général du Roi au Bailliage de Guise,
» qui sera tenu d'en certifier la Cour
» dans le mois. Condamne lesdits Nicolas-
» Pierre Hutin, Alexandre Fayola &
» Etienne Bée (Greffier) solidairement;
» aux dépens; & permet aux Parties de
» Duperron (Poulain pere & sa fille)
» de faire imprimer le présent Arrêt jusqu'à
» concurrence de cent exemplaires, &
» d'en faire afficher par-tout où bon leur
» semblera, aux frais & dépens solidaires
» des Parties d'Aujollet (Hutin, Fayola
& Etienne Bée) «.

R

Cet Arrêt parut encore trop doux au Public, attendu qu'on remarquoit dans le fait des Officiers de Marly une intention décidée d'outrager la demoiselle Poulain.

Indépendamment du préjudice irréparable qu'une pareille visite porte à la réputation d'une fille, une autre raison décisive pour réprimer cet abus, c'est que l'éclaircissement du fait de grossesse est absolument indifférent à la Justice, & qu'il ne peut servir de base à aucune procédure.

En effet, quand, par l'événement de la visite, la grossesse de la fille seroit assurée, qu'en résulteroit-il contre la fille? absolument rien, puisque la grossesse n'est point un délit public, mais seulement le témoignage d'un écart de tempérament dont la fille n'est punie, parmi nous, que par la perte de l'estime & de la considération de ses Concitoyens, sans cependant avoir rien à craindre de la part des Tribunaux.

Dira-t-on que cette fille, n'ayant point fait sa déclaration de grossesse, est présumée méditer une *suppression de part*, & qu'elle se trouve dans le cas de l'Edit de Henri II, qui répute coupable d'infanticide toute fille qui aura recelé sa grossesse?

On conçoit combien ce prétexte est dénué de raison, puisque le défaut de déclaration de grossesse n'est dé quelque confidération , qu'autant qu'il eft fuivi d'un accouchement clandeftin , de la mort de l'enfant , privé de baptême & de fépulture , ainfi qu'il a été fuffifamment expliqué ci-deffus.

Si la vifite d'une fille, fufpectée d'être enceinte, eft un abus d'autorité & un acte de vexation, il n'en faut pas dire autant de la vifite qui feroit ordonnée après l'accouchement; une pareille vifite peut avoir lieu, lorfqu'on a trouvé le cadavre d'un enfant qui a été homicidé; la circonftance du corps de délit exiftant, autorife les Juges à chercher le coupable, & faire vifiter une fille qui feroit foupçonnée d'avoir caché fa groffeffe & fon accouchement. Mais, obfervez bien ceci comme un point effentiel, c'eft qu'il faut qu'il y ait un *corps de délit*, c'eft-à-dire la rencontre d'un cadavre d'enfant qui établiffe un homicide; ce n'eft qu'à cette condition que l'inquifition exercée fur la perfonne d'une fille fufpecte, peut être juftifiée. On conçoit combien une pareille recherche eft humiliante & injurieufe pour celle qui eft obligée de la fubir; & on ne pourroit pas trop punir les Officiers indifcrets qui fe permettroient, même dans le cas de l'exiftence d'un corps de délit, de la faire effuyer à une fille d'honneur, & qui n'auroit donné lieu à aucun soupçon.

Un Procureur d'office de Mont-Réal, en Bourgogne, ayant appris qu'une fille du village étoit malade, prétendit que c'étoit *une suite de couches*; & pour s'en assurer, il obtint du Juge du Siege une Ordonnance, portant qu'elle seroit interrogée & visitée.

Le Juge se transporta chez elle, l'interrogea sur les causes de sa maladie; & sur la dénégation de cette fille, elle fut visitée par un Médecin & un Chirurgien, qui déclarerent qu'elle n'avoit point *fait d'enfant*.

Sur l'appel de cette procédure indécente, les Juges & le Procureur-Fiscal furent pris à partie; & par Arrêt du Parlement de Dijon de 1715, rapporté par Raviot, le Juge & le Procureur-Fiscal furent déclarés bien pris à partie; le Juge condamné à 300 liv., & le Procureur-Fiscal à 500 liv. de dommages & intérêts, avec *interdiction* pendant un an.

Serpillon assure, que tant qu'il n'existe point de corps de délit, la Partie publique ne peut pas forcer une fille à déclarer ce qu'est devenu son fruit. « L'enfant, dit-il, » peut être élevé par un pere qui ne veut » pas être connu; & l'Edit de Henri II » n'oblige pas les filles à représenter leurs » enfans, ni à déclarer ce qu'ils sont de-

» venus. Les peines ne s'étendent pas ».

Il me femble que cette propofition ne doit pas être prife à la lettre, & qu'il y a des cas où, fans corps de délit exiftant, le Miniftere public peut chercher à s'affurer du fort de l'enfant fur lequel il auroit conçu quelques alarmes; mais cette recherche exige tant de circonfpection, qu'il me femble qu'elle doit être réfervée à MM. les Procureurs-Généraux.

CHAPITRE II.

Des Avortemens.

LE crime d'infanticide, tel qu'il eft détaillé dans l'Edit de 1556, ne s'offre pas communément. Lorfqu'une femme, après avoir fupporté pendant neuf mois une fituation pénible, eft enfin arrivée au terme qui doit finir fes douleurs & fes alarmes, il n'eft pas ordinaire qu'elle déchire, qu'elle étouffe ni qu'elle affomme la créature innocente qu'elle vient de mettre au monde.

Loin que les meres cherchent à fe venger fur leurs enfans des peines que leur naiffance leur a caufées, l'expérience nous

R 3

apprend que c'eſt une raiſon chez elles qui les leur rend plus précieux.

Mais ce qui eſt moins rare peut-être, c'eſt de voir des meres chercher à prévenir la conſommation de la maternité par des breuvages, des drogues & des efforts meurtriers. Traverſée dans ſon travail, la Nature laiſſe ſon ouvrage imparfait, & ne livre plus au monde qu'une maſſe informe, plus ou moins élaborée, ſuivant le plus ou moins de violence qu'elle a éprouvée. C'eſt ce qu'on connoît en juriſprudence, comme en médecine, ſous le nom d'avortement.

Lorſque cet événement eſt l'effet d'un accident, la mere eſt à l'abri de tout reproche, ſur-tout ſi elle a fait ſa déclaration de groſſeſſe, ou ſi elle a eu ſoin de faire conſtater l'avortement par des témoins dignes de foi.

Mais, lorſque l'avortement eſt le réſultat d'opérations réfléchies, il eſt rigoureuſement puni, parce que l'avortement procuré par de pareilles voies n'eſt autre choſe qu'un meurtre anticipé.

A ce ſujet on demande s'il n'y a pas une diſtinction à faire, quant à la peine, entre l'avortement opéré avant l'animation de l'enfant, & celui qui auroit lieu envers un enfant déjà formé.

Le Droit Civil ne nous fournit rien

de satisfaisant sur cette distinction, qui semble avoir été négligée par les Jurisconsultes Romains. Il en est seulement fait mention dans la Glose d'Accurse sur la Loi Divus 4, ff. *de extr. ord. crim.*; & cette interprétation même d'Accurse sur cette Loi est forcée, comme sur tant d'autres.

Néanmoins de ce que le Droit Romain ne contient aucune disposition à ce sujet, il n'en faut pas conclure que la distinction doit être rejettée, puisque l'on rencontre assez d'autres autorités puissantes pour la justifier.

L'Exode (suivant la version des Septante), ch. 1, vers. 22 & 23, ne regarde point comme un homicide la destruction d'un enfant qui n'est point encore animé; & Saint Augustin, dans ses questions sur l'Exode, établit cette distinction en principe : *Ideò Lex noluit ad homicidium pertinere, quia nondum dici potest anima viva in eo corpore quod sensu caret.*

On peut joindre à cette autorité celle de Théodoret dans sa question 48 sur l'Exode, & la décision des Canons *quòd verò*, & *Moyses*, Cauf. 32, quæst. 2, insérés dans la compilation de Gratien.

Hippocrate établissoit une distinction considérable entre l'avortement qui pré-

cédoit la formation du *fœtus* & celui qui
étoit poſtérieur à l'animation.

En effet, au commencement de ſes
Ouvrages, il s'engage, par un ſerment
ſolemnel, à ne jamais donner aux femmes
aucun médicament qui puiſſe les faire
avorter ; &, dans ſon Traité *de Naturâ
Pueri*, il raconte qu'une femme qui crai-
gnoit d'être groſſe étant venu le trouver, il apprit qu'elle n'étoit encore qu'au
cinquieme jour, & que, par le moyen
d'un exercice violent qu'il lui ordonna, il
vint à bout de diſſiper le germe.

Par la comparaiſon de ces deux paſſa-
ges, on reconnoît qu'Hippocrate ne
regardoit pas l'avortement avant la formation comme un crime, puiſqu'il ſe
permit d'y contribuer, ſans croire manquer au ſerment qu'il avoit fait, & qu'il
ne craint pas de faire naïvement le récit
de ſon procédé.

Ariſtote décide formellement dans le
ſeptieme Livre de ſa Politique, ch. 16,
p. 447, que lorſque le nombre des Citoyens eſt trop grand dans une République, & qu'une femme a conçu au préjudice des défenſes faites par les Magiſtrats,
elle peut ſe faire avorter ; il dit même
qu'elle le doit faire, avant que le part
ſoit animé, & qu'il ait de la vie & du ſen-

timent : étrange doctrine fans doute ;
mais que nous ne citons ici, que pour la
diftinction qu'elle préfente entre le part
animé, & celui qui ne l'eft pas.

Les Loix des Peuples feptentrionaux,
qui ont inondé la France, contiennent
formellement cette diftinction.

Dans le Recueil de Lindembrock, on
trouve trois Loix différentes qui en ont
parlé.

Savoir, celle des Vifigoths, *lib.* 6,
tit. 3, §. 2, qui condamne à l'amende
de *deux cents cinquante fous* la mere qui
aura détruit un enfant formé ; & à l'a-
mende de *cent fous* feulement, celle qui
aura détruit un enfant, avant qu'il fût
animé. *Si formatum infantem extinxit,*
CC*L folidos reddat ; fi verò informem, cen-*
tum folidos pro facto reftituat.

La Loi des Allemands, *num.* 77, ne
parle que de l'enfant déjà formé ; & celle
des Bavarois ne condamne qu'à l'amende
de *vingt fous*, pour la deftruction d'un
enfant qui n'eft pas encore animé. *Si*
autem partus tantùm extinguitur, fi adhuc
vivens non fuit, x x *folidos componat ;*
& à *53 fous 4 deniers*, pour l'avortement
exercé envers un enfant tout formé.

Sin autem vivens fuit, weregildum
(amende) *perfolvat* LIII *folidos & tremif-*

R 5

fem denarios. Leg. Bajuvar., tit. 7, §. 19.

On peut encore ajouter ici l'autorité des Capitulaires de Charlemagne, *lib.* 6, §. 12 , qui adoptent la difposition de l'Exode, fuivant la verfion des Septante.

Il eft vrai que plufieurs favans perfonnages fe font élevés contre cette diftinction , prétendant que l'avortement qu'une femme fe procure , foit avant , foit après l'animation, eft également criminel , & qu'il doit être puni par les mêmes peines ; & ceux qui foutiennent ce fyftême ne manquent pas de citer ce paffage célebre de Tertullien : *Nobis homicidio femel interdiéto , etiam conceptum utero , dum adhuc fanguis in hominem delibatur, diffolvere non licet; homicidii feftinatio eft prohiberi nafci, nec refert natam quis eripiat animam an nafcentem difturbet; homo eft, & qui futurus eft , & fruétus hominis jam in femine eft.*

Saint Bafile , dans fa premiere lettre écrite à Amphilochius, & qui eft inférée dans le corps des Canons de l'Eglife Grecque, rejette comme une fubtilité la diftinction du part formé & non formé : *Quæ de induftriâ fœtum corrupit , cædis pænâ luat ; formati autem, vel informis, fubtilitas à nobis non attenditur.*

On pourroit encore citer d'autres autorités d'un auffi grand poids.

Mais de quelque confidération qu'elles
puiffent être, il eft certain que l'humanité fe refufe à confondre ces deux cas,
& qu'il y a moins de fubtilité que de juftice à les diftinguer quant à la peine; en
effet , comme a dit M. d'Aguelleau (de
l'Etat des Perfonnes), « quand on con-
» viendroit que la malice eft égale dans
» celui qui détruit l'efpérance d'un hom-
» me, & dans celui qui fait mourir un
» homme déjà formé, il faut néanmoins
» reconnoître que dans les principes de la
» Foi Catholique , il y a toujours une
» extrême différence entre ces deux cri-
» mes, & que, s'ils font égaux par rap-
» port à la Politique , l'un eft beaucoup
» plus atroce que l'autre, par rapport à la
» Religion.

» Celui qui empêche la formation &
» l'animation d'un homme, prive à la
» vérité la République, autant qu'il eft
» en lui, d'un Citoyen; mais ce qu'il
» détruit n'eft encore qu'une maffe in-
» forme, incapable de fentiment, & par
» conféquent de bonheur & de malheur;
» il ne fait tort qu'à la mere dont il expofe
» la vie, & à l'Etat auquel il ôte un de
» fes membres: mais il ne fait aucun tort
» à l'enfant, puifqu'il n'eft pas encore
» formé ; & que l'on peut dire de lui ce

» que Job fouhaitoit qu'on eût pu dire
» de lui-même : *Fuit quafi non fuiffet, de*
» *utero tranflatus ad tumulum* ».

M. d'Aguesseau, loin de regarder cette
diftinction comme une fubtilité, fe déclare
en fa faveur, & dit « que s'il s'agiffoit
» de faire une Ordonnance, il y auroit
» lieu de la fuivre (cette diftinction), &
» d'impofer des peines plus féveres à ceux
» qui tuent un enfant déjà formé, qu'à
» ceux qui préviennent le temps de l'ani-
» mation ».

Il eft reçu, dans la jurifprudence actuelle, de faire la diftinction dont il s'agit,
& de la faire entrer en confidération dans la
condamnation des coupables : » A l'égard
» des femmes ou des filles, dit Lacombe
» (Mat. Criminelles), qui fe procurent l'a-
» vortement à elles-mêmes expreffément
» avec des potions ou de quelque maniere
» que ce foit, elles font puniffables de
» mort, *fi leur fruit avoit pris vie ;* finon
» elles doivent être condamnées au ban-
» niffement ou à quelque autre peine ex-
» traordinaire, *citra mortem* «.

La difficulté n'eft plus que de favoir
à quel temps l'enfant prend vie ; &, nonobftant le partage d'avis fur cette queftion, on n'admet, dans l'ufage, l'animation
du fœtus qu'après le quarantieme jour.

CHAPITRE III.

De l'expofition des Enfans.

Sı l'inhumanité de celles qui ont conçu par des voies illégitimes ne va pas toujours jufqu'à fupprimer leur fruit, au moins il arrive fouvent qu'elles cherchent à s'en délivrer, en l'expofant à la compaffion publique. Mais, comme cette reffource eft peu affurée, & qu'il eft poffible que l'enfant ne trouve pas chez autrui plus de fenfibilité qu'il n'en a trouvé chez fa propre mere, les Loix Romaines mettent, avec raifon, la femme qui expofe fon enfant au même rang que celle qui le détruit : *Necare videtur non tantùm qui partum fuffocat, fed & is qui abjecit & qui alimonia denegat, & is qui locis publicis mifericordiæ caufâ exponit, quam ipfe non habet.* L. 4, Dig. de agnof. & alend. lib.

Au refte, on conçoit que les circonftances doivent beaucoup influer fur la gravité du délit, & fur l'efpece de peine qui lui appartient.

Par exemple, l'expofition d'un enfant

dans une églife, une place publique, au milieu d'une Ville, à la porte d'une mai- fon religieufe, ou d'un grand Seigneur, ou dans tout autre endroit qui promettroit un fecours prompt & affuré, feroit fans contredit beaucoup moins criminelle que celle qui feroit faite au milieu d'une cam- pagne ifolée, d'une forêt, fur un rocher, & autres lieux femblables, où l'enfant feroit abandonné fans apparence de fe- cours, au rifque de mourir de faim ou d'être dévoré par les bêtes.

Abftraction faite du cas où il y auroit intention vifible de procurer la mort de l'enfant, l'expofition des enfans n'a jamais été en France punie de mort. Les Arrêts les plus anciens que nous trouvions fur cette matiere, ne prononcent contre les coupables, que la peine du fouet, l'a- mende honorable, le banniffement, &c.

Une Sage-femme, convaincue d'expo- fition d'enfant, a été condamnée, par Arrêt du 26 Mai 1682, à être fouettée, ayant écriteaux devant & derriere, por- tant ces mots : *Sage-femme convaincue d'expofition d'enfant, & bannie pour cinq ans.*

Une Sage-femme, qui venoit de déli- vrer une fille, à Paris, rue Judas, ayant été convaincue d'avoir expofé l'enfant fur la porte d'une maifon rue Saint-Victor, fut condamnée au banniffement par Arrêt du 4 Janvier 1712.

On trouve, dans la Bibliotheque de Bouchel, l'efpece d'un Arrêt du 14 Octobre 1576, par lequel une fille, furprife en expofant de nuit un enfant fur la porte d'une maifon, fut condamnée à être *fouettée devant la maifon des Recom-mandareffes.*

Aujourd'hui même cette jurifprudence eft bien mitigée. La fageffe de notre Gouvernement a pris tant de précautions pour affurer la confervation des enfans expofés, que ce crime a perdu beaucoup de fon importance. Voilà pourquoi la Juftice ne fe met pas bien en peine ordinairement de connoître l'auteur de l'expofition, & pourquoi elle ne le punit que légérement, lorfque, fans le chercher, elle vient à le rencontrer. Un Particulier ayant été convaincu d'avoir expofé un enfant dans une allée, par Arrêt du 6 Juin 1739, rendu fur les conclufions de M. l'Avocat-général d'Agueffeau, il a été condamné feulement à payer une amende de 100 livres au profit de l'Hôpital-général des Enfans-Trouvés.

Il femble qu'on devroit voir difparoître abfolument les expofitions d'enfant, puif-

qu'il y a des Hôpitaux deftinés à recueillir les enfans qui font abandonnés de
leurs peres & meres.

Sans qu'il foit befoin, pour les y faire
admettre, de recourir à la reffource de
l'expofition, il fuffit de porter l'enfant
chez le premier Officier de Police. Celui
qui le préfente ne court aucun danger.
On n'exige point qu'il dife fon nom, ni
celui des perfonnes auxquelles il fait que
l'enfant appartient; il n'a à craindre aucune recherche, aucune inquifition ulté-
rieure, & encore moins d'être tenu de
quelques dépenfes.

L'Officier de Juftice, qui fait la levée
du corps de l'enfant expofé, doit dreffer
un procès-verbal de l'état de l'enfant,
ainfi que de toutes les circonftances &
des renfeignemens qui peuvent fervir un
jour à reconnoître à qui il appartient.

Un enfant expofé eft de droit réputé
légitime, parce que la honte ne fe préfume point.

Chez les Romains, les enfans expofés
appartenoient à ceux qui les avoient élevés, dont ils reftoient efclaves; ainfi, on
peut croire qu'il ne manquoit pas de
gens difpofés à s'en emparer.

Mais depuis l'abolition de l'efclavage,
perfonne n'ayant plus d'intérêt à fe char-

ger des enfans exposés, il y eut de fréquentes contestations entre les Seigneurs,
les Habitans, les Communautés Religieuses & les Hôpitaux, pour savoir à
qui d'entre eux la charge en appartien-
droit ; les uns & les autres apportoient
des raisons assez plausibles pour se la ren-
voyer respectivement.

On invoquoit contre les Habitans de la
Paroisse où l'enfant avoit été exposé, l'art.
173 de l'Ordonnance de Moulins, qui charge chaque Paroisse de nourrir ses pauvres.
Mais les Habitans répondoient que cette
obligation ne concernoit que les pauvres
qui seroient *natifs* & *habitans* du lieu,
& que les pere & mere de l'enfant exposé
étant inconnus, il ne devoit point être
réputé natif, ni habitant du lieu, avec
d'autant plus de raison, qu'il étoit vraisemblable que les pere & mere qui vouloient exposer un enfant avoient soin de
le transporter hors de leur Paroisse.

D'une autre part, on disoit que cette
charge appartenoit particuliérement aux
Hôpitaux, ou aux Chapitres & Monas-
teres, parce que les biens d'Eglise sont
particuliérement affectés à la subsistance
des pauvres.

Mais les Hôpitaux, Chapitres & Mo-
nasteres, rejettoient ce fardeau sur les

Seigneurs, qui, profitant des épaves lu-
cratives, devoient, disoient-ils, également
supporter celles qui se trouvoient oné-
reuses.

La jurisprudence a été long-temps à
se fixer sur cette matiere, & l'on rencontre plusieurs Arrêts qui appliquent la
charge des enfans exposés, tantôt aux
Seigneurs, tantôt aux Habitans, & tantôt
aux Communautés Religieuses & Ecclésiastiques du lieu.

Mais, enfin, un Arrêt de réglement,
du 30 Juin 1664, a terminé la question,
en décidant qu'à l'avenir *tous les Seigneurs
de Justice, ou de Fief, seroient tenus de
se charger de la nourriture des enfans exposés dans l'étendue de leur Justice.*

Il est nécessaire d'observer ici les termes dans lesquels je rapporte cet Arrêt
de réglement, & qui sont différens de
ce qui en est dit au Journal des Audiences; mais le Rédacteur de ce Recueil n'a
pas rapporté le dispositif de cet Arrêt de
réglement avec exactitude, en disant
que la Cour « a ordonné que tous les *Sei-*
» *gneurs Justiciers* seront tenus de prendre
» les enfans qui auront été exposés dans
» leur Jurisdiction ».

Ces termes de *Seigneurs Justiciers*, ne
font pas assez sentir quel est l'objet de cet

Arrêt de réglement, qu'il faut entendre de la maniere que voici:

C'eſt à ſavoir, que la charge de l'enfant expoſé regarde les Seigneurs qui ſont fondés à exiger le droit d'*épaves*, de *déshérence & de bâtardiſe:* de ſorte que, dans les Coutumes où ces droits appartiennent aux Hauts-Juſticiers, ces derniers ſont chargés de l'enfant; & que, dans celles où les moyens & bas Juſticiers prennent les *épaves*, les *déshérences & la ſucceſſion des bâtards* (comme dans celle d'Anjou), la nourriture des enfans expoſés tombe ſur eux. Voyez à ce ſujet Poquet de Livonniere, *Traité des Fiefs*, liv. 6, ch. 5.

CHAPITRE IV.

Des Filles publiques.

LA foibleſſe d'une fille eſt quelquefois le premier pas qui la conduit à la proſtitution; c'eſt par là qu'ont commencé toutes ces infortunées créatures, qui trafiquent publiquement de leur pudeur, & qui finiſſent par inſpirer plus de compassion que de desirs. Il n'est donc pas hors de propos, après avoir considéré la séduction dans tous ses progrès, de la suivre dans sa derniere issue, & de fixer l'état de notre jurisprudence actuelle sur le sort de cette espece de femmes.

Quelle que soit l'infamie & l'indignité d'un pareil métier, on a cependant, dans tous les temps & chez toutes les Nations, trouvé une nombreuse portion de femmes qui s'y sont consacrées.

Il en est fait une mention expresse dans plusieurs endroits du Pentateuque, & singuliérement dans le Deutéronome, ch. 23, verf. 17 & 18, où il est dit qu'on ne souffrira point de fille prostituée dans Israel : *Non erit meretrix in filiabus Israel ;* commandement qui ne fut point exécuté à la rigueur.

Solon avoit établi à Athenes un quartier de la Ville pour la demeure des filles publiques, sur lesquelles le Gouvernement percevoit une rétribution, ainsi qu'on l'apprend par le témoignage d'Athénée, liv. 13, & dans les plaidoyers de Démosthene contre Timarque ; & les hommes qui étoient convaincus de fréquenter ces quartiers, devenoient incapables de posséder aucune dignité, soit dans la Magistrature, soit dans le Sacerdoce ; ils ne pouvoient pas même être admis à parler devant le peuple, à plaider au Barreau comme Avocat, à exercer les fonctions d'Ambaſſadeur, de Héraut, ni toute autre Charge de la République.

Chez les Romains, les filles publiques tenoient leur attelier dans des lieux éloignés du centre de la Ville, & qu'on appelloit *Lupanaria*, comme qui diroit une Louveterie. Par la ſuite le métier de ces femmes fut appellé fornication, du mot *fornix* qui ſignifie *voûte*, parce qu'originairement les femmes publiques ſe proſtituoient dans des endroits formés en *voûte* (1), Aucune femme ne pouvoit exercer cette profeſſion ſans avoir fait ſa déclaration chez les Ediles, & s'être fait inſcrire ſur leur regiſtre.

Les filles publiques étoient diſtinguées des honnêtes femmes par la forme de leur robe, qui ne leur deſcendoit que juſqu'aux genoux, au lieu que celle des autres femmes deſcendoit juſqu'aux talons; elles ne pouvoient point relever leurs cheveux avec des rubans, des treſſes, mais elles étoient obligées de les

_____

(1) *Fornicatrix eſt cujus corpus publicum ac vulgare eſt, ſeu ſub arcuatis proſtituebantur quæ loca fornices dicuntur; undè & fornicariæ.* Iſidore, lib. X, Etymolog.

porter fans aucun foutien étranger (1). Elles étoient affervies à une autre diftinction affez finguliere, c'étoit de mettre de la poudre *rouge* ou *jaune* fur leurs cheveux (2). Elles ne pouvoient point fe fervir de litiére, dont l'ufage étoit réfervé aux honnêtes femmes (3).

Outre la honte de ces marques extérieures, les femmes publiques étoient encore privées des droits des autres citoyens. Elles étoient incapables d'efter en jugement, d'être inftituées héritieres, de former aucune action, foit civile, foit criminelle ; elles n'avoient point l'adminiftration de leurs biens, ni la tutele de

---

(1) Ovide.

> *Scripfimus hæc illis, quarum nec vitta legatos*
> *Aftringit crines, nec ftola longa pedes.*

De Ponto.

(2) Voyez Servius fur le 4° liv. de l'Enéide ; ce qui eft encore confirmé par le paffage de Juvenal, où, en parlant de Meffaline, qui s'habilloit en Courtifanne, il dit qu'elle avoit fait jaunir fes cheveux :

> *Et nigrum flavo crinem abfcondente galero.*

Il eft fingulier que ce goût de poudre jaune ait repris vigueur dans notre fiecle.

(3) *Valer. Maxim.* liv. 7, chap. 7, *de votilio lenon.*, & liv. 8, chap. 2.

leurs enfans ; leur ferment n'étoit pas reçu
èn Juftice ; en un mot , elles étoient frap-
pées d'une efpece de mort civile (1).

Toutes ces humiliations n'empêchoient
pas que leur claffe ne fût nombreufe ; &
les regiftres de la Police étoient furchar-
gés de noms , parmi lefquels on en trouvoit des plus diftingués & des plus illuftres de Rome.

Cette affluence fcandaleufe obligea le
Sénat de faire un décret par lequel il fut
ftatué qu'à l'avenir on n'admettroit parmi
les courtifanes, aucune femme dont le
grand-pere, le pere, ou le mari, feroit
de l'Ordre des Chevaliers (2).

Les mauvais lieux s'étant multipliés à
l'infini, on vendoit publiquement au marché de jeunes filles pour être proftituées ;
l'Etat tiroit de ce trafic honteux une rétribution appellée *aurum luftrale* (3), qui
étoit employée à la réparation des Théâ-

---

(1) Loi. 15 au Dig. *de Curat.*, liv. 42 *de verb.
fignif.* L. 4 , *Is qui de accufat.* L. 5 0, *Si quis igno-
rans , de locat. & conduc.*

(2) *Eodem anno gravibus decretis libido fœminarum coercita eft, cautumque ne corpore quæf-
tum faceret cui avus, aut pater, aut maritus, eques
fuerit.* Tacit. *lib. 2.*

(3) Ce tribut avoit été introduit par Caligula.

tres, du Cirque, des cloaques & autres
ouvrages publics.

Les Empereurs Chrétiens s'occuperent
cependant à réprimer ces désordres. Comme parmi les filles exposées au marché ,
il s'en rencontroit souvent de Chrétiennes,
l'Empereur Constance voulut au moins
sauver la pudeur de celles-ci : il fit donc
une loi, au mois de Juillet 343 , qui
portoit, que si une fille ou une femme
Chrétienne étoit exposée en vente , elle
ne pourroit être achetée que par des gens
connus pour être Ecclésiastiques, ou au
moins Chrétiens; que si même elle avoit
été achetée par un autre, & qu'elle se
trouvât exposée dans des lieux de prostitution, il seroit permis aux Ecclésiastiques ou aux Chrétiens de la retirer, en
rendant le prix qu'elle auroit coûté.

La Religion Chrétienne ayant pris de
nouvelles forces, les Empereurs Valen-
tinien & Théodose se crurent en état
d'anéantir absolument la prostitution publique ; en 439 ils firent donc conjointement une loi qui défendoit, dans toute
l'étendue de l'Empire, la profession de
Courtisane, sous peine du fouet & du
bannissement. Enfin Justinien renouvella
ces dispositions par sa Novelle 14, dans
laquelle il défendit à tous propriétaires
de

de louer leurs maifons à des femmes de mauvaife vie, fous peine de confifcation de la maifon.

Mais comme des Edits ne corrigent point les mœurs, les efforts de Juftinien & de fes prédéceffeurs furent inutiles contre le goût de la proftitution, qui fe maintint malgré la févérité des Ordonnances.

Les Francs, lorfqu'ils s'emparerent des Gaules, y trouverent donc établi l'ufage de la proftitution publique, & l'on conçoit bien que ce fut le dernier de tous les abus que des guerriers fongerent à réprimer. Auffi cette pratique ne reçut-elle aucune atteinte fous la premiere race. Mais Charlemagne, qui vouloit joindre la gloire d'un Légiflateur à celle d'un Conquérant, fe flatta de parvenir à détruire les femmes de mauvaife vie.

Pour cet effet, cet Empereur renouvella, par une Ordonnance de l'an 800, les difpofitions de l'Edit de Théodofe, qui prononçoit la peine du fouet & du banniffement contre les femmes proftituées, & il y ajouta une difpofition de fon invention; ce fut que les propriétaires qui loueroient leurs maifons à cette efpèce de femmes, feroient tenus de les *porter fur le cou* jufqu'au lieu de l'exécu-

S

tion, sinon qu'ils seroient conduits comme elles dans la place, pour y subir aussi la peine du fouet.

De meretricibus volumus, ut apud quemque inventæ fuerint, ab eis portentur usque ad mercatum, ubi ipsæ flagellandæ sunt; vel si noluerint, volumus ut simul cum illis in eodem loco vapulentur. Capitul. Reg. Franc. Baluz, t. 1, colon. 342.

Mais le succès ne répondit point aux espérances de Charlemagne, & ce grand Prince reconnut en cette occasion qu'il étoit plus aisé de vaincre des hommes que de corriger des femmes. Favorisée par les troubles du temps & les guerres étrangeres, la profession de Courtisane se maintint dans un état de force & de tranquillité jusqu'au regne de Saint-Louis, c'est-à-dire pendant plus de quatre siecles.

Mais la piété de ce Prince ne put supporter le spectacle d'une profession impure, qui lui paroissoit blesser les premiers principes du Christianisme : il reprit donc le projet de Charlemagne, & par une Ordonnance de l'an 1254, il bannit de toutes les villes & de toutes les campagnes du Royaume, les femmes de mauvaise vie qui pouvoient s'y rencontrer, avec l'injonction aux Juges de s'emparer de tous leurs biens, ou d'en adjuger la propriété au premier occupant, comme aussi de faire courir sur ces malheureuses, & de les dépouiller de leurs habits : *Expellantur autem publicæ meretrices tam de campis quàm de villis, & factis monitionibus & prohibitionibus earum bona per locorum Judices capiantur, vel eorum auctoritate à quolibet occupentur, etiam usquè ad tunicam & pelliceum.*

Cette Ordonnance prononce aussi contre les propriétaires la confiscation de leurs maisons: *Qui verò domum publicæ meretrici locaverit, volumus quòd ipsa domus cadat in commissum.*

Un pere de l'Eglise avoit dit : Otez les Courtisanes, & vous livrez l'Etat au désordre & à la confusion: *Aufer meretrices, & turbaveris omnia libidinibus.* Saint Aug.

Une fâcheuse expérience apprit à Saint Louis cette vérité ; & les maux qui suivirent de près l'exécution de la nouvelle Ordonnance, le forcerent de se départir d'une sévérité mal entendue, presqu'inutile pour les mœurs, & dangereuse à la sûreté des femmes de bien.

Il falloit que le besoin fût bien urgent, puisque, dès la même année, l'Ordonnance fut révoquée par une autre Ordonnance qui détermina les conditions auxquelles les femmes proſtituées ſeront tolérées dans le Royaume.

Cette Ordonnance enjoint aux filles *folles de leur corps*, de ſe tenir ſéparées d'avec les autres perſonnes, & de ſe ran-ger dans des endroits particuliers, pour *y commettre & entretenir le vice & péché de luxure ;* avec défenſes à tous Baillis, Prévôts, Maires, Juges & autres Offi-ciers du Roi, de fréquenter les *bordeaux.* C'eſt le nom dont l'Ordonnance déſigne les endroits où ces ſortes de femmes ſe retiroient (1).

Depuis cette époque, les filles publi-ques commencèrent à former un corps diſtinct dans l'Etat, avec des Réglemens & des Statuts particuliers.

On leur aſſigna, dans différens quar-tiers de la Ville, de certaines rues, dans leſquelles il leur étoit enjoint de ſe raſ-ſembler, avec défenſes expreſſes d'exercer ailleurs, ſous peine d'être chaſſées de la Ville. Dans Paris, les rues qui leur étoient affectées, reçurent à ce ſujet des déno-

---

(1) Parce que, ſuivant quelques Hiſtoriens, ces endroits avoiſinoient originairement les bords de l'eau.

minations bizarres, que plusieurs d'entre elles conservent encore aujourd'hui (1).

Chaque fille avoit, dans ces rues, un cellule séparée, laquelle portoit une enseigne, qui représentoit le portrait de la fille, son nom & le prix qu'elle exigeoit; de maniere que ceux qui fréquentoient ces endroits, savoient bien précisément à qui ils avoient affaire, & combien il pouvoit leur en coûter (2). Elles étoient obligées de s'y rendre à dix heures du matin, & d'en sortir *au couvre-feu* sonnant, c'est-à-dire à six heures du soir en hiver, & à sept en été, à peine de 20 sols d'amende pour chaque contravention. C'est la disposition d'une Ordonnance du 17 Mars 1374.

A l'exemple de ce qui se pratiquoit à Rome, il y avoit de certaines parures réservées aux honnêtes femmes exclusivement aux femmes du monde.

Un Arrêt du Parlement du 26 Juin 1420, fait défenses à toutes filles & femmes de mauvaise vie, de porter des robes

---

(1) Telles sont les rues Champfleuri, Tiron, Chapon, Tire-Boudin, Brise-Miche, du Heutleur, Froid-Manteau, Trousse-Vache.

(2) Voyez Barnab. Brisson, *de jure connub.*

à collets renverſés & à queues traînantes, ni aucune fourrure, ni des ceintures dorées, des couvre-chefs, des boutonnieres en leur chaperon, ſous peine de priſon, de conſiſcation & d'amende.

Un autre Arrêt du 17 Avril 1426, fait défenſes aux femmes de mauvaiſe vie, *de porter robes traînantes, collets renverſés, drap d'écarlate en robe ou en chaperon, des fourrures de petit gris, aucunes boutonnieres en leur chaperon, des ceintures ou tiſſus de ſoie, ni des ferrures d'or & d'argent.*

Avant ces deux Arrêts, nous trouvons pluſieurs Ordonnances du Prévôt de Paris, qui faiſoient défenſes à toutes femmes *diſſolues & faiſant péché de leur corps,* de porter de l'or ni de l'argent ſur leurs robes ni chaperon (1), ni aucunes boutonnieres *d'argent, blanches ou dorées, des perles, des ceintures d'or ni dorées, ni aucuns habits fourrés de gris, de menu-vair, d'écureuil, ni d'autres fourrures honnêtes ;* leur fait auſſi défenſes de porter des *boucles d'argent à leurs ſouliers :* or-

_____

(1) A la différence des Loix d'Athènes, qui ne permettoient les ornemens d'or & de fleurs qu'aux Courtiſanes.

donne que dans huit jours elles quitteront ces sortes d'ornements ; & après ce
temps passé, enjoint aux Sergents de les
arrêter, sous peine de privation de leurs
Offices , de les arrêter en quelque lieu
que ce soit, excepté dans les Eglises, de
les amener en prison au Châtelet pour
être leurs habits ôtés & arrachés, & elles
punies suivant l'exigence du cas.

Les confiscations étoient rigoureuse-
ment prononcées dans ces occasions ,
ainsi qu'il résulte des Registres de la
Chambre des Comptes, où l'on voit le
Receveur des Domaines de Paris présenter en recette une quantité d'ajustemens
saisis sur des femmes du monde (1).

Ajoutons enfin que ces filles payoient
une rétribution particuliere pour avoir
le droit d'être maintenues dans leurs fonctions; & le produit de cet impôt étoit
ordinairement employé à l'entretien des
ouvrages publics , comme nous avons
vu qu'il étoit autrefois pratiqué chez les
Romains.

Dans quelques endroits, ces deniers
étoient appliqués à des œuvres pies ,

comme il eſt rapporté dans les annales de Touloufe ; dans les Villes ſeigneuriales, ces redevances faiſoient partie des droits & des revenus des Seigneurs.

On voit dans un aveu & dénombrement fait en 1376 par le Seigneur de Béthiſi à Blanche de France, veuve de Philippe d'Orléans, *que les femmes publiques qui viennent à Béthiſi pendant la foire, lui doivent quatre deniers pariſis, & que ce droit lui a valu autrefois dix ſols pariſis tous les ans ; mais qu'il ne lui valoit plus que cinq ſols, à cauſe qu'il n'y en venoit plus tant.*

Souvent même les Seigneurs, alors tout-puiſſants dans leurs terres, ſe plaiſoient à ſoumettre ces malheureuſes à des conditions bizarres ; telle eſt celle qui avoit lieu dans la Seigneurie de Montluçon, & dont on trouve la preuve dans un aveu fait en 1478, par Marguerite de Montluçon. Les filles proſtituées lui devoient quatre deniers par chaque homme auquel elles ſe proſtituoient, & elles ne pouvoient ſe racheter de cette redevance que par une cérémonie groteſque & ridicule (1).

_____

(1) *Item, in & ſuper filiâ communi, ſexus videlicet viriles cognoſcente, quoſcumque cognoſcente*

Mais sous Charles IX la prostitution publique fut une troisieme fois proscrite à la réquisition des Etats tenus à Orléans. Il parut donc au mois de Janvier 1560, un Edit qui défend à tous propriétaires de tenir chez eux *brelans, berlans, bordeaux, jeux de quilles & de dez, sous peine de punition exemplaire.* Des Lettres-Patentes données par le même Prince en 1565, ordonnent de nouveau l'exécution de l'art. 301 de l'Ordonnance d'Orléans, & fait *défenses à tous propriétaires de louer maisons qu'à gens bien famés, & ne souffrir en icelles aucun mauvais train ou bordel secret ni public, sur peine de 60 liv. parisis d'amende pour la premiere fois, de 120 liv. pour la seconde, & pour la troisieme de la propriété de leurs maisons.* Et depuis cette époque, la prostitution publique a continué de demeurer dans un état de proscription.

Les femmes publiques, depuis l'Edit de 1560, ont donc cessé de faire un

---

de novo in Villâ Montelucii veniente, quatuor denarios semel, aut unum BOMBUM, *vulgariter un pet, super pontem de Castro Montelucii solvengum.* Regist. de la Chambre des Comptes, Aveux du Bourbonnois, liasse 21, cote 2522.

S 5

corps féparé , d'avoir un lieu particulier pour leur réfidence : mais elles n'en ont pas moins continué d'exercer leur profeffion dans leurs demeures privées ; & ne pouvant être nulle part , on les obligea de fe répandre par-tout , ainfi que nous les voyons encore aujourd'hui.

Les effets dangereux que la fuppreffion de cette efpece de femmes entraîneroit avec elle , obligent les Magiftrats de les tolérer. On les regarde avec raifon comme un mal néceffaire , femblables à ces animaux impurs qui maintiennent la falubrité de l'air dont ils pompent le venin : *In regimine humano , illi qui præfunt reclè aliqua mala tolerant , ne aliqua bona impediantur, vel etiam ne aliqua mala pejora incurrantur.* Ce font les paroles de Saint Thomas.

L'infpection fur les femmes publiques appartient fpécialement aux Juges de Police & aux Officiers qui font fous leurs ordres.

A Paris, auffi-tôt qu'une fille *du monde* vient s'établir dans une maifon, le propriétaire eft libre de l'expulfer, lorfqu'il a reconnu fa profeffion. Ceux des voifins qui ont à fe plaindre de ces femmes, en obtiennent aifément auffi l'expulfion, fur

une procédure affez simple & introduite
dar la Déclaration de 1713.

Lorfqu'il parvient au Commiffaire du
quartier quelque plainte contre une ou
plufieurs femmes du monde, le Commiffaire doit recevoir la déclaration qui
lui eft faite, & la faire figner de plufieurs
voifins, après leur avoir préalablement
fait prêter ferment que la déclaration contient vérité, à peine de nullité du procès-
verbal.

Cette opération terminée, le Commiffaire fait affiguer les femmes accufées à
comparoître au premier jour d'Audience
de Police, pour fe voir condamner à
vuider les lieux fous peines de déguerpir
le quartier.

Au jour indiqué, le Commiffaire fait
le rapport de fon procès-verbal, qu'il
remet entre les mains de celui de MM. les
Avocats du Roi qui affifte à l'Audience,
pour lui faire connoître les noms & les
qualités des voifins qui ont figné la déclaration.

Si les parties accufées fe trouvent à
l'Audience, & qu'elles dénient la vérité
des faits contenus dans la déclaration, le
Magiftrat de Police peut, s'il le juge à
propos, foit pour la fufpicion des témoins, foit pour toute autre confidéra-

tion, ordonner qu'il fera plus amplement informé devant un Commiffaire au Châtelet, à la requête de M. le Procureur du Roi ; & fur le récit qui eft enfuite fait de cette information, il intervient un Jugement définitif, qui prononce l'expulfion, l'amende, & quelquefois même la réclufion à l'Hôpital de la Salpêtriere.

Il arrive fouvent que la publicité du fcandale force les Commiffaires du quartier d'y chercher un prompt remede ; en pareil cas, fans qu'il foit befoin d'aucune formalité vis-à-vis de pareilles femmes, les Commiffaires font autorifés à s'emparer d'elles, & à les envoyer fur le champ en prifon. Tel eft le principe de ces enlevemens nocturnes que nous voyons fouvent, préfidés par un Commiffaire, efcorté d'Officiers de Police & d'Archers.

Ce n'eft pas cependant qu'au fortir de leurs maifons, ces femmes foient dans l'inftant conduites au lieu de correction qui leur eft deftiné : il faut au préalable une condamnation judiciaire ; & cette condamnation fe prononce de même à l'Audience de Police, fur le récit des différens procès-verbaux du Commiffaire, & fur les conclufions du Miniftere public.

Mais obfervez que les Jugemens de

Police, quelque condamnation qu'ils prononcent, font toujours fusceptibles d'appel. Cet appel fe porte à la Grand'Chambre, lorfque la Sentence a été rendue
fur un fimple procès-verbal du Commiffaire, quand ce procès-verbal auroit été
fuivi d'informations & de décret. Mais
l'appel feroit porté à la Tournelle, fi le
procès avoit été réglé à l'extraordinaire.

Dans tous les cas, l'appel interjetté par
une femme, d'une Sentence de Police qui
la condamne à être renfermée, fufpend
l'exécution provifoire de la Sentence ;
mais cette même femme ne peut pas être
par provifion relâchée de la prifon, fans
un Arrêt rendu contradictoirement avec
M. le Procureur Général.

L'Ordonnance militaire du 25 Juin
1750, art. 63, a pourvu à la correction
des femmes ou filles débauchées, furprifes
dans les corps-de-garde, cafernes & ailleurs ; mais fi elles font domiciliées dans
la place, le Commandant doit les remettre entre les mains du Juge Royal du
lieu, fans leur infliger aucune peine.

La condamnation prononcée contre
une fille ou contre une femme, à être enfermée dans un Hôpital pendant un temps
pour caufe de libertinage, n'eft pas infamante : c'eft ce qui réfulte de la Dé-

claration de 1713 ; qui permet de prononcer cette condamnation à l'Audience,
fans récolement ni confrontation. Mais
elle eft infamante lorfqu'elle eft prononcée à perpétuité ou même à temps, pour
tout autre cas, par exemple pour vol,
aux termes de la Déclaration du 4 Mars
1724. Cette peine tient lieu contre les
femmes de celle des galeres, qui n'a lieu
que contre les hommes.

Le chapitre 20 des Décrétales *de
fponfâl. & matrim.* place au nombre
des œuvres de charité d'époufer une fille
proftituée & de la retirer d'un mauvais
lieu.

*Inter opera caritatis, non minimum,
errantem de erroris fui femitâ revocare ;
ideò ftatuimus ut omnibus qui publicas mulieres de lupanari extraxerint, duxerint-
que in uxores, quod agunt in remiffionem
peccatorum fufficiat* (1).

Notre jurifprudence civile eft affez conforme à cette doctrine ; en effet, encore
à préfent, toute fille condamnée à être

_____

(1) Cette exhortation eft du Pape Clément III ;
on trouve la même invitation dans le Livre d'Ofée,
ch. 1, verf. 1 & 2.

*Dixit Dominus ad Ofée : Vade, fume tibi uxo-
rem fornicationis, & fac tibi filios fornicationis.*

enfermée à l'Hôpital pour caufe de libertinage, échappe à cette peine s'il fe préfente un homme pour l'époufer. Serpillon
en rapporte deux Arrêts du Parlement de
Paris, l'un du 20 Juillet 1716, en faveur d'une femme veuve ; & l'autre du
17 Mars de la même année, en faveur
de deux filles de mauvaife vie, que deux
garçons offrirent d'époufer. La Cour, fur
les conclufions de M. le Procureur-Général, ayant égard à la requête de ces
deux particuliers, ordonna qu'il feroit
paffé outre à leurs mariages ; favoir, de
Marie-Anne Duvivier, dite Beaurepaire,
avec Joachim Gagne, & de Reine Du-
pré avec Antoine Philippe, dans l'Eglife
de Saint-Barthelemi de Paris, où les filles
feroient conduites, fous bonne garde,
par l'Huiffier Rofeau, des prifons de la
Conciergerie, pour, en fa préfence, être
procédé à la célébration des deux mariages, & enfuite être remifes à leurs
maris ; finon, & en cas de refus des
garçons, être ramenées à la Conciergerie.

J'obferverai en paffant qu'on en ufoit
de même autrefois à l'égard d'un homme
condamné à mort, qui étoit délivré fi
une fille le demandoit en mariage. *Et
aliquando liberatur condemnatus ad mortem,*

2 3 4

Pagination incorrecte — date incorrecte

NF Z 43-120-12

ad alicujus puellæ petitionem & requisitio-
nem, etiam meretricis & ipsum habere in
virum postulantis. Boerius, décis. 217,
n°. 20. Papon en rapporte un Arrêt du
Parlement de Paris, du 12 Février 1515,
& Chassanée atteste la notoriété de cet
usage dans toute la France.

Duodecimus casus, ubi quis vitat mor-
tem & consequitur gratiam de consue-
tudine generali totius Franciæ, si mulier
criminosum qui ad mortem ducitur petat,
sibi in maritum dari, &c.

Au surplus, cette pratique a été absolument abolie, à cause de ses inconvéniens; & Brillon rapporte un Arrêt du 6
Avril 1606, qui a déclaré non-recevable
une fille qui demandoit en mariage un
jeune homme condamné à mort.

La maison particuliérement destinée à
recevoir les femmes de mauvaise vie, est
l'Hôpital de la Salpêtriere, suivant une
Ordonnance de Louis XIV, du 20 Avril
1684, enregistrée au Parlement le 29 du
même mois. Cette Ordonnance contient
un réglement sur la maniere dont les
filles de mauvaise vie, conduites dans
cette maison, y doivent être traitées, tant
pour la nourriture & l'habillement, que
pour le travail & les exercices de piété.

Elles y sont habillées *de tire-taine*, &

portant *des sabots*. Leur nourriture consiste dans *du pain, de l'eau & une soupe ;*
& leur coucher, en une *paillasse seulement, des draps & une couverture.*

Il est recommandé aux Directeurs de
les faire *travailler le plus long-temps & aux
ouvrages les plus pénibles que leurs forces
pourront le permettre.*

Quant aux devoirs de la Religion,
elles doivent entendre la Messe Diman-
ches & Fêtes ; & chaque jour de la se-
maine, prier Dieu toutes ensemble un
quart-d'heure le matin & autant le soir ;
Durant la journée, on doit leur faire la
lecture du Catéchisme ou de quelque
Livre de piété, pendant le travail auquel
elles sont employées.

Enfin, le Réglement ajoute que les
juremens, la paresse au travail, les em-
portemens & autres fautes que lesdites
femmes pourront commettre, seront punis par le *retranchement du potage*, par
le *carcan*, dans *les mal-aises*, ou autres
voies semblables, que les Directeurs esti-
meront nécessaires.

Indépendamment de cette Maison de
force, il y en a d'autres où les Tribunaux
sont autorisés à faire enfermer des femmes convaincues d'une mauvaise conduite.

Il y a même des Maisons Religieuses, destinées à recevoir les filles de mauvaise vie qui viennent à repentance.

Des Institutions de cette espece datent de très-loin en France ; puisque, dès l'année 1226, les Filles-Dieu avoient été fondées *pour retirer des pécheresses, qui toute leur vie avoient abusé de leurs corps, & à la fin étoient en mendicité.*

En 1497, un Cordelier institua les Filles Pénitentes, dont les Statuts furent dressés par Simon de Champigny, Evêque de Paris.

Par ces Réglemens, l'entrée de cette Maison n'étoit accordée à aucune femme qui n'eût fait preuve d'une vie dissolue, au moins pendant quelque temps. Et, pour qu'il ne s'introduisît point d'honnêtes filles en fraude des Statuts, il étoit dit que celles qui se présenteroient, *feroient visitées en présence des Meres, Sous-Meres & Discretes ; & par des Matrones nommées exprès, & qui feroient serment sur les saints Evangiles, de faire bon & loyal rapport.*

Afin d'empêcher les filles d'aller se prostituer pour être reçues, le Réglement porte *que celles qu'on aura une fois visitées & refusées, seront exclues pour toujours ; & qu'en outre les Postulantes feront obli-*

gées de jurer, *sous peine de leur damnation éternelle, entre les mains de leur Confesseur & de six Religieuses, qu'elles ne s'étoient pas prostituées à dessein d'entrer un jour dans cette Congrégation ; & on les avertira que si l'on vient à découvrir qu'elles s'é-toient laissées corrompre à cette intention, elles ne seront plus réputées Religieuses de ce Monastere, fussent-elles Professes, & quelques vœux qu'elles aient faits.*

Enfin (porte encore le Réglement), *pour que les femmes de mauvaise vie n'attendent pas trop long-temps à se convertir, dans l'espérance que la porte leur sera toujours ouverte, on n'en recevra aucune au-dessus de l'âge de trente ans.* Voyez Sauval, tome I, page 580. *Essais hist. sur Paris,* tome I.

Ces deux Maisons ne subsistant plus aujourd'hui (au moins sur le pied de leur premiere institution), on leur en a substitué d'autres, telles que celles du Bon-Pasteur, du Sauveur, de Sainte-Théodore & de Sainte-Valere, où les filles de mauvaise vie sont reçues, tant à Paris que dans les Provinces, sous le nom de Filles Pénitentes.

CHAPITRE V.

De ceux ou celles qui séduisent les Filles ou les Femmes pour les livrer à la prostitution.

ON connoît une classe de personnes, dont l'infamie l'emporte encore sur celle des femmes prostituées. Ce font celles qui font métier de séduire l'innocence, & de trafiquer de ses attraits.

De tout temps les grandes Villes ont eu à craindre ce funeste fléau ; qui porte le déshonneur & la désolation dans les familles.

Dans les derniers temps de la République Romaine, & sous les premiers Empereurs, cette partie de la Législation étoit négligée, & se ressentoit de la protection accordée à la prostitution.

Mais sous les Empereurs Chrétiens, la faveur de la prostitution ayant considérablement diminué, ce courtage impudique ne pouvoit pas espérer d'échapper à la proscription.

Conſtantin, par un Edit du mois d'A-
vril 320, ordonna qu'il fût verſé du
plomb fondu dans la bouche des femmes
convaincues d'avoir cherché à ſéduire une
jeune fille, afin que cette partie de leurs
corps fût pour toujours hors d'état de réi-
térer ce même crime.

Les Empereurs Théodore & Valenti-
nien, par un Edit de l'an 439, défen-
dirent à toutes perſonnes de faire à l'avenir
le commerce de proſtitution, à peine du
fouet & du banniſſement ; ce qui fait
croire que ce commerce s'étoit conſervé
malgré la ſévérité de l'Edit de Conſtantin. Voyez la Loi *ult.*, *Cod. de Spectac.*,
lib. 2.

Juſtinien n'eut garde d'oublier cet article dans la rédaction de ſes Loix. Par
ſa *Novelle* 14, donnée à Conſtantinople
au mois de Décembre de l'an 535, cet
Empereur ſe plaint amérement du commerce affreux qui ſe pratique dans ſes
Etats, relativement à la corruption des
filles.

Il paroît, par le préambule de cette
Loi, que, de tous temps, la maniere la
plus commune de ſéduire les femmes a
été de les tenter par la parure.

En effet, l'Empereur, en entrant dans
le détail des ruſes employées par des

femmes corrompues, dit qu'elles courent les Provinces pour attraper, comme à la chasse, de pauvres innocentes, *miferandas juvenculas*, & que, pour les gagner, elles leur promettent des chauffures & des habits d'une certaine façon, *promittentes calceamenta & veftimenta quædam;* & que les ayant attirées dans leur maifon à la faveur de cet appât, elles trouvoient le moyen de les proftituer à prix d'argent.

C'eft pour remédier à ce défordre, que Juftinien défend à l'avenir de pareilles intrigues, fous peine d'être punies du fupplice des voleurs; attendu, dit l'Empereur, que cette profeffion impure n'eft autre chofe qu'un larcin perpétuel fait à la pudeur : *Caftitatis furtum & latrocinium.*

En France, cet affreux commerce a toujours été puni févérement, même dans les temps où la proftitution publique étoit tolérée.

Charles d'Anjou, Comte de Provence & Frere de Saint Louis, en confirmant fes Statuts, ordonna de nouveau que, fous dix jours, toutes perfonnes faifant métier d'aller à la quête des femmes & filles pour les proftituer, feroient tenues de vuider fes Comtés de Provence, de

Forcalquier & autres terres de fon obéif-
fance : *Per hanc noſtram Conſtitutionem,
ordinamus omnes lenones, qui dictam artem
exercent, & in dicto exercitio permanent,
ab omnibus terris Comitatum noſtrorum
Provinciæ & Forcalquerii, & terrarum eis
adjacentium, fore expellendos, . . . poſt dies
decem à die publicationis præſentium.*

Le préambule de cette Ordonnance
nous apprend quelque choſe d'aſſez fingulier ; c'eſt que dans ce pays, l'art de
féduire les femmes & de les amener à la
proſtitution, avoit été érigé en un véritable métier, qui donnoit matiere à des
conventions pour raiſon deſquelles il y
avoit action en Juſtice.

Louis d'Anjou accuſe même les femmes qui ſe mêloient de ce métier, d'y
mettre peu de bonne foi, & de chercher
à vexer, par des conditions trop dures,
les jeunes filles qui s'étoient laiſſées ſur-
prendre par leurs amorces ; comme de
s'emparer de la majeure partie du gain :
*Omnem quæſtum miſerabilem ex corporibus
earum provenientem ipſas accipere ;* d'exiger même une caution, qu'elles ne ſe
retireront pas de la proſtitution, juſqu'à
ce qu'elles en aient obtenu le conſentement : *Ab eis quandoque cautionem exi-
gendo, quia uſque ad tempus quod eis pla-*

cebit dictam inopiam & miserabilem vitam observabunt; ce qui empêche, ajoute ce Prince, ces malheureuses filles de sortir du crime, & de parvenir à un légitime mariage.

Depuis la réunion de cette Province à la Couronne, les Etats de Provence ayant demandé la confirmation de plusieurs articles de leurs Statuts, n'ont pas oublié celui qui regarde l'infame métier dont nous parlons (1).

La Coutume de Bayonne porte que les maquerelles seront fustigées par les carrefours, & bannies à perpétuité; & qu'en cas de récidive, elles seront condamnées à mort.

Une Ordonnance du Prévôt de Paris, de l'an 1367, fait défenses à toutes personnes, de l'un & l'autre sexe, de livrer ou administrer femmes pour *faire péché de leurs corps;* à peine d'être tournées au pilori & brûlées (marquées d'un fer

---

(1) *Per so supplican à la dicha Majestas que daisi en avant nungem ruffian non ause habitar en aquest Pays sur pena del foët.*

Ce qui fut accordé par la réponse du Roi, au bas de la demande.

La a estat fach, & emaras plas al Rey que si fassa sur gran pena. Voyez le Cout. génér.

chaud),

chaud), & enfuite chaffées de la Ville.

Cette févérité s'eft maintenue, jufqu'à préfent, fans interruption, dans toutes les Provinces de la France, où le crime de maquerellage eft puni de différentes peines, fuivant l'ufage des lieux, & en raifon de la gravité des circonftances.

Un Arrêt du Parlement de Dijon de 1571, condamne Jeanne le Bon, convaincue de maquerellage, à être attachée au carcan pendant une heure, ayant fur la tête une mître où feroit écrit : *Maquerelle infigne & déteftable* ; enfuite fuftigée, & bannie à perpétuité de la Ville ; & condamnée en 50 livres d'amende.

Autre Arrêt du même Parlement, du 25 Juillet 1644, qui condamne Jeanne Simon au fouet, avec un écriteau fur la tête, portant ces mots : *Maquerelle publique*, au banniffement perpétuel hors du reffort, & en 10 livres d'amende ; le furplus de fes biens confifqué.

Un autre Arrêt, du 16 Mars 1661, a condamné Anne Verpillet, convaincue de maquerellage, au fouet, & au banniffement pour neuf ans ; & , attendu la groffeffe de cette femme, il fut ordonné qu'elle feroit attachée à une perche, les épaules découvertes, & conduite par les carrefours par l'Exécuteur tenant les ver-

T.

ges à la main, fans néanmoins en frapper.

L'Auteur du Code Criminel, qui rapporte ces Arrêts, ajoute que par un autre Arrêt du 10 Décembre 1721, il fut
décidé au Parlement de Dijon, qu'une
maquerelle pourroit être pourſuivie extraordinairement, quoiqu'elle ne tirât
aucun profit de ſon commerce, & qu'elle
ne ſe prêtât pas à tout le monde.

L'Auteur du Traité des Crimes rapporte que, par un uſage particulier à la
Ville de Touloufe, on y condamne les
maquerelles à être baignées dans la riviere de Garonne, qui paſſe ſous le pont
de cette Ville, & que la cérémonie ſe
fait ainſi :

L'accuſée étant conduite dans l'Hôtel-
de-Ville, l'Exécuteur de la haute Juſtice
lui lie les mains & la coîffe d'un caſque
fait en pain de ſucre, orné de beaucoup
de plumes & de petites ſonnettes ou gre-
lots, avec un écriteau attaché derriere le
dos, où ſont écrits ces mots : *Maquerelle
publique*. Dans cet équipage, elle eſt
conduite à pied par l'Exécuteur, depuis
l'Hôtel-de-Ville juſqu'au pont, & de-là
au quai, où eſt une deſcente pour aller à
la Garonne. Sur cette deſcente ſe trouve
un bateau dans lequel on la tranſporte,

avec l'Exécuteur, à un rocher qui eſt au milieu de la riviere, & ſur lequel eſt une cage deſtinée à cet uſage. L'Exécuteur fait entrer l'accuſée dans cette cage, & la trempe à trois différentes fois dans l'eau, pendant un certain intervalle de temps, de maniere qu'elle ne puiſſe pas étouffer; ce qui fait un ſpectacle qui attire la curioſité de preſque tous les Habitans. Cette exécution ainſi faite, on conduit la femme ou la fille, toute fraîche, à l'Hôpital de la Grave de la même Ville, où elle eſt condamnée à demeurer le reſte de ſes jours.

Mais on prétend que cet uſage eſt ſur le point de s'abolir; & que le Parlement de Toulouſe a déjà adopté l'uſage du Parlement de Paris, qui eſt aſſez conforme à celui du Parlement de Dijon, comme on peut le voir par la Sentence du Châtelet du 14 Février 1716, confirmée par Arrêt du 3 Mars de la même année.

Cette Sentence « condamne Pierre-Alexandre Bordier de Morival & Anne-Eliſabeth le Boucher ſa femme, convaincus de maquerellage, à être battus & fuſtigés nus par l'Exécuteur de la haute Juſtice, coïffés chacun d'un *cha-*

T 2

» *peau de paille*, ayant écriteau devant &
» derriere portant ces mots : *Maquereau*
» *& Maquerelle publics*, au devant de la
» porte du Châtelet, lieux & carrefours
» accoutumés de la Ville de Paris; ce
» fait, bannis pour neuf ans de la Ville,
» Prévôté & Vicomté de Paris, &c ».

Quelquefois même on ajoute à cette condamnation, l'humiliation de promener le coupable fur un âne, le dos tourné vers la tête de l'animal (1).

Nous avons vu, affez récemment, renouveller un exemple de cette condamnation par une Sentence du Bailliage du Palais du 21 Mars 1776.

Et fi cette Sentence a été infirmée au Parlement, ce n'a pas été à raifon de la peine prononcée, mais parce que l'accufée a paru fuffifamment juftifiée (2).

---

(1) C'étoit le genre d'ignominie auquel les femmes corrompues étoient autrefois expofées dans la Ville de Cumes; cette punition étoit infamante, & la femme qui l'avoit fubie étoit appellée *Onabatis*, c'eft-à-dire, celle qui a *monté fur l'âne*. Ce qui fait croire que, de tout temps, cet animal a paru le fymbole de l'impureté.

(2) Voyez les Caufes curieufes & intéreffantes recueillies par M. des Effarts, 75°. Caufe,

Si l'on punit rigoureufement ceux ou celles qui contribuent à la proftitution d'autrui, on conçoit que le délit acquiert encore bien plus de gravité, à l'égard des peres & meres qui feroient convaincus d'avoir trafiqué de l'honneur de leurs filles, ou d'avoir volontairement eu part à leur défordre.

Cette obfervation me conduit à quelques réflexions, qui font du reffort de cet Ouvrage, & qui le termineront.

Il y a plufieurs années qu'il s'eft introduit dans la Capitale, fous différens noms, une multitude de Théâtres & de Jeux de toute efpece, dont le principal mérite eft d'offrir aux Spectateurs les talens précoces de jeunes enfans de l'un & l'autre fexe.

Les Entrepreneurs de ces Spectacles ne vont point chercher ces fujets dans les Hôpitaux deftinés à recueillir les orphelins ; &, s'ils fongeoient à cette reffource, je ne penfe point que leur demande fût accueillie. Mais ils tiennent ces enfans de la main de leurs peres & meres, qui ont entrevu dans cette profeffion prématurée une reffource à leur indigence, ou un aliment à leur pareffe.

Je laiffe à part, pendant un moment, tout ce qu'un pareil procédé peut avoir de contraire aux bonnes mœurs, pour ne considérer la conduite de ces pères & mères que sous son rapport avec nos Loix Civiles.

Je soutiens qu'ils excedent leur pouvoir, en produisant leurs enfans sur le Théâtre, & qu'il est à desirer qu'un Réglement sur cette matiere vienne réprimer un pareil abus.

Chez les Romains, les mineurs qui montoient sur le Théâtre, ou qui figuroient dans les Spectacles publics, ne participoient point à la tache imprimée à ceux de cette profession; ou, pour mieux dire, s'ils quittoient ce genre d'état à leur majorité, il n'en résultoit contr'eux aucune note. Ils recouvroient l'estime & la considération publiques, comme s'ils n'eussent jamais paru sur le Théâtre.

Une Loi formelle le décidoit : *Si fratres tui* minores *duntaxat ætate in ludicræ Artis ostentatione, spectaculum sui præbuerunt,* inviolatam existimationem *obtinent.* L. 21, Cod. ex quib. causf. infam. irrog.

On supposoit que la foiblesse de l'âge & l'inexpérience du monde leur avoient laissé ignorer le mépris attaché à cette profession, & les suites humiliantes qui en résultoient.

A l'aide d'une pareille Loi, il n'auroit pas été surprenant de voir des peres & meres indigens livrer leurs enfans aux Spectacles ; pouvant apporter pour excuse qu'un jour il leur feroit libre de rentrer dans la Société, fans craindre aucun obstacle.

Mais, parmi nous, cette indulgente préfomption n'a pas lieu ; une jeune personne, qui a une fois mis le pied fur le Théâtre, femble y être dévouée, fans efpoir d'aucune autre condition. Cette démarche imprime un caractere indélébile à celle qui l'a faite, & la livre à un préjugé qui l'accompagne le refte de fa vie. Il n'eft point ici question de chercher à ravaler l'Art dramatique, ni d'humilier ceux qui l'exercent : mais, abftraction faite de tout fentiment particulier fur le plus ou le moins de confidération que mérite la profeffion du théâtre, il eft certain qu'il exifte une opinion publique, confacrée par la Religion, admife dans les Tribunaux, adoptée par le général de la Nation, qui frappe cette profeffion de réprobation. Vouloir nier ce point de fait, ce feroit fe refufer à une vérité dont on rencontre des preuves à chaque inftant. L'Eglife ne repouffe-t elle pas de fon fein ceux qui exercent

T 4

cette profeſſion ? Ignore-t-on que la participation à tous les Sacremens ne leur eſt accordée qu'après une abdication authentique ? D'un autre côté, cette profeſſion n'eſt-elle pas encore actuellement une des quinze cauſes d'*exhérédation* connues parmi nous (1)?

Enfin, en jettant les yeux ſur ce qui ſe pratique dans la Société, n'eſt-il pas encore certain qu'une fille ne peut eſpérer de trouver une alliance que parmi les perſonnes du même état ; que l'entrée de toute autre famille lui eſt fermée ?. ou, s'il arrive que quelque Particulier ſe mettant au-deſſus du préjugé ne dédaigne pas une pareille alliance, il riſque d'en être puni par l'excluſion de la Compagnie dont il ſera Membre, par l'abandon de ſes parens & la perte de la conſidération publique.

Ceux qui, étant en âge de raiſon, ſont capables de connoître tous ces inconvéniens, de les comparer avec les avantages qui peuvent les contrebalancer, ſont bien les maîtres, ſans qu'on puiſſe s'en plaindre, de paſſer ſur les conſidérations

_____

(1) *Si inter Aſenarios vel Mimos ſeſe ſociaverit.* Novel. 115.

que je viens d'expofer, & de fe décider pour une profeffion à laquelle ils font appellés par leurs talens, ou pouffés par la néceffité.

Mais il en eft bien différemment d'un jeune enfant, à peine forti du berceau, qui eft encore incapable de choix & de volonté ; efpece d'automate, à qui l'on peut faire prendre toutes les directions poffibles, au gré des perfonnes dont il dépend.

En pareil cas, c'eft un abus d'autorité commis envers la jeune fille, que de la conduire fur le Théâtre, pour y balbutier un engagement qui l'attache fans retour à une profeffion , qu'elle déteftera peut-être à la premiere lueur de fa raifon. L'éducation des enfans n'eft pas laiffée exclufivement en la difpofition des peres & meres : on fe repofe fur eux de ce foin, par la confiance qu'ils éleveront leurs enfans fuivant les principes de la faine morale, & pour le plus grand bien de la Société ; mais une infpection fupérieure veille fans ceffe à l'obfervance de cette obligation , & protege les enfans contre la négligence ou la mauvaife volonté des parens.

Au nombre de ces obligations eft , fans doute, celle de donner aux enfans une

T 5

profeffion avouée par la Religion, les bonnes mœurs & les Loix, & qui les mette en état un jour d'être utiles à la Société, dans le refpect de laquelle ils doivent être élevés.

Tout de même qu'il n'eft point permis aux peres & meres de mutiler leurs enfans, même pour des vues utiles à leur fortune ou à leur intérêt (1), il ne peut non plus leur être permis de leur imprimer un caractere de réprobation fociale, ni de les frapper, en naiffant, d'une efpece d'anathême civil, qui les prive de la confidération publique, & leur caufe un tort irréparable.

Il faut donc, ou admettre parmi nous la précaution adoptée chez les Romains, & ouvrir aux enfans mineurs une reffource contre les fuites attachées à l'exercice précoce de cette profeffion; ou bien il eft néceffaire de prévenir l'abus inhumain

_____

(1) Plufieurs Loix Romaines défendent, fous des peines rigoureufes, de mutiler les enfans, dans la vue de leur donner une belle voix, ou de les rendre propres à la garde des femmes. Voyez la Novelle 142 de Juftinien, la Loi 1, Cod. de Eunuch., la Nov. 60 de l'Empereur Léon.

dont je parle, en interdifant l'exercice de cette profeſſion aux enfans qui feront au-deſſous de l'âge de raiſon.

Inutilement diroit-on qu'un pareil Réglement nuiroit à l'intérêt des Théâtres, aux progrès de l'Art, aux plaiſirs publics. Il feroit aiſé d'établir le contraire par les raiſons les plus folides (1) ; mais nous n'entrerons point dans une diſcuſſion qui eſt étrangere à cet Ouvrage.

Ce que je vois de bien certain, c'eſt que la difficulté de produire les enfans ſur les Théâtres tourneroit au profit de leur éducation. Les peres & meres, privés de cette reſſource, ſongeroient à leur donner d'autres talens plus convenables, & moins dangereux pour leur

_____

(1) Il ne faut pas s'imaginer que cette éducation théâtrale ſoit d'un grand ſecours au ſuccès de l'Art dramatique ; le mauvais goût qui regne ſur ces petits Théâtres, où des enfans viennent ainſi s'exercer, ſuffiroit ſeul pour détruire leurs diſpoſitions naturelles, & leur aſſure l'excluſion des Théâtres de la Capitale & de ceux des grandes Villes de Province. Si l'on ſuivoit des yeux la deſtinée de ces enfans-Acteurs, on en découvriroit bien peu qui aient ſoutenu l'eſpérance avantageuſe qu'ils avoient fait concevoir de leurs talens.

vertu; & quand, fur le nombre, fa Société n'y gagneroit, par chaque année,
qu'une honnête femme, ce feroit affez
pour juftifier cette réformation.

FIN.

TABLE

ALPHABÉTIQUE

DES MATIERES.

ACCUSATION CALOMNIEUSE intentée par une fille contre un homme pour cause de grossesse, donne lieu à une réparation considérable, *page* 148

ACTION *en déclaration de paternité*. Ce qu'il faut entendre par cette action, 12 Double objet de cette action, *ibid*. Quelles personnes sont recevables à former cette action, 13 & suiv.

Contre quelles personnes cette action peut être formée, 60. Peut-elle être formée contre un mineur, *ibid*. Contre un homme marié, 66. Contre les Gens d'Eglise, 70. Contre un homme interdit ou en démence, 73. Contre les héritiers de l'auteur de la paternité, 81. *Voyez* HÉRITIERS.

Quelle est la nature de l'action en déclaration de paternité, 5. De quel titre elle dérive, 9. Devant quels Juges elle doit être portée, 92. Par quelle procédure elle doit être instruite, 95. Peut être dirigée contre plusieurs à la fois, 121.

ADULTERE. Sa définition, ses peines, &c, 355.

ALIMENS. *Voyez* BATARDS, DONATION, EDUCATION, DOT, MÉTIER, PROVISION. Sont dûs à l'enfant naturel par la mere, auſſi bien que par le pere, 193.

Sont par préférence laiſſés à la charge du pere, 184.

Sous le nom d'alimens, on comprend l'éducation & l'établiſſement, 194 & ſuiv.

Sont proportionnés à la fortune & à la qualité des pere & mere, *ibid.*

Commencent à courir du jour de la naiſſance de l'enfant, 188.

L'hypotheque qui réſulte du Jugement portant condamnation d'alimens, remonte au jour de la naiſſance de l'enfant, 205.

Le bâtard ne peut tranſiger pour les alimens qui lui ont été donnés par ſes pere & mere, 211. *Secùs*, s'il a obtenu des alimens par la voie judiciaire, 212. Mépriſe de Deniſart à ce ſujet. 213.

ALTERNATIVE d'épouſer ou d'être exécuté; en quel cas étoit uſitée autrefois, 155 & 317. Erreur de Deniſart à ce ſujet, 157. Inconvéniens de cet uſage, 319. A été proſcrit par la Déclaration de 1730, 320.

AMENDE légere eſt toujours prononcée à la réquiſition du Miniſtere public, contre la fille enceinte, & contre l'auteur de la groſſeſſe, 215. Cette amende ne note point & n'eſt qu'une affaire de Police, *ibid.*

AVOCAT, qui fréquentoit le quartier des femmes publiques, étoit, chez les Athéniens, exclus du Barreau.

AVORTEMENT, peines contre les filles qui ſe font avorter, 396. Diſtinction entre le part animé & le part inanimé, 390 & ſuiv.

AÏEUL, n'est pas tenu de fournir des alimens au bâtard de son fils, 245.

B

BATARDS, dans quelques Coutumes, sont encore traités aussi favorablement que les enfans légitimes, 262.

Quelle action le bâtard peut intenter contre ses pere & mere.

Ne peut contraindre ses aïeux ni ses parens collatéraux naturels de lui fournir des alimens, 245.

Peut porter le nom de son pere, 299. Mais non les armes, *ibid.*

En quel cas est admis à poursuivre la vengeance de son pere, 248.

Peut se marier sans le consentement de ses pere & mere, 250. Ne peut épouser sa sœur naturelle, *ibid.* Ne succede à ses pere & mere ni à ses parens naturels, 248. Succede à ses enfans légitimes, 251. Peut, par le Droit Romain, être appellé à la succession de son pere, décédé sans enfans légitimes, 256. A, pendant long-temps, été admis au Parlement de Paris à recueillir des dispositions universelles, *ibid.* Histoire de la prétendue révolution arrivée en 1636 à ce sujet, 259. *Voyez* DISPOSITIONS UNIVERSELLES.

Les pere & mere d'un bâtard peuvent faire des dispositions universelles au profit de l'enfant légitime du bâtard, 283. Erreur de Ricard sur ce point de notre jurisprudence, 284. Erreur de Ricard sur la jurisprudence du Parlement de Bordeaux, 287. Erreur de Ricard sur la jurisprudence du Parlement de Toulouse, 288.

Origine des erreurs multipliées de Ricard fur cet objet, 293. L'aïeul peut-il faire une difpofition univerfelle au profit du bâtard de fon fils légitime, 294. *V.* ALIMENS, ÉDUCATION, ENFANS NATURELS, DONATION, DOT, MÉTIER.

C

COMÉDIENNE. *Voyez* GENS DE THÉATRE.

COMMERCE ILLICITE. Dénomination confacrée par l'Ordonnance de 1730, 2. Définition du commerce illicite, 3. Ne donne lieu qu'à une action civile, 3. *Voyez* SÉDUCTION, STUPRE.

CONCUBINAGE, étoit toléré par l'Eglife, dans les premiers temps du Chriftianifme, 32. Eft toléré actuellement dans l'ordre civil, pourvu qu'il foit fans *fcandale*, 34.

CONCUBINS. Quels avantages fe peuvent faire, 219. *Voyez* DONATION ENTRE CONCUBINS.

CONFESSEUR, qui féduit fa Pénitente, autrefois condamné à mort, 352. Arrêts qui ne prononcent, en pareil cas, que l'amende honorable & le banniffement, *ibid.* Confeffeur qui fait des queftions indécentes aux femmes, condamné au banniffement, 354. Confeffeur coupable d'attouchemens impudiques fur les femmes pendant qu'il les confeffoit, condamné à être pendu, 362. Si la déclaration de groffeffe, faite par une fille à fon Confeffeur, eft fuffifante pour remplir le vœu de l'Edit de 1556, 372. *Voyez* DÉCLARATION DE GROSSESSE.

CONFISCATION. Le Seigneur confifque le Fief de fon Vaffal qui a féduit fa fille ou fa petite-fille, 215. La confifcation n'a pas lieu, fi le

Vaffal a féduit la Concubine du Seigneur, 216, ou la Chambriere de la Dame du lieu , *ibid.* La confifcation a lieu, quand , par la fuite , le Vaffal viendroit à époufer la fille ou la petite-fille du Seigneur du Fief , *ibid.*

CONSTANTIN. Sufpect de bâtardife. 251. Son Edit inhumain contre les bâtards , *ibid.*

D

DENISART, Compilateur inexact, 21. Ridicule définition qu'il donne du *Rapt de féduction* , 324.

DÉCLARATION DE GROSSESSE. Il n'eft point néceffaire qu'elle foit faite avant l'exploit de demande en déclaration de paternité, 86. Cette demande forme elle-même une déclaration fuffifante , *ibid.* La fille enceinte n'eft pas tenue de nommer l'auteur de fa groffeffe , 373. L'Officier qui reçoit fa déclaration eft tenu de faire mention du nom & des qualités de celui que la fille indique pour être l'auteur de fa groffeffe, 87. La déclarante n'eft pas obligée de prêter ferment , *ibid.* La fille enceinte, après fa déclaration, ne doit plus varier, 88. Par quelle Loi a été introduite, 365. De quelle maniere elle doit être faite, 372. Doit être tenue fecrette par l'Officier public qui la reçoit, 373. Quelles font les fuites de l'omiffion de déclaration de groffeffe , 374.

DISPOSITIONS UNIVERSELLES, faites par les peres & meres en faveur de leurs bâtards *ex foluto & ex folutâ*, par teftament, font admifes par le Droit Romain , 255. Ont été , de temps immémorial, admifes au Parlement de Paris, 256.

Prétendue révolution arrivée dans la jurifprudence par un Arrêt de 1636, appellé l'Arrêt
de *Bourges*. Efpece de cet Arrêt, 259. Méprife de Ricard au fujet de cet Arrêt, 261.
Difcuffion détaillée de cet Arrêt, 265. Confidérations qui établiffent que l'efpece en a été
mal recueillie, 266 & fuiv. Sentiment de Bretonnier fur cet Arrêt, 270. Examen des deux
autres Arrêts cités par Ricard, 274. Incertitude
de la jurifprudence actuelle fur cette matiere,
279.

DOMESTIQUES. Quelles font les perfonnes com-
prifes fous ce nom, 361. Punis de mort pour
avoir féduit la fille de leur Maître, *ibid.*

DOMMAGES & INTÉRÊTS, font accordés à la
fille féduite pour l'inexécution du mariage qui
eft préfumé lui avoir été promis, 8 & fuiv.
Se prefcrivent par cinq ans, 108. Comment
il faut confidérer les dommages & intérêts
accordés à la fille féduite, 173. Ne font pas
repréfentatifs de fa dot, 176. Se tranfmettent
aux héritiers de la fille, 178. Confidérations
qui en déterminent la quotité, *ibid.* La fille
qui époufe l'auteur de fa groffeffe conferve-
t-elle contre lui l'action en dommages & intérêts, 179.

DONATAIRE. Perd fa donation, s'il féduit la
fille ou la petite-fille du donateur, 217. *Secùs*,
s'il ne féduit que la Maîtreffe du donateur,
ibid.

DONATIONS entre Concubins. Aucune Loi générale ne prohibe les donations entre Concubins, 219. Le Droit Romain leur eft favorable, *ibid.* Raifons pour admettre ces donations, 220 & fuiv. Incertitude de la jurifpru-

dence fur ce point , 224. Irréfolution de Ricard , 225. Diſtinction admiſe dans la jurifprudence actuelle, 228. Donations faites par contrat de mariage entre perſonnes qui ont vécu en concubinage, ont été déclarées nulles, 235. Raiſons en faveur de ces dona‑ tions, 239. Réformation de la jurifprudence ſur cet objet, 241.

Dot. Les pere & mere ſont tenus de doter leur fille naturelle, 199. V. ALIMENS, DOMMAGES & INTÉRÊTS.

E

EDUCATION de l'enfant naturel. Eſt à la charge du pere, 184. Eſt refuſée au pere & à la mere qui ſont ſuſpects, 189. Eſt quelquefois partagée entre le pere & la mere, 193. Ce qu'on comprend fous le nom d'éducation, 194. Voyez ENFANT NATUREL.

ENFANS. Sont fous l'inſpection du Miniſtere public, 441. Doivent recevoir de leurs parens une éducation conforme aux bonnes mœurs, & une profeſſion reçue par l'Egliſe & par les Loix, ibid. Ne doivent pas être produits ſur les Théâtres par leurs peres & meres, 438, 441. Diſpoſition du Droit Romain à ce ſujet, 438. V. PERES & MERES, PROSTITUTION.

ENFANT naturel, eſt recevable à former contre ſon pere l'action en déclaration de paternité, 54 & ſuiv. Même contre les héritiers de ſon pere & de ſa mere, 59. Son éducation eſt à la charge du pere, 184. Eſt accordée à la mere, ſi elle le réclame, 187. A moins qu'elle

ne foit fufpecte, 189. Si le pere & la mere
font fufpects, eft mis en penfion, au College
ou au Couvent, 190. Par qui il peut être
retiré, 191. *Voyez*. ALIMENS, BATARDS,
EDUCATION, DOT, MÉTIER, TRANSAC-
TION.

EXCEPTIONS. Quelles font celles que le défendeur peut oppofer contre la demande en déclaration de paternité, 107. Se tranfmettent à
fes héritiers, 82.

EXHÉRÉDATION. N'eft point encourue par la
fille majeure, qui forme fa demande en déclaration de paternité, 28. N'eft point encourue par la fille qui devient enceinte, 217.
Diftinction naïve de Pothier à ce fujet, *ibid.*
La proftitution publique eft une caufe valable
d'exhérédation, 218. *Item*, le rapt de féduction, 327. *Item*, le rapt *in parentes*, 342.

EXPOSITION d'enfans. Difpofition du Droit Romain fur ce délit, 397. Eft plus ou moins
criminelle, fuivant les circonftances, 398.
Exemples de peines prononcées contre des
femmes coupables d'expofition d'enfans, *ibid*.
N'eft plus à préfent punie févérement, 400.
L'enfant eft à la charge du Seigneur de Fief
ou de Juftice, qui a le droit d'épaves, 402.

F

FEMME entretenue. Ce qu'on entend par ce nom,
31. Ne doit pas être confondue avec les filles
publiques, 34. A l'action en injures contre
ceux qui l'infulteroient de paroles, *ibid*. Eft
recevable à former l'action en déclaration de
paternité feulement pour l'éducation de l'en-

fant, *ibid.* N'obtient aucuns dommages &
intérêts, 35. Si elle devient enceinte des œuvres d'un autre que de celui de qui elle est
entretenue, contre lequel des deux a - t - elle
une action en déclaration de paternité, *ibid.*

FILLES publiques. Sont-elles recevables à former
une action en déclaration de paternité, 30,
31. Quelle étoit leur condition chez les Grecs,
404. Chez les Romains, 405. Sous Charlemagne, 409. Singuliere punition introduite
par cet Empereur contre ceux qui leur donne-
roient une retraite, *ibid.* Proscrites par Saint
Louis, 410. Rétablies en forme de Communauté par le même Roi, 411. Réduites à de
certains quartiers de Paris, 412. Distinguées
par leurs habillemens, 413. Chargées d'un
impôt particulier, 405. Proscrites de nouveau
par l'Ordonnance d'Orléans, 417. Tolérées
actuellement par nécessité, 418. Sous l'inspection de la Police, *ibid.* Procédure usitée
contre celles qui causent du scandale, 419.
Disposition singuliere d'un Chapitre des Dé-
crétales au sujet des filles publiques, 422. Une
fille publique, condamnée à être enfermée à
l'Hôpital, échappe à cette peine, s'il se présente quelqu'un pour l'époufer, 423. Une
fille publique pouvoit autrefois sauver un homme du supplice, en offrant de l'époufer, 424.
Abolition de cet usage, *ibid.* Maisons de force
affectées aux filles du monde, *ibid.* & 427.
Comment elles y sont traitées, 425 & suiv.

FISC. Est exclus par l'enfant naturel de la succession de l'aubain, 280. L'action à fin d'alimens peut-elle être formée contre le fisc, 85.

FRAIS de gésine. *Voyez* PROVISION.

G

GENS d'Eglise. L'action en déclaration de paternité a lieu contr'eux, pour la charge de l'enfant seulement, 72. Secùs, pour les dommages
& intérêts, 70. A moins que l'Ecclésiastique
n'eût déguisé sa qualité, 71. Quid d'un simple
Clec tonsuré, ibid.

GENS de Théâtre. Mal traités par le Droit Romain, 36. Honorés chez les Grecs, 38. Et
comment ils sont considérés chez nous, ibid.
Déclaration de Louis XIII, qui leur est favorable, ibid. Fille de Théâtre ne peut être mise
au nombre des filles prostituées, 39. A une
action en déclaration de paternité pour la
charge de l'enfant seulement, ibid. Distinction
à faire pour les dommages & intérêts, ibid.
Gens de Théâtre ne doivent pas admettre d'enfans parmi eux, 440.

GEOLIER, qui séduit sa prisonniere, est puni de
mort, 361.

GROSSESSE, est nécessaire pour ouvrir, à celle
qui se prétend séduite, une action contre son
séducteur, 12. Voyez DÉCLARATION DE
GROSSESSE.

H

HÉRITIERS de la fille séduite ne peuvent actionner l'auteur de la paternité, ni pour la charge
de l'enfant, ni pour les dommages & intérêts,
57, 58. Secùs, si l'action a été commencée
du vivant de la fille, 57. Peuvent être poursuivis par l'enfant pour les alimens, 59. Héritiers de l'auteur de la grossesse ne peuvent

être actionnés par la fille séduite, 81. A moins que l'action n'eût été introduite du vivant de l'auteur de la grossesse, *ibid.* Ont les mêmes exceptions que l'auteur de la grossesse auroit pu employer, 82. Comment se fait la division de sa condamnation, quand il y a différentes especes d'héritiers, *ibid.*

HYPOTHEQUE, résultante de la condamnation d'alimens en faveur de l'enfant naturel, remonte au jour de sa naissance, 205.

I

INCESTE *naturel.* Sa peine n'est prononcée par aucune Loi formelle, 344. En ligne directe, est puni de mort, 345. En ligne collatérale, n'a jamais été puni de mort, 347. A quels cas il s'étend, 346, 348.

INCESTE *spirituel.* Ce que c'est, 350. Sa punition, 352. Le commerce d'un Curé avec sa Paroissienne, n'est point un inceste spirituel, 354.

INCONDUITE de la fille enceinte n'est pas une exception valable contre la demande en déclaration de paternité, 120.

INTERDIT. L'action en déclaration de paternité a lieu contre lui pour la charge de l'enfant, 75. *Secùs*, pour les dommages & intérêts, 73.

J

JUSTINIEN, foible Empereur, prend une épouse dans un mauvais lieu, 154.

M

MAITRES & *Supérieurs* peuvent-ils être actionnés pour la groffeffe furvenue des œuvres de leurs Apprentis, Garçons, Commis, &c., 78. De Langües, de Deffin,, & autres qui féduifent ou tentent de féduire leurs Ecolieres, punis de mort, 358.

MAQUERELLAGE. De quelle peine étoit puni par les Loix des Empereurs, 428. Etoit en vigueur en Provence, fous le regne de Saint Louis, 430. Ordonnance de Charles d'Anjou, *ibid.* Difpofition de la Coutume de Bayonne, 432. Ordonnance d'un Prévôt de Paris, du 14ᵉ. fiecle, *ibid.* Jurifprudence des feizieme & dix-feptieme fiecles, 433. Ufage fingulier du Parlement de Touloufe, 434. Jurifprudence du Parlement de Paris, 435. Sentence récente du Bailliage du Palais, 436. *Voyez.* ENFANS, FILLES PUBLIQUES, PROSTITUTION, PEÏNES.

MARIAGE. Eft toujours préfumé avoir été promis à la fille féduite, 8.

MARIAGE, contracté avec un autre que l'auteur de la groffeffe, met-il celui-ci à l'abri des pourfuites de la fille enceinte, 125 & fuiv.

MÉTIER. Les pere & mere font tenus de faire apprendre un métier à leur enfant naturel, 195. Le métier ne doit pas être abject, *ibid.* Le métier, donné à une fille naturelle, ne difpenfe pas les pere & mere de lui donner une dot, 200.

MINEURE,

MINEURE (fille ou veuve). Ne peut point former l'action en déclaration de paternité, sans assistance de tuteur ou de curateur, 15. Nomination d'un tuteur *ad hoc*, est une mauvaise procédure, 16. *Secùs*, si la procédure se poursuit par la voie criminelle, 17.

MINISTERE PUBLIC. N'est pas recevable à se plaindre du *commerce illicite*, qui est *sans scandale*, 14. *Secùs*, pour le rapt de séduction, *ibid.*

O

OFFRES *d'épouser*, sont-elles une exception péremptoire contre la demande en déclaration de paternité, 122. Erreur de Denisart à ce sujet, 124. Cas où les offres d'épouser peuvent être rejettées, 124, 125.

P

PACTE. Quel est l'espece de pacte qui est présumé intervenir entre la fille & son séducteur, 7 & 10.

PATERNITÉ. Par quels moyens une fille ou ses héritiers peuvent parvenir à vérifier la paternité, 129. Combien d'especes de preuves sont admises, 130 & suiv.

PEINE *de la Séduction*. En quoi elle consistoit chez les Juifs, 150. Obscurité du Droit Romain sur ce sujet, 151. Quelle étoit celle usitée sous les deux précédentes races de nos Rois, 155. Jamais alternative de la mort ou du mariage n'a eu lieu en France pour le simple *commerce illicite*, 156. Méprise de Denisart à l'occasion de cette prétendue jurisprudence,

V

157. Difposition de la Déclaration de 1730 à ce fujet, 170. De combien d'efpeces de peines la féduction peut être punie, 171. Peines de rapt de féduction, *voyez* RAPT DE SÉDUCTION. *De l'Incefte, voyez* INCESTE. *De la Proftitution, voyez* MAQUERELLAGE.

PENSION *alimentaire. Voyez* ALIMENS. Eft due à l'enfant naturel par fes pere & mere, 203. Commence à courir du jour de la naiffance de l'enfant, 188, 204. Proportion adoptée en pareille matiere, 188.

PERES & MERES. Ont droit de former, au nom de leurs filles mineures, l'action en déclaration de paternité, 55. De tranfiger avec l'auteur de la groffeffe, 56. Ne peuvent être actionnés pour la groffeffe des œuvres de leurs enfans, 75. A moins qu'il n'y ait eu connivence, 76. N'ont pas le droit de dévouer leurs enfans au Théâtre avant l'ufage de raifon, 438 & fuiv. *V.* ENFANS, GENS DE THÉÂTRE.

PRESCRIPTION. Contre la demande en déclaration de paternité, s'acquiert par le laps de cinq ans, 108. Quel eft le principe de cette prefcription, 109. Arrêt qui l'autorife, 114. Court pendant la minorité de la fille, *ibid.* N'eft applicable qu'aux dommages & intérêts, 115. Et non contre la charge de l'enfant, 116.

PREUVES requifes pour établir la paternité, 129. De la preuve littérale, 130. De la preuve conjecturale, 131. Ce qu'on entend par la preuve naturelle, 138.

PROMESSE *de mariage*, eft toujours préfumée avoir été faite à la fille féduite, 8, 15. Cette préfomption ceffe d'avoir lieu, fi l'état où la qualité du féducteur éloignoit l'efpoir du mariage, 11.

PROVISION. Doit être accordée à la fille enceinte, contre celui qu'elle a indiqué pour être l'auteur de fa groffeffe, 99. Peut être demandée immédiatement après la plainte ou après l'affignation, 101. Comment s'exécutent les Sentences portant condamnation de provifion, 103. La provifion n'eft d'aucun préjugé pour le fond, 104. Eft reftituée, dans le cas où la paternité ne feroit point adoptée, 105. Précaution à prendre pour obtenir la reftitution de la provifion, ou pour la faire imputer fur la condamnation définitive, 106. *V.* ALIMENS.

PROSTITUTION. Précaution prife par les Empereurs Chrétiens, pour l'abolir. 408. Comme on punit en France, 428. *V.* MAQUERELLAGE.

Q

QUESTIONS indécentes faites aux femmes par leurs Confeffeurs, févérement punies, 354.

R

RAPT *de féduction*. Méprifes fréquentes fur la fignification de ce terme, 2. Etoit autrefois puni de mort, fauf le choix du mariage, 168. Peut exifter fans groffeffe, *ibid.* A été mal-à-propos confondu avec le fimple ftupre, 169. Son caractere a été bien indiqué par la Déclaration de 1730, 170. Définition du rapt de féduction, 304. Singularités qui le diftinguent de la fimple féduction, 305. Eft le crime de l'ambition, plutôt que de la paffion, *ibid.* N'admet aucune différence de fexe & peut être commis par une femme comme par un homme, *ibid*. Eſt bien plus criminel que la ſimple ſéduction, 216. Abus qui s'étoit introduit dans les ſiecles derniers, par la confuſion de la ſéduction ſimple avec le rapt de ſéduction, 317. Singuliere alternative admiſe dans les Tribunaux, *ibid*. Conditions néceſſaires pour caractériſer le rapt de ſéduction, 323. Abſurdité de la définition du rapt de ſéduction, propoſée par Deniſart, 324. Quelle eſt la peine du rapt de ſéduction, 326. Le rapt de ſéduction eſt de la compétence des Juges de Seigneurs, *ibid*. L'exhérédation eſt encourue par l'enfant de famille qui s'eſt laiſſé ſuborner, 327.

RAPT *in parentes*. Sa définition, 328. Sa peine, 332. N'eſt point excuſé par le conſentement de la fille, 331. Ceſſe d'avoir lieu par la connivence des parens, 335. En quel cas eſt un empêchement au mariage, 341. Eſt un cas royal & privilégié, 342. *V.* EXHÉRÉDATION.

S

SÉDUCTION. Improprement appellée ainſi, faute d'une expreſſion convenable dans notre Langue, 6. Se confond avec le *ſtupre*, voyez STUPRE. *Avec le commerce illicite*, voyez COMMERCE ILLICITE. Conſidérée dans cette acception, n'eſt point un délit, 5. Ne donne lieu qu'à une action purement civile, *ibid*. L'allégation n'en eſt point admiſe ſans qu'il y ait de groſſeſſe, 11. Peines de cette eſpece de ſéduction. *Voyez* PEINES. Opérée par des manœuvres criminelles, expoſe le coupable à des peines rigoureuſes, 3, 7, 361. En quoi differe du *rapt de séduction*, 3 , 304 & suiv. *V.* RAPT DE SÉDUCTION, EXHÉRÉDATION, TUTEURS, GEOLIERS, DOMESTIQUES, VALETS.

SERVANTES d'*Auberges*, *Cabarets* & *Hôtelleries*. A quel point elles étoient méprisées chez les Romains, 48. Sont recevables à former l'action en déclaration de paternité, 50. Distinction à faire quant aux dommages & intérêts, *ibid.*

SERVANTES *de Particuliers*. Ne sont point vues si défavorablement que celles d'Auberges, 51. Ont une action contre leurs Maîtres en déclaration de paternité, 52. Abus de l'ancienne jurisprudence à ce sujet, 132. Comment elles doivent établir la paternité qu'elles imputent à leurs Maîtres, 134.

SIGNES *naturels*. S'ils peuvent être invoqués comme une preuve de la paternité, 138.

STUPRE. Connu, parmi nous, sous le nom de *commerce illicite*, &c. 2. Est toléré tant qu'il est sans scandale, 3. N'est ni un délit public ni un délit privé, 5. Définition du stupre par Dumoulin, 168. Est distingué du rapt de séduction, *ibid.* A quelquefois été confondu avec le rapt de séduction, 170. *V.* RAPT DE SÉDUCTION, SÉDUCTION.

T

TRANSACTION. Est recevable entre les pere & mere de la fille mineure & l'auteur de sa grossesse, 56 & 116. Peut être faite par la fille mineure sans le consentement de ses pere & mere, tuteur ou curateur, 117. Ne peut être annullée par Lettres de rescision, sous prétexte de lésion, *ibid.* Ne peut intervenir que sur les dommages & intérêts, & non sur la condition de l'enfant, *ibid.*

TÉMOIGNAGE *suffisant de grossesse & d'enfantement.* Ce qu'il faut entendre par cette expreſſion, aux termes de la Déclaration de 1556, 372. *V.* DÉCLARATION DE GROSSESSE.

TUTEUR, qui séduit ſa pupille, condamné à mort, 357. *Quid*, ſi la séduction n'a lieu qu'après la tutele finie, *ibid.*

V

VASSAL, qui séduit la fille ou petite-fille de ſon Seigneur, perd ſon Fief, 215. *Voyez* CONFISCATION. Le Vaſſal eſt ſouſtrait à la mouvance de ſon Seigneur, ſi celui-ci séduit ſa fille ou ſa petite-fille, 216.

VEUVE *mineure*, ne peut, ſans aſſiſtance de tuteur ou curateur, former l'action en déclaration de paternité, 18 & ſuiv.

VISITE des filles ſuſpectes & enceintes, eſt un abus d'autorité puniſſable, 380 & ſuiv. *Secùs*, après l'accouchement, 387.

APPROBATION.

J'AI lu, par ordre de Monſeigneur le Garde-des-Sceaux un Manuſcrit qui a pour titre : *Traité de la Séduction, conſidérée dans l'ordre Judiciaire*, par M. FOURNEL, Avocat. Je n'y ai rien trouvé qui puiſſe en empêcher l'impreſſion. Fait à Paris ce 25 Avril 1781. DE LA VALETTE.

PERMISSION.

LOUIS, par la grace de Dieu, Roi de France &
de Navarre: A nos amés & féaux Conseillers,
les Gens tenans nos Cours de Parlement, Maistres des
Requestes ordinaires de notre Hôtel, Grand Conseil,
Prevôt de Paris, Baillifs, Sénéchaux, leurs Lieute-
nans Civils, & autres nos Justiciers qu'il appartiendra: SALUT. Notre amé le Sr FOURNEL, Avocat au
Parlement de Paris, Nous a fait exposer qu'il desire-
roit faire imprimer & donner au public un Ouvrage de
sa composition, intitulé: *Traité de la Séduction, confidérée dans l'ordre Judiciaire*; S'il Nous plaisoit lui
accorder nos Lettres de Permission pour ce nécessaires. A CES CAUSES, voulant favorablement traiter
l'Exposant, Nous lui avons permis & permettons par
ces Présentes de faire imprimer ledit Ouvrage, autant
de fois que bon lui semblera, & de le vendre, faire
vendre & débiter par tout notre Royaume, pendant
le temps de CINQ ANNÉES consécutives, à compter du Jour de la date des Présentes. FAISONS
défenses à tous Imprimeurs, Libraires & autres personnes, de quelque qualité & condition qu'elles
soient, d'en introduire d'impression étrangere dans
aucun lieu de notre obéissance; à la charge que ces
Présentes seront enregistrées tout au long sur le
Registre de la Communauté des Imprimeurs & Libraires de Paris, dans trois mois de la date d'icelles;
que l'impression dudit Ouvrage sera faite dans notre
Royaume & non ailleurs, en bon papier & beaux
caractères; que l'Impétrant se conformera en tout aux
Réglemens de la Librairie, & notamment à celui
du 10 Avril 1725, & à l'Arrêt de notre Conseil
du 30 Août 1777, à peine de déchéance de la
présente Permission; qu'avant de l'exposer en vente,
le Manuscrit qui aura servi de copie à l'impression dudit Ouvrage, sera remis dans le même
état où l'approbation y aura été donnée, ès
mains de notre très-cher & féal Chevalier, Garde
des Sceaux de France, le Sieur HUE DE MIROMES-
NIL; qu'il en sera ensuite remis deux Exemplaires
dans notre Bibliothéque publique, un dans celle

de noftre Château du Louvre, un dans celle de notre très-cher & féal Chevalier, Chancelier de France, le fieur DE MAUPEOU, & un dans celle dudit fieur HUE DE MIROMESNIL : le tout à peine de nullité des Préfentes : du contenu defquelles vous mandons & enjoignons de faire jouir ledit Expofant & fes ayans caufes, pleinement & paifiblement, fans fouffrir qu'il leur foit fait aucun trouble ou empêchement : Voulons qu'à la copie des Préfentes, qui fera imprimée tout au long, au commencement ou à la fin dudit Ouvrage, foi foit ajoutée comme à l'original. Commandons au premier notre Huiffier ou Sergent fur ce requis, de faire, pour l'exécution d'icelles, tous actes requis & néceffaires, fans demander autre permiffion, & nonobftant clameur de Haro, Charte Normande & Lettres à ce contraires. Car tel eft notre plaifir. DONNÉ à Paris, le vingtieme jour du mois de Juin, l'an de grace mil fept cent quatre-vingt-un, & de notre Regne le huitieme. Par le Roi en fon Confeil. LEBEGUE.

Regiftré fur le Regiftre XXI de la Chambre Royale & Syndicale des Libraires & Imprimeurs de Paris, N. 2015, fol. 514, conformément aux difpofitions énoncées dans la préfente Permiffion, & à la charge de remettre à ladite Chambre huit exemplaires prefcrits par l'article 108 du Réglement de 1723. A Paris, ce 22 Juin 1781. LECLERC, Syndic.